民衆社
SOCIAL
STUDIES

1時間ごとの授業展開・
応答例・板書を一体化

政治先習に対応

社会科の授業
小学6年 改訂版

加藤 好一 著

社会科の授業　小学6年　もくじ

■はじめに―本書をどう使えば日々の授業が楽しくなるか………7

■ 85の授業プラン―子どもが育つ授業を学習課題にそって紹介………19

No. 1　「憲法とわたしたちの暮らし」①（小学生と憲法）
6年生の願いは実現するか　とにかく楽しい授業びらきに………20

No. 2　「憲法とわたしたちの暮らし」②（示された国のあり方）
土器と弓矢と採集と　縄文時代のくらし………22

No. 3　「憲法とわたしたちの暮らし」③（国民主権）
誰が政治を動かすか　子どもをのせるＮＩＥづくりの工夫………24

No. 4　「憲法とわたしたちの暮らし」④（基本的人権の尊重㋐）
補助犬を社会の中に　犬のマークで全員参画………26

No. 5　「憲法とわたしたちの暮らし」⑤（基本的人権の尊重㋑）
世界に一つだけの中学校　まさかと驚きで引きこむ………28

No. 6　「憲法とわたしたちの暮らし」⑥（基本的人権の尊重㋒）
ほのかちゃんは入園できるか　共感と葛藤で深い学び………30

No. 7　「憲法とわたしたちの暮らし」⑦（平和主義㋐）
たった二つの国だけが　地図の「？」から広げる………32

No. 8　「憲法とわたしたちの暮らし」⑧（平和主義㋑）
今、考える平和主義　視点を変えて視野を広げる………34

No. 9　「国のしくみ」①（国会のはたらき）
こどもの日と国会　女子を巻き込み「こどもの日」論争………36

No.10　「国のしくみ」②（内閣のはたらき）
首相の下に「全員集合」　内閣を児童会に置きかえて………38

No.11　「国のしくみ」③（裁判所のはたらき）
裁判と私たち　被告や裁判官になったつもりで………40

No.12　「国のしくみ」④（三権分立）
チェックとバランス　役割を演じて体感から学びへ………42

No.13　「市民の願いと市政」①（地域の活性化㋐）
ぼくの願いはみんなの願い　中学生を応援して共感………44

No.14　「市民の願いと市政」②（地域の活性化㋑）
条例ができるまで　自分も黒板に書いて学びあい………46

No.15　「市民の願いと市政」③（地域の活性化㋒）
「アル町」・「ナイ町」比べ　違い探しで引き込む………48

No.16　「市民の願いと市政」④
政治から歴史へ　略年表クイズで全員参画………50

No.17　歴史オリエンテーション。苦手意識を持つ子を減らす
いばるな人間 たったの（　　）歴史授業のはじめに………52

No.18　「縄文のむら」の学習第一時に対応
土器と弓矢と採集と　縄文時代のくらし………54

No.19　「縄文のむらの変化」に対応
縄文時代から弥生時代へ　遺跡数はなぜ変化？………56

No.20　「むらからくにへ」に対応
村から（クニ）へ　弥生時代とその変化………58

No.21 「巨大古墳と大王」に対応
大きな墓の謎　大王の出現と古墳時代………60

No.22 「古墳をつくった人々」に対応
ヤマトと渡来人　誰が文化を伝えたか………62

No.23 「聖徳太子の国づくり」に対応
中国に学んで国づくり　聖徳太子の挑戦………64

No.24 「天皇中心の国」に対応
奈良の都の誕生　豪族から貴族へ………66

No.25 「木簡からよみがえる人々の暮らし」に対応
奈良時代の税と農民　木簡は何を語るか………68

No.26 「正倉院の宝物」に対応
大陸に学んだ文化　正倉院とラクダの謎………70

No.27 「聖武天皇、大仏をつくる」に対応
大仏によせる願い　平和な国は実現するか………72

No.28 「貴族の生活」に対応
平安京と藤原氏　道長のたてた作戦とは？………74

No.29 「日本風の文化が栄える」に対応
国風文化と女性　"家庭教師"は頑張った………76

No.30 「武士が現れる」に対応
武士の成長とその生活　白い旗と赤い旗………78

No.31 「武士の争い」に対応
平氏から源氏へ　戦いは九州から東北まで………80

No.32 「ご恩と奉公」に対応
いざ鎌倉　ご恩・奉公と北条政子………82

No.33 「元との戦い」に対応
元との戦いと鎌倉幕府　世界につながる日本の歴史………84

No.34 「足利氏の政治」に対応
金閣の謎と足利義満　"日本国王"は誰か………86

No.35 「今も受けつがれる室町文化」に対応
銀閣と室町文化　私たちとのつながりは？………88

No.36 「団結する村の人々」に対応
村人と守護大名　室町幕府がおとろえる中で………90

No.37 「勢力を広げた織田信長」に対応
戦国大名の登場　信長は誰とどう戦ったか………92

No.38 「ヨーロッパとの出会い」に対応
鉄砲とキリスト教　南蛮人がやってきた………94

No.39 「大阪城と豊臣秀吉」に対応
信長から秀吉へ　国を統一し朝鮮を攻める………96

No.40 「平和な世を築いた家康」に対応
江戸に開かれた幕府　家康 最後に笑う………98

No.41 「厳しい大名支配」に対応
江戸幕府と大名　「碁石まじり」と参勤交代………100

No.42 「人々の暮らしと身分」に対応
百姓と町人の生活　身分制度の下で………102

No.43 「鎖国への道」に対応
キリスト教を禁止せよ　鉛筆から踏絵へ………104

No.44 「鎖国のもとでの交流」に対応
4つの"窓"から世界の風　どこで誰と貿易を？………106

No.45 「活気あふれる町人の文化」に対応
町人文化の広がり　1枚の絵を読み解いて………108

No.46 「さかんになった産業」に対応
力をつける商人と百姓　産物は地域を越えて………110

No.47 「新しい学問を発展させた人々」に対応
今、学問の花開く　医者とご隠居の挑戦………112

No.48 「新しい時代への動き」に対応
ゆれ動く町や村　新しい時代に向かって………114

No.49 「黒船の来航と鎖国の終わり」に対応
黒船と開国　似顔絵を比べることから………116

No.50 「武士による政治の終わり」に対応
幕府を倒せ　手を結ぶ薩摩と長州………118

No.51 「変わる生活」に対応
進む文明開化　新しい生活・新しい考え………120

No.52 「新政府の新しい国づくり」に対応
追いつき追いこせ　欧米に学ぶ国づくり………122

No.53 「豊かで強い国をめざして」に対応
できるか？「豊かで強い国」　製糸工女は各地から………124

No.54 「板垣退助と自由民権運動」に対応
広がる民権運動　板垣の道・西郷の道………126

No.55 「憲法の発布と国会の解説」に対応
大日本帝国憲法と国会　国の主人公は誰か………128

No.56 「条約改正をめざして」に対応
不平等条約をなくせ　改正はいつ達成できたか………130

No.57 「日清・日露の戦い」に対応
中国・ロシアと戦争だ　どこでなぜ戦ったか………132

No.58 「朝鮮を植民地にする」に対応
消えた大韓帝国　少年と老人の運命は？………134

No.59 「近代産業の発達」に対応
産業の発展と鉱毒事件　2台の機関車を比べて………136

No.60 「科学や文化の発展」に対応
国境を越えて人々のために　科学と文化の新しい動き………138

No.61 「社会に参加する権利を求めて」に対応
高まる民衆の力　大正時代の生活と社会………140

No.62 「混乱する国内」に対応
村を襲った大地震　地域からとらえる災害の歴史………142

No.63 「長引く中国との戦争」に対応
中国との戦いの広がり　誰が戦争を始めたか………144

No.64　「広がる戦争」に対応
　　　　さらに米英との戦争へ　戦場はどこへ広がったか………146

No.65　「子どもたちと戦争」に対応
　　　　子どもたちの戦争　「ほしがりません 勝つまでは」………148

No.66　「広がる空襲」に対応
　　　　広がる戦争被害　町も村も戦場に………150

No.67　「戦争はどうやって終わったのかな」に対応
　　　　大日本帝国の降伏　19日間に何が起きたか………152

No.68　「敗戦直後の人々のくらし」に対応
　　　　焼けあとの中から　生活や学校はどう変わる？………154

No.69　「日本国憲法の制定」に対応
　　　　新憲法の特色は？　二度と戦争はしない………156

No.70　「再び世界の中へ」に対応
　　　　日本の独立と沖縄　ゴジラは何に怒ったか………158

No.71　「発展した日本の経済」に対応
　　　　オリンピックと新幹線　男たちはなぜ集まった？………160

No.72　「共生の社会」に対応
　　　　現代日本の課題とは？　〝命〟から見直す歴史と社会………162

No.73　「世界の中の日本」に対応
　　　　国旗から世界を知ろう　国際交流のために………164

No.74　「世界の人々と私たち」に対応
　　　　日本とつながる世界　「食」は国境を越えて………166

No.75　「アメリカの人々の生活」に対応
　　　　アメリカを知ろう　日本と比べて考えよう………168

No.76　「世界の大国・アメリカ」に対応
　　　　アメリカと日本　産業と文化のつながりは？………170

No.77　「中国の自然と産業」に対応
　　　　中国を知ろう　食とお札と一人っ子………172

No.78　「経済発展を続ける中国」に対応
　　　　中国の成長と日本　お菓子の「変身」を糸口に………174

No.79　「韓国の人々の生活」に対応
　　　　隣の国とその生活　南と北に分かれても………176

No.80　「近い国、韓国」に対応
　　　　韓国と日本　交流はどこまですすんだか………178

No.81　「サウジアラビアの人々の生活」に対応
　　　　サウジアラビアの生活と宗教　イスラム教との出会い………180

No.82　「豊かな石油資源を持つ国」に対応
　　　　運ばれる豊かな資源　サウジアラビアから日本へ………182

No.83　「地球からのSOS」に対応
　　　　国を越えた課題　地球温暖化から考える………184

No.84　「国際連合のはたらき」に対応
　　　　国を越えた協力　2枚の切手から考える………186

No.85　「民間の国際協力」に対応
　　　　国際支援と私たち　よりよい井戸の掘り方は？………188

はじめに
本書をどう使えば
日々の授業が楽しくなるか

◆政治先習でどう変わる！
　縄文先習と政治先習の違い

縄文先習の授業は具体的で面白い！

・わあ、土器だ。犬もいるよ。
・大昔の生活はこうだったのか。
・よし、もっと調べよう。

政治先習の授業は・・・

・漢字が読めないよ。書けないよ。
・これ全部覚えるの？
・「考えろ」と言われても・・・

概念的でつまらない！

社会科なんて嫌い！

　かつて、縄文先習で小6社会科が始まるとどの子も飛びついた。狩りや採集、土器や食べ物など昔の生活それ自体が学習対象であるからだ。

　では、政治先習ではどうか。社会科嫌いが増えたとの声が現場にはある。憲法・人権・国会などなど難語句の羅列と暗記で子どもが上記のように変わるのだ。

　学年当初から社会科嫌いにさせて、「社会について考え、働きかけることに価値を見出す子」が育つのか。「平和的で民主的な国家及び社会の形成者」に成長するのか。

　私は、異論は百も承知で、本書の特色の第一を「とにかく楽しい政治先習」とした。

■第1の柱

「とにかく楽しい政治先習」をどのように？―最初から社会科嫌いをつくらない

◆どの子にも「切実性」を持たせるしかけ

　例えば第1時。社会科嫌いが多いという女子の心に火をつける。授業の流れは下の①～④の通り。あえて反発を誘いながら、来年に着る中学の制服について考えあう。

①『男子ズボン・女子スカートだよね？』⇒やだ。勝手に決めないで。**（反発⇒参画）**ならば、どうやって自分たちの願いを実現するか⇒ああだこうだ。そこで・・・

②中野区の6年生の要望書を読む。いったい誰に要望？　**（全員が資料読解⇒予想）**

③そこから「？」を探究し、子どもにも請願権があることを知る。

　（探究の過程での憲法と出会い）⇒次はまとめとして…

④最初は離して貼っていた 小学生 日本国憲法 のカードが最後に重なる。

　（全員が視線を集中⇒目で納得）

「へえ～、私たちの声で制服が変わるんだね」

「楽しかった。小学生と憲法がつながっていたことが分かった」

　こうした感想が出れば万々歳。社会科嫌いの『厚い氷』が溶け始める。

　このように、注入や丸暗記でなく驚きのある切実な課題で子どもが動く「とにかく楽しい政治先習」の「しかけ」を、私は本書でたくさん紹介したい。

　それは例えば、**対比・作業・逆転・共感・対立・イメージ化**という授業要素を生かした次のような政治学習プランであった。

- **学習課題№3　誰が政治を動かすか〈紙面を対比〉**

　NIE入門。文章の難しい読解でなく政治家2人の表情を比べて盛り上げる。

- **学習課題№4　補助犬を社会の中に〈イラストを描く〉**

　犬のマークを完成させる作業が楽しい。差別への拒否反応を学習深化に転じる。

- **学習課題№5　世界に一つだけの中学校〈思いこみを逆転〉**

　刑務所内中学校に全員驚倒。基本的人権・教育権について対話しながら深めあう。

- **学習課題№6　ほのかちゃんは入園できるか〈人間への共感〉**

　6年生の優しさを引き出し、障がいを持つ幼児の入園問題を共感的に考えあう。

◆ 「流れ」をつくって重要語句を位置づけ

　だが、そうは言っても、憲法の３本柱のように理解⇒定着させたい用語があるのも政治学習だ。私は、それらを並列せず、次の板書例のように「流れ」として理解させていきたい。

日本国憲法の三本柱とは？

① 天皇の姿は？

　Ⓐ 大日本帝国憲法時代

　　白馬 — 目立つ　偉そう　家来が多い

　　国の主権者 （主人公）

　Ⓑ 日本語憲法時代 — 今

　　気軽にあいさつ　普通の人っぽい

　　国の象徴 （シンボル）

　● 代わりに誰が国の主権者に？

国民主権 — 第１の柱

② 主権者＝国民の人権は？

　大事にされる　　多い

　基本的人権の尊重 — 第２の柱

　１・２はおおくの国に共通

● 日本独自の柱は？

　平等？　　平和？・・・・じつは—

　平和主義（戦争放棄）— 第３の柱

③ ３本柱をどう思う？

・学習課題№. 2　　「国民主権」⇒「基本的人権の尊重」⇒「平和主義」の流れで学習

この板書例の「流れ」は以下のように説明できる。

①天皇が象徴になると誰が国の主人公に？⇒国民に決まっている。つまり国民主権⇒

②その人権は尊重されるの？⇒主人公なので尊重される。だから基本的人権の尊重⇒

③それら二つの柱は欧米の憲法には？⇒あるに決まっている。人権はどこでも大事⇒

④では、日本国独自の柱はないの？⇒分かった。それは平和主義（戦争放棄）だ。

　これなら３つの柱は並立にならず、「流れ」の中に関係的に位置づけられる。そのため、理解も暗記もずっとしやすくなるのである。

　年度はじめの小６社会科は、「とにかく楽しい政治先習」が重要である。そこを起点として、主体性や対話、深い学びを育てていこうではないか。

■第2の柱
「学びのしかけ」と「応答の技法」をどう使う？
—逆転・対立・作業・対比・共感・イメージ化

　続いて本書の第2の特色としたのは、こうした全員参画の「学びのしかけ」を続く歴史学習などにも応用していくことである。その例を4つ示してみよう。

・学習課題２１　大きな墓の謎〈作業〉
　校区の地図に大仙古墳を描くと？（自地域と歴史の融合⇒再発見）

・学習課題２６　大陸に学んだ文化〈対立〉
　らくだは本当に日本に来たか？（唐にも新羅にも視野が広がる）

琵琶にね…

ラクダが…！

・学習課題４９　黒船と開国〈対比〉
　なぜ怖い顔と優しい顔が？（攘夷論と開国論を視覚から理解）

ワアッ！
同じ人?!

・学習課題６９　日本の独立と沖縄〈逆転⇒イメージ化〉

　３人の目線の先に何が？（驚きとわくわくの現代史学習）

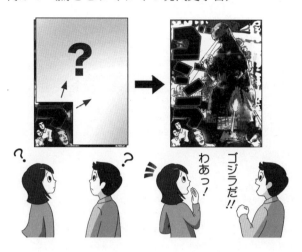

　本書には、他にもこうした「**学びのしかけ**」のつくり方が満載である。

　では、こうしたしかけで子どもを授業に引きこんだ後、「思いを膨らませる間（ま）の取り方」「応答の技法」などをどう使えば授業は円滑に進むのか。第１時の授業を例に少し述べてみよう。

・学習課題１　〈中野区の６年生が誰に制服自由化を請願したかを確かめる場面〉

　先生：①正解は・・・（②資料Ⓐの□□□をとる⇒歓声）⇒③区長について説明

　　仮にここで、『正解はこれです』と言ってⒶを投影し、間（ま）を置かずに『提案先はやっぱり区長でした』と告げたらどうなるか。

　　子どもは「ああ、そうか」と思うだけで歓声は挙がらない。授業が表面を滑って子どもに浸透しないのである。

　　しかし、上のように、①『正解は・・・』と言って２秒ほど間を空ければ、子どもはその空白の数秒間に「はて、正解は？　答えを早く知りたいな」と思う。その「じれったさ」を見計らって、堰を切ったようにサッと②資料Ⓐの□□□をとるとよい。

　　多くの子が「おお、やっぱり区長か」「あれ〜、そうなのか」とゆさぶられる。だから教師が黙っていても歓声が挙がるのだ。その反応に耳を傾け、一人の発言を引いて

　　『そうです‼（きっぱりと）今○○さんも言ったように、正解は区長でした』

　と告げて③の説明に移る。すると、その説明が子どもによく「入る」。**授業はここから深まる。**

　こうした「じらせて思いを膨らませる間（ま）の取り方」「一人の発言を全体に戻す応答の技法」などを一般的に記さず、個々の授業のどこでどのように駆使すべきかを具体的に述べたところにも、類書にはない本書の第３の特色がある。

　「ここはこうして子どもを組織し、こう応答すれば全員参画に近づくのか」「いや、さらにこう変えればもっと子ども主体になるぞ」と、みなさんの授業改善に役立ててほしい。

11

■第3の柱
学習のルールをどう徹底？―挙手発言とつぶやき発言の区別から

　だが、どんな「しかけ」や技法を駆使しても、ルールがなければ授業は成立しない。お通夜状態のクラスを魅力ある教材で活性化しても、発言のルールや学習のけじめが徹底しなければ騒がしいだけ。自分はしゃべりたいが他者の話を聞けない子や、指示を無視して放言に走る子が増えるばかりで授業は崩壊に向かう。

　そこで私は、第一時の授業に入る前に、「挙手・発言のルール」の定着それ自体の習得に一定の時間を割く。その方法を次に紹介しよう。

①「活性化」とは「好き勝手な放言」ではない

　あなたのクラスでは、発問して挙手者を指名する前に、誰かが先走って答えてしまうことはないか。それが見過ごされ、「好き勝手に言っていいんだな」と思うと、反応の速い子の発言は放言に変わる。すると、挙手して答えようとした子は「せっかく私が言おうと思ったのに」と気持ちが萎えていく。（**まじめな子の離反はクラス全体に影響する**）

　また、活発な子との応答を中心に授業を進めると、しだいにテンポが速くなって、ゆっくり考える子や理解に時間がかかる子がついていけなくなる。その子たちが他の事柄に関心を移せば、授業はそこから崩れていく。

②教師の２つのジェスチャーで発言を区別させる―ルールづくりの第一歩

　そうならないようにするにはどうするか。教師のしぐさに合わせて挙手・つぶやきのどちらで答えるかを練習して、子どもが対応できるようにするのが第一歩だ。

　私は、教師の二つのジェスチャーをみなで楽しく読み取るトレーニングをゲーム感覚で次のように行う。

㋐つぶやき発言のジェスチャーの読み取り

　誰でも答えられる簡単な応答で練習。

　教師が耳に手を当て体を傾けながら問う。

　『１＋２は？』『３です』全員の声がいっせいに響く。

つぶやき発言の
ジェスチャー
〈にっこり〉

　『よくできました』とおおげさに称揚する。（和やかな笑い）

㋑挙手発言のジェスチャーの読み取り

　次に、教師が手をまっすぐ伸ばして『３＋４は？』と問う。

　挙手せずにうっかりつぶやいてしまう子がいると大爆笑。

挙手発言の
ジェスチャー
〈きっぱり〉

　教師もニコニコ。ルールづくりは楽しさの中で行いたい。

㋒仕上げはフェイントゲーム

　『担任の先生の名前は・・・』と言いながら挙手しかけたり耳に手を当てかけたりすると、そのたびにふりまわされる子が出る。大笑いしたところで最後に表情を引き締めてサッと挙手発言のサイン。全員の手もサッと挙がる。

　『すごい。全員が挙手!!』（きっぱりと）この時、**子どもは教師の掌に入っている。**

③発言を全体に戻す練習につなげる

続いて『誰を指名しようかなあ・・・』と言葉を切る。しばらく全体を見渡した後に、日ごろ目立たないⒶさんを指名したい。「加藤先生」と答えが返る。

ここですぐに『正解です』と言わない。おいしいエサにすぐに食いつくのは「だぼハゼ授業」だと、私はさんざん先輩にからかわれた。

ぐっと我慢して『なるほど～』と共感しながら、2秒おいて『どうですか?』と全体に戻すと「いいで～す」との答えが返る。この往還が対話の一歩である。

④プラスの表れを目ざとく見つけて評価する

『では、Ⓐさんにつけたして、ていねいに答えられる人はいますか?』(挙手発言のサイン)

『みてごらん。Ⓑさんはまっすぐ手を挙げて天井へ届くようだ』

『おお～、Ⓒさんはそれを見て、言われる前に自分から手を挙げた。これもすばらしい』(**評価**)

『みなさんもできますか?』「は～い」

⑤「ハイ」という返事を褒め、どんな答え方がよいかを確認する

ここで挙手していたⒸさんを指名する。『ハイ、Ⓒさん』

「はい、加藤先生です」(うなずきながら2秒あけて静かな声でゆっくり・・・)

『どうですか?』「いいで～す」

『そうかなあ。私なら、「ハンサムな加藤先生です」とつけ足すけど・・・』(非難ごうごう)

(しばらく間を置き、表情をあらためてから)

『では、Ⓒさんの答え方のよい点はどこですか?二つあります』(挙手発言のサイン)

(全体を見回しながら)

『すごい。3人も手を挙げた・・・おお、5人に増えた。あっ、6人になった。すばらしい』

(人の増加それ自体がすばらしいと意識させると前向きになってくる)

『なんだ、3人しか答えられないのか』と冷水をかけるようでは教師失格。

今度はⒹさんを指名。「はい。Ⓒさんは『はい』と言って、最後に『です』と言っています」

次からは、授業を通してその定着を図っていく。

⑥年度当初に決めたルールは1年間守る

最初に教えた基本ルールはきちんと守り、1年間変えてはならない。やがて子どもたちは、サインがなくても教師の表情や声調で挙手とつぶやきを区別できるようになる。

以上が本書の底流を貫く加藤流授業ルールの育て方である。低中学年できちんとしたルールが育っていればこれにこだわる必要はさらさらない。

また、私とは違ったルールづくりの方法を持っていれば、もちろん取り入れなくて結構だ。教師に児童全体が強い不信感を持っている場合には、また違った方法をとる方がよい。あくまでも一つの参考として受けとめていただきたい。

■第4の柱

応答の「流れ」をつくるには？─何それ？と引きこまれ、
なるほどと思い、学びを深める展開

　では、「学びのしかけ」をほどこし、ルールに沿って進めれば、ねらいに到達する授業ができるかと言えば、それはできない。

　子どもの思考や感情の流れに即して1時間の「流れ」を組み立てなければ、子どもは見る間に授業から抜け落ちていく。

　間違えてはいけない。**教えたいことを配列するのが「流れ」ではない**。触発されて子どもの内面に生じた学びの動きを連珠のようにつなげていくのが「流れ」である。

　ならば、中国に関する次の学習では㋐㋑どちらの初発問をあなたはとるだろうか。

　私であれは断固㋑を選ぶ。㋐では「思いつきの発表」は活発になるが思考は浅く「活動あって学習なし」。だが、㋑であれば子どもの中に「？」や「💡」が生まれ、そこから次につながる「流れ」をつくることができる。

　㋐㋑の授業はその後どう展開するか。その続きをたどってみたい。

㋐関心の薄い子どもを引き込めない導入

①やる気がない子に無限定な問いを発する愚。放言と緊張のない笑いが生まれて最初からだらける。

②関心がない中での質問に、子どもは挙手もせず答える。意欲は高まらない。

③比べるのは面倒。さらに反応がにぶる。

④関心が高まらないのに提示。考える意欲のある一部の子だけ参画する。

⑤私語や無関心な子も。教師が怒ってさらに悪化。

◆この授業の問題点

①の発問が散漫。子どもは自由に発言するが、それを次に生かせない。

①～⑤まで、全て教師の問いに子どもが答える**ワンパターン**。問いに答え指示に従うのは優等生が中心となる。

他の子は**集中力を切らし**、教師の言葉を軽く聞き流して**私語が増える**。

「**笛吹けど踊らず**」から「**だらけ⇔怒声**」の往還に至れば**崩壊**は近い。

①クラスの数人を呼名。子どもの意表を突く。学習が身近になる。

②子どもによる「発見」！教師は大きく評価。

③子どもの側から説明。教師はそれに頷く。

④子ども同士で対立や相互補完。疑問が膨らむ。

⑤教師から全体へ投げ返し。正答は言わない。

⑥「知りたい」との思いが高まり、全員が作業にかかる。その意欲を評価。

⑦世界の中でもすごく多いとの気づきや驚さ。答えを子ども自らが「発見」する。

⑧具体的指摘。あらためて驚く。

P14の㋐は師問児答であるが、㋑の土台はあくまでも子どもの発言・思考の流れである。教師の問いや教授行為はそれにかみあって組み立てられていくことが分かるはずだ。

私は、本書の第4の特色として、子どもの「学びの流れ」に沿ったこうした授業例を出来るだけ収録できるように努力したつもりである。

いかがであろうか。

最後にまとめれば、私が本書の特色としたのは、次の4つの点をふまえた年間の授業プランを、誰もができるかたちで具体的に提示することにあった。

❶「とにかく楽しい政治先習」の展開—最初から社会科嫌いをつくらない
❷「学びのしかけ」と「応答の技法」をどう使う？—逆転・対立・作業・対比・共感・イメージ化
❸学習のルールをどう徹底？—挙手発言とつぶやき発言の区別から
❹応答の「流れ」をつくるには？—何それ？と引きこまれ、なるほどと思い、学びを深める展開

果たしてその試みはどこまで成功しているだろうか。
みなさんによる厳しい吟味をお願いしたい。

２０２１年3月　加藤好一

◆授業に合わせてどう板書をすすめるか

「憲法とわたしたちの暮らし」④ ―補助犬を社会の中に― を例として

①本時のタイトルを書く。

②資料Ⅰを貼る。
『分かることを言おう』と発問。
（Ⅰは④にすすむ時に外す）

③発問への子どもの答えを走り書き
（応答のテンポを遅らせない）

④聴導犬であると教え、『他にどん
な犬が障害者を助けるか』と問う。

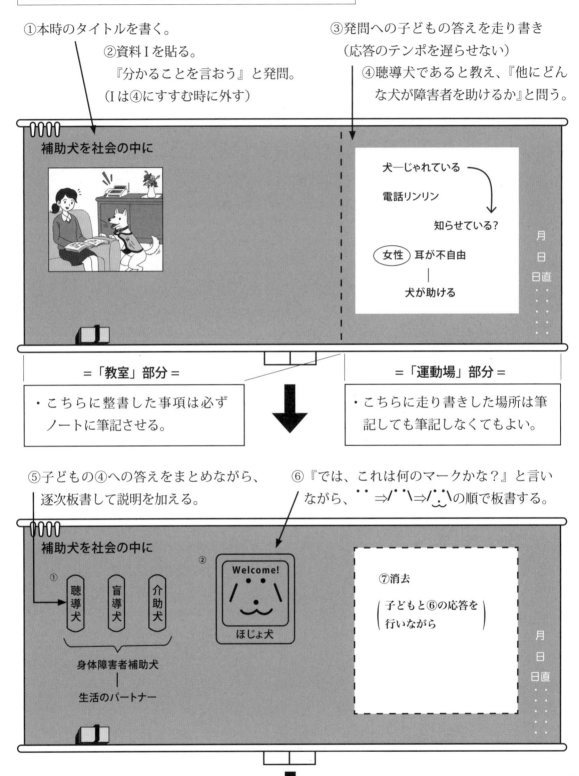

= 「教室」部分 =

・こちらに整書した事項は必ず
ノートに筆記させる。

= 「運動場」部分 =

・こちらに走り書きした場所は筆
記しても筆記しなくてもよい。

⑤子どもの④への答えをまとめながら、
逐次板書して説明を加える。

⑥『では、これは何のマークかな？』と言い
ながら、‥⇒／‵‵＼⇒／‵‥‵＼の順で板書する。

⑧子どもの意見をふまえ、マークの意味を補説しながら⒜を板書。続いて⒝の板書にすすみ、身体障害者補助犬法の意義を解説する。

⑨『お店や食堂へ補助犬を連れていけないと何が問題か』と発問。子どもの答えをふまえて、他の人々との不平等が生まれることを押さえる。

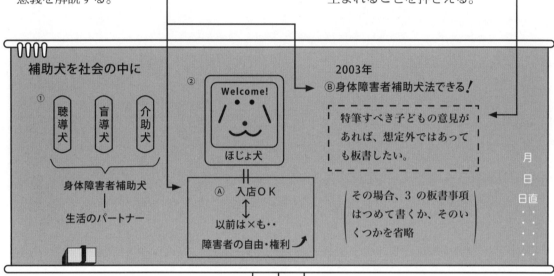

補助犬を社会の中に

① 聴導犬　盲導犬　介助犬

身体障害者補助犬

生活のパートナー

② Welcome!

ほじょ犬

⒜ 入店OK
↕
以前は×も‥
障害者の自由・権利

2003年
⒝身体障害者補助犬法できる！

特筆すべき子どもの意見があれば、想定外ではあっても板書したい。

その場合、③ の板書事項はつめて書くか、そのいくつかを省略

月　日　日直

⑩憲法条文を重ね貼りして斉読。『補助犬法の大もとにあるこのきまりをどう思うか』と発問。応答の後、これが憲法の条文であることを示す。

⑪憲法の大もとにある考えをまとめて板書。公布・施行の年月日を想起させる補助犬法制定まで56年かかったことに気づかせ、続いて憲法12条を上部に貼って斉読させる。自由や権利は努力して守るものだと押さえたい。

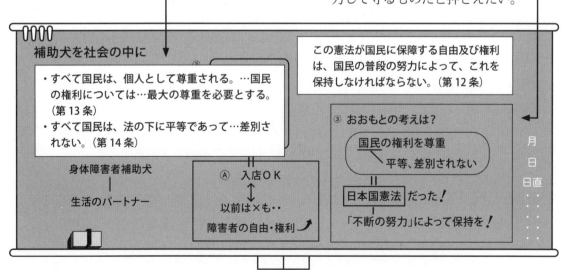

補助犬を社会の中に

・すべて国民は、個人として尊重される。…国民の権利については…最大の尊重を必要とする。（第13条）
・すべて国民は、法の下に平等であって…差別されない。（第14条）

身体障害者補助犬

生活のパートナー

⒜ 入店OK
↕
以前は×も‥
障害者の自由・権利

この憲法が国民に保障する自由及び権利は、国民の普段の努力によって、これを保持しなければならない。（第12条）

③ おおもとの考えは？

国民の権利を尊重
平等、差別されない

日本国憲法 だった！

「不断の努力」によって保持を！

月　日　日直

最後に、重ね貼りをしていた憲法の条文を外せば、板書も全てが「教室」部分となって完成しているし、授業も終了している。

卒業後、小６教科書・地図帳活用のすすめ！

●地図帳は茶の間のテレビの横に─家庭との連携を

卒業後、社会科教科書と地図帳の扱いをどうするか。新年度の最初に子どもや保護者・中学校の教員に伝えて、共通理解しておきたい。

まずは地図帳。何も指示しなければ卒業時に捨てられたり、押し入れにしまわれる。そこで小６担任は４月当初に『卒業後は地図帳を家のテレビの横に置くように』と子どもに指示。保護者にも最初の懇談会や学級通信で呼びかけ、年度末にも再び声をかける。

これを実行すれば、テレビ番組で日本や世界の各地を紹介したり、ニュースで他地域の事件などを報道した際に、すかさず地図帳でその場所を確かめ家族で話しあえる。みなで旅行プランを立てる際にも大いに役立つ。

地図帳を教室から茶の間に移すことで、地図力、地理力は日々の生活を通して伸びていく。その力や意欲が、中学校での学習にもプラスとなるのは間違いない。

手間もお金もかからない、誰もができる家庭文化力向上の方法として紹介したい。

●教科書は持ち上がり─授業で小中社会科の連携を

『小６社会科教科書は中学に持ち上がります!!　卒業の時に捨てないでください』─４月当初、私は中学社会科教師と協議した上で子どもや保護者にこう呼びかけておく。

教科書持ち上がりの良さは次の２点にあると私は考える。

①中学の授業に活用できる。

歴史学習を始める際に全ページを「ふりかえり」させれば、既習事項をかんたんに想起できる。

大判絵画資料などはそのまま対比やイメージ化の資料にできる。聖徳太子の学習の際は、まず小学校教科書を見て思い出し、次に中学校教科書で調べると学習が深化する。

ノートも持ち上がれば、自分の思考の跡が思い出せる。

②小中連携に活用できる。

中学教師の中には初めて小学校社会科教科書にふれる人もいる。すると、『そうか。小学校では○○時代についてここまで学ぶのか』と中学校との違いや共通性が把握でき、授業の重複がなくなっていく。また、小６のノートを見ればその学習内容を把握できる。

共同研修会などでの小中教師の論議も、理念や一般論の次元にとどまらず教材や授業のレベルにまでふみこむことができるであろう。

小６社会科教科書の持ち上がりから、実践の場で小中連携の一歩を踏み出したい。

85の授業プラン

子どもが育つ授業を
学習課題にそって紹介

学習課題 No.1

「憲法とわたしたちの暮らし」①（小学生と憲法）

6年生の願いは実現するか　とにかく楽しい授業びらきに

▶授業のねらい

①自分たちの権利が憲法でどう守られているかを制服選択実現の事例をもとに学ぶ。

②[小学生]・[憲法]二つのカードを動かして学習の進行を視覚的に理解する。

▶板書例

6年生の願いは実現するか

① ㋐[小学生]　㋑[日本国憲法]

中学制服 — 男子ズボン
女子スカート　（どう思う？）

〈反対〉

強制はいや　自分で選びたい

ズボン好きな女子もいる

② 制服自由化宣言!!—中野区の6年生
いろいろな人の立場で考える

[どうやって実現？]

校長先生に頼む ・・・中学の問題でも？

デモ？—×　署名 — 小学生でも？

中野区長に提案 — [小]にできるの？
憲法16条ー誰にも請願権

↓

③ 他には？— 義務教育はタダ
（26条・教育権）
誰もが学校へ!!

[小学生と憲法＝深くつながっていた]

▶授業の展開：最後に㋐㋑のカードが合体!!　憲法と小学生の権利との関連を視覚的に理解。

1　制服はやっぱり男女別？

——㋐[小学生]　㋑[日本国憲法]のカードを黒板に貼る。

先生：**今日は㋐㋑の関係を学ぼう。（めあての提示）**

さて、中学では男子はズボン。女子はスカートがいいよね。—㋒

児童：いやだ、勝手に決めないで（挙手で確認⇒反対が圧倒的）

——いやな理由をつぶやく子が出てくる（『どう思う？』とクラスに戻す）

先生：**なぜいやか。理由をいくつ言えるかな？**（相談⇒ノート⇒発表）—㋓

児童：女がズボンでもいい。自由に選びたい。男がスカートをはく国もある。**板書①**

最初に、発言のルールを徹底

①教師が耳に手を当てて問う時は自由につぶやく。

②教師が手を挙げて問う時は児童も挙手して答える。

これは最初の授業で徹底する基本ルールで年間を通して貫く。

㋒では①のサインで自由につぶやかせ、

㋓では②のサインで挙手をさせ不規則発言は認めない。

学習のけじめは年度初めにこうして形成したい。

①
つぶやき発言のジェスチャー
〈にっこり〉
②
挙手発言のジェスチャー
〈きっぱり〉

2　願いをどうやって実現？

先生：東京都中野区のある小６のクラスは制服自由化宣言をした。中身を知りたい？

——Ⓐを配布して指名読み。（□の部分を隠す）自分たちの考えた理由と比べる。

先生：**でも、6年生の「お子様」には絶対実現できないよね。**（挑発⇒児童反発⇒収まってから）

　　では、どうやって実現するの？

Ⓐ

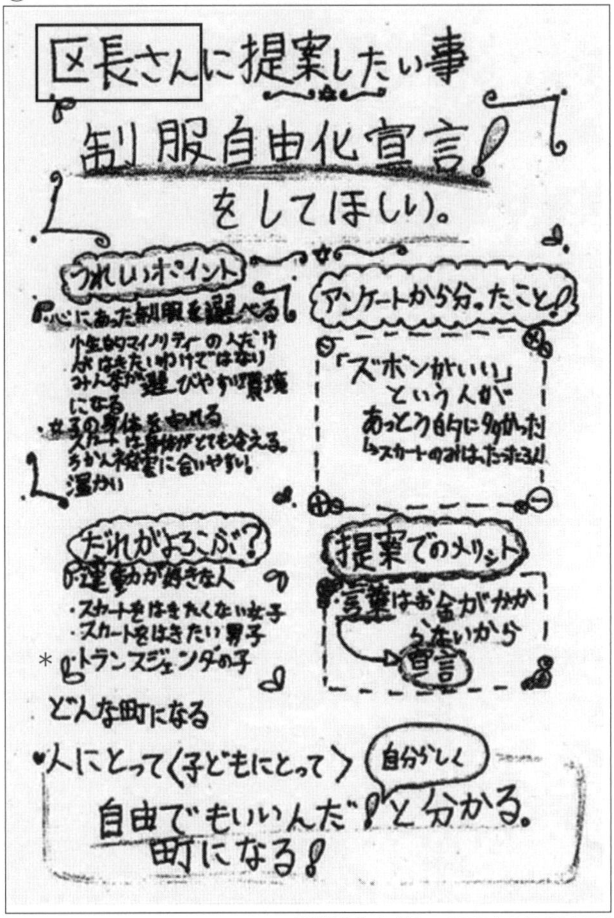

（新婦人しんぶん　2019年2月28日号）

児童：先生に言う。校長先生にも。

　　デモする。署名する。

——順次吟味して賛否を問う。

先生：正解は・・・

　　Ⓐの□をとる⇒歓声。

　　区長の役割について説明。

先生：**6年生は本当に区長に提案したか。**

——気軽に予想。

先生：**本当に提案した。なぜなら・・・**

——Ⓑを仮貼付。斉読。

Ⓑ

> **憲法１６条　請願権**（主な点）
> 誰もが平和的に請願する権利を持っている。誰であっても請願したために差別を受けることはない。

> お願いする権利＝請願権は憲法で誰にでも保障されていた。区長がこの提案を　区の中学校長会で話し合ってもらった結果、中野区の全公立中学では19年4月から制服選択制が実現した。

先生：**㋐[小学生]と㋑[日本国憲法]の間はこのくらいでいいか。**

児童：もっと近づける。少し重ねてもいい。**板書②**

3　㋐[小学生]と㋑[憲法]の関係は？

先生：**小学生と憲法は他にも関係があるか。**

——つぶやきを聞いてからⒸを仮貼付⇒斉読。

Ⓒ

> **憲法２６条　教育権②**（主な点）
> 義務教育は、無償（お金を取らない）とする。

先生：塾の先生には月謝を払う。学校の先生には？

児童：ぜったいに払わない。（笑）**板書③**

先生：その理由は憲法で無償と決まっているからだ。

　　㋐と㋑のカードの間はどうする？

児童：もっとぴったり重ねる。

　　（理由も発表。認識を深化）

> **ジェンダーフリー学習にも使える**
> Ⓐの＊「トランスジェンダーの子」に着目すれば、ジェンダーフリー学習の資料としても活用できる。一つの資料から学びを広げていきたい。

“流れ”でつかむ憲法の3本柱　画像で違いを発見

▶授業のねらい

①画像を比べて天皇の役割が主権者から象徴に変わったことを「発見」していく。

②日本国憲法の3本柱が何かを学習の流れに沿って理解させて定着につなぐ。

▶板書例

日本国憲法の三本柱とは？

① 天皇の姿は？

　Ⓐ大日本帝国憲法時代

　　　白馬 ― 目立つ　偉そう　家来が多い

　　　国の主権者　（主人公）

↓

　Ⓑ日本語憲法時代 ― 今

　　　気軽にあいさつ　普通の人っぽい

　　　国の象徴　（シンボル）

　●代わりに誰が国の主権者に？

② 主権者＝国民の人権は？

　国民主権 ― 第1の柱

　　大事にされる　　　多い

　基本的人権の尊重 ― 第2の柱

　1・2はおおくの国に共通

　●日本独自の柱は？

　　平等？　　平和？・・・・じつは―

　平和主義（戦争放棄） ― 第3の柱

③ 3本柱をどう思う？

▶授業の展開：教科書は確認等に使う時だけ開いて謎解きの楽しさを!!

1　ヘンシン!!　昭和天皇

先生：**昔の大日本国憲法時代の昭和天皇だ。（Ⓐを提示）**
　　　気づくことは？

児童：白馬に乗って目立つ。偉そう。家来が続く。

先生：天皇は国の主権者（主人公）だった。**日本国憲法**
　　　時代になるとその姿は？（予想⇒Ⓑを提示）

児童：歩いている。偉そうじゃない。誰にも挨拶。

先生：**天皇は主権者でなく国の何になったか。**
　　　――**相談**⇒**教科書で検証**⇒発表。

児童：国の象徴になった。シンボルだ。

先生：ほ～。では、**代わって誰が国の主権者に？**

児童：国民だ。（他の児童にも賛否を聞いて確認）

先生：**そのことを漢字4文字で？**
　　　（教科書参照⇒教師の合図でいっせいに「国民
　　　主権!!」）憲法の第1の柱だね。**板書①**

Ⓐ 大日本帝国憲法時代

○ 頑張りを見逃さずに称揚
　目立たない子が対話していれば近づいて称揚。他者をフォローする子も称揚（目立たせたくない場合は授業後に）

2 国民主権⇒基本的人権の尊重⇒平和主義へ

先生：**主権者の国民は人権を大事にされるか。**

児童：される。主人公だから当然だ。

Ⓑ 日本国憲法時代

先生：天皇についての憲法の条文は８。**国民の人権についてはいくつ？**（つぶやき）２８だ。（オー！）多くの国民の人権を大事にすることを８文字で？（教科書参照可）

児童：基本的人権の尊重!!

先生：**憲法にこの２つの柱があるのは日本だけ？**

児童：他の国にもある。どこの国でも大事だから。

共同通信社提供

先生：でも、日本の憲法だけが持つ柱もある。**君たちは何を３つ目の柱にしたいか。**

——相談⇒児童が板書⇒吟味・評価⇒教科書で確認。実際の答えは平和主義（戦争の放棄）であった。

先生：**平和主義の条文はいくつ？**（活性化）正解は・・・１つ。９条だけ。（え〜！）

——基本的人権の内容は細かく記し、平和主義は最重要点を一つにまとめて記したことを知る。**板書②**

> ☀ 評価でよい表れを全体に
> 児童の板書の際は響く声でよい表れを評価
> 「〇〇さんは字がていねい」「他の人が終わるのを待って板書する人が多い」。具体的な評価は、他の児童のお手本となる。

3 今日の授業で分かったことは？

先生：**最後はふりかえりだ。まず次の問題に挑戦しよう。**（Ⓒを配布）

Ⓒ

> 日本国憲法の３本柱を正しく記入しよう。（一つには何も書かない）
>
>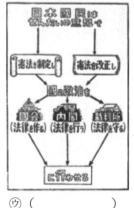
>
> ㋐ （　　　　　　　）　㋑ （　　　　　　　）　㋒ （　　　　　　　）　㋓ （　　　　　　　）

〈解答　㋐空欄・㋑戦争放棄（平和主義）・㋒国民主権・㋓基本的人権の尊重〉

——**最初は何も見ずに記入。（板書の右側は消去しておく）分からなければノートを参照。**（問題を両面印刷。裏面は復習や家庭学習に活用）**板書③**

問題ができた児童は今日のまとめをノートに記入。答え合わせの後に発表させたい。

誰が政治を動かすか　子どもをのせるNIEづくりの工夫

▶授業のねらい

①新聞を対比して、主権者国民が選挙を通して政治を動かすことを事例をもとに理解する。

②主権者にはその他にどんな権利があるかを調べ、象徴天皇の役割を知る。

▶板書例

誰が政治を動かすか

① 　２００９衆院選 ━━━▶ ２０１２

　自 議席へらす　　　　　　議席ふやす

　　首相やめる　　　　　　首相やめる

　（民主党政権へ）　　　（自民党政権へ）

政権交代 ・・・平成時代に2度

② 分かることは？

　多数の投票 ━▶ その党が首相を出す

　政治を動かすのは？ ⇒ 国民の力 （参政権）

　国民主権 ＝ 他にどんな権利は？

●憲法改正の国民投票　　　○か×

●最高裁判所裁判官の国民審査　など

③ 象徴天皇の役割は？

国事行為だけ ― 憲法で定める

　　首相任命・国会招集・儀式など

▶授業の展開：見出しや写真の対比はNIEの第一歩。国民主権を政権交代で実感させる。

1　衆議院選挙・がっかりしたり笑ったり

先生：2009 年に国会（衆議院）議員選挙が行われた。

　　　当時自民党トップ（総裁）で首相の麻生太郎さんの表情は？ （Ⓐを配布）

児童：がっくり。口がへの字。

先生：**なぜ？見出しの意味は分かるかな？**

児童：「辞任」はやめること・「終止符」は終了。

　　　自民政治が終わったから。

Ⓐ 2009 年 自民党議席 296 ⇒ 119

（毎日新聞 2009 年 8 月 31 日）

　　――議席減に着目。自民党は全議席 480 の半分以下・119 になり、多数決で自分たちの総裁を総理大臣（首相）に選べない。麻生さんは責任を取って総裁と首相を辞め、過半数の 308 議席を得た民主党から首相が選ばれた。

先生：それなら、**2012 年衆議選での自民党安倍晋三総裁の表情は？** （Ⓑを提示）

児童：笑顔　ゆるみっぱなし

先生：**なぜ？**

児童：自民党と公明党の議席が 320 を超えた。多数決で首相になれるから。

先生：首相が別の党の人に代わり政治が変わることを、
　　　政権交代という。**板書①**

Ⓑ 2012年 自民党議席 119 ⇒ 294

（朝日新聞 2012 年 12 月 17 日）

 NIE で躓かないために
　ＮＩＥでいきなり本文を読ませたのでは、漢字の読みや
用語の理解につまずき教室は御通夜状態。まずは見出しを
読む力を養いたい。その見出しを比べて事象の意味をつか
めるようになると、新聞アレルギーが消えていく。

2　主権者として誰が政治を動かすか

先生：**このことから分かることを言おう。**（児童の発言をふまえてさらに発問。段階的に思考
　　　を深める）
　　　つまり首相を変え、政権を交代させるのは誰の力か。
児童：選挙する人の力。国民の力。
先生：ある党が首相を出して政治をしても国民の支持を失えば？
児童：選挙で負ける。政権交代。
　　　──主権者の国民はこうして政治を動かす。天皇が首相を指名した大日本帝国憲法時代と
　　　は大きく違う。選挙権は政治に参加する権利（参政権）の一つであることを押さえ、
　　　何歳以上の男女が選挙権を持つかを確認したい。
先生：**では、目が不自由な人・字が書けない人・投票所まで行けない人は？**
　　　──応答を通して点字投票・代理投票・不在者投票・在外投票等を説明。
先生：**こうして選挙権を保証された国民の何％が投票に行くか。**
　　　──児童は自由につぶやき、先生はニコニコしてそれを板書。
先生：正解は・・・（表情を引き締めて）17 年の衆議院選挙では・・・**約 54％!!**
児童：え〜、少な〜い。半分だ。やっぱりね。
先生：べつに投票しなくてもいいんじゃないの〜？（にやにやしながら）
児童：え〜、だめだよ。ちゃんとした人が選ばれなくなる。
先生：昔は男の金持ちだけが選挙権を持っていた。**18 歳以上の男女が持ったのはいつだと思
　　　う？・・・○年前の 2015 年だ。**
　　　せっかく持てるようになった権利はみんなで使おう。（まじめな表情で）
先生：**では、国民は選挙権の他にどんな権利を持つか。**（予想⇒教科書の図で確認）
児童：憲法改正の国民投票。最高裁判所裁判官の○×。（国民審査）
　　　──国民が深く考えてこれらの権利を使う大切さを確認したい。**板書②**

3　象徴となった天皇の役割は？

先生：では、テレビで見ると、**象徴となった天皇は何をしている？**
児童：手を振る。あいさつ。お見舞い。お話し。
先生：政治はできるか。（児童反応）
　　　教科書で天皇の仕事を調べよう。（作業⇒答え合わせ）
　　　──国民主権の下、憲法で決められた国事行為だけを行うことを確認したい。**板書③**

学習課題 No.4 「憲法とわたしたちの暮らし」④（基本的人権の尊重㋐）

補助犬を社会の中に　犬のマークで全員参画

▶授業のねらい

①身体障害者補助犬の役割を知り、法の成立で障害者の自由や権利が広がったことを学ぶ。
②この法ができた背景には、個人を尊重して差別を禁じる憲法の規定があることに気づく。

▶板書例

補助犬を社会の中に

①
聴導犬　盲導犬　介助犬
身体障害者補助犬
｜
生活のパートナー
耳・目・手足の代わり

②
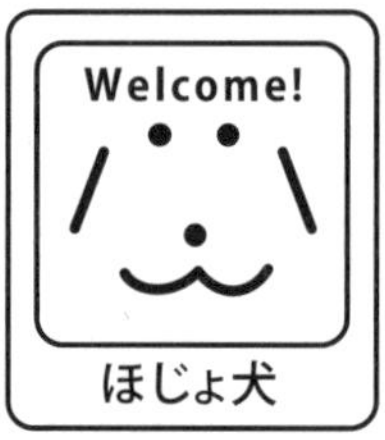

入店ＯＫ
↕
以前は×も・・
障害者の自由・権利
そこで……

2003年
身体障害者補助犬法できる！
③ おおもとの考えは？
全国民の権利を尊重
平等、差別されない
＝
日本国憲法だった！
「不断の努力によって保持を！」

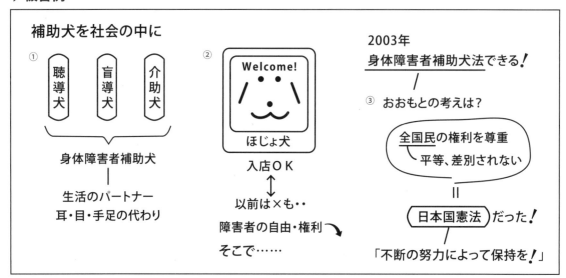

▶授業の展開：誰もが飛びつく動物教材から憲法の平等権につなぐ。

1　絵を大きく提示。どんな場面かな？

Ⓐ

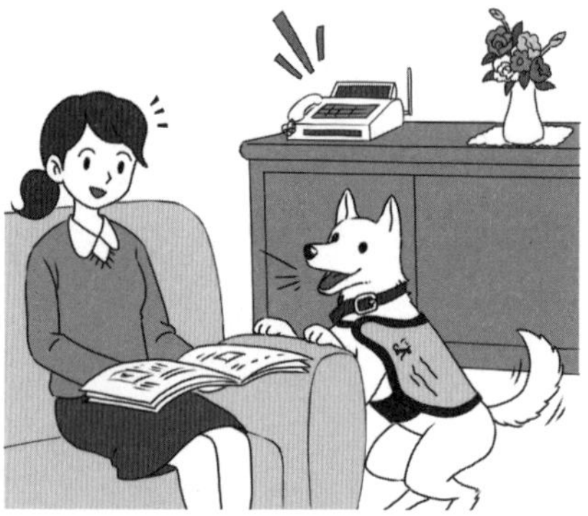

先生：**Ⓐから分かることは？**
　――大きく提示⇒つぶやき発言。
児童：電話が鳴っている。犬が知らせている。
　女の人は耳が聞こえないんだよ。
　――このように、耳の代わりをする**聴導犬**は日本に55頭（2014年）。車の警笛・銀行での名前の呼び出しや赤ちゃんの泣き声も教えてくれる。
先生：**他にどんな犬が障害者を助けるの？**
児童：盲導犬
――見たことがある子には様子を発表させる。日本では1010頭が活躍中だ（2014年）。介助犬もドアの開閉・ものを拾ったり運んだり、車いすを引いたりペットボトルの蓋あけを手伝う等72頭が活躍（2014年）。併せて**身体障害者補助犬**という。
実働期間は約8年、育成には1頭300万円かかるが、障害者の手足として欠かせない。（『日本介助犬福祉協会』の資料）写真も提示すると効果的だ。**板書①**

2 このマークを知っているか

先生：**では、これは何のマークか。分かったら言おう。**

　　　——まず「╱　　＼」を描き、続いてその間に「∵」を入れる。
　　　さらにその下に「〰」を描けば完成。

児童：犬だ!!

　　　——その「犬」の上には「welcome!」と記す。下に「ほじょ
　　　犬」と文字を入れると右のマークとなる。

先生：**お店のドア等に貼られたこのマークの意味は？**

　　　——英語の読み方や意味をまず考えあう。
　　　分かった子を指名して発表させる。

児童：お店に補助犬を連れて入ってもいいというマークだ。

　　　——厚生労働省認定のこのマークは 2003 年から登場する。それは、身体障害者補助犬
　　　法が全政党一致でつくられ、この年から実施されたためだ。これにより身体障害者は
　　　食堂等にも気兼ねなく行け、行動の自由が広がった。（以前は、「他のお客に迷惑」と
　　　か衛生上の理由で犬の同伴を断るお店もあった）**板書②**

3 日本国憲法…実現するのはみんなの努力

先生：**お店や食堂へ補助犬を連れていけないと何が問題？**（挙手発言）

児童：障害者が自由に店に入れない。不公平。

先生：**な～るほど。（共感発言）それでいいの？**

児童：だめ。差別だ。

　　　——憲法はそれについてどう定めているか。以下の条文を示して斉読させる。

> ・すべて国民は、個人として尊重される。…国民の権利については…最大の尊重を必要とする。（第 13 条）
> ・すべて国民は、法の下に平等であって…差別されない。（第 14 条）

先生：**憲法のこの条文をどう思うか？**

児童：いいと思う。賛成。

先生：**どこがいいの？**

児童：個人として尊重。国民は平等。差別されない。

　　　——憲法の条文は計 103 条。そこには国民の権利が 27 記されていることを補説したい。

先生：**日本国憲法の公布・施行の年月日を教科書でチェックしよう。**

児童：公布は 1946 年 11 月 3 日。施行は 1947 年 5 月 3 日。

先生：つまり、施行から補助犬法制定までは？

児童：56 年もかかった。長すぎる。

先生：**そこで、憲法には次のような条文もある。**

　　　——第 12 条を示して斉読させ、語句や文意を確認して授業をまとめたい。**板書③**

> この憲法が国民に保障する自由及び権利は、国民の不断の努力によって、これを保持しなけ
> ればならない。（第 12 条）

世界に一つだけの中学校　まさかと驚きで引きこむ

▶授業のねらい

①驚きの上に刑務所内中学校への関心を高めてその開設の是非を考えあう。

②基本的人権の一つとして、全ての国民に教育権が保障されていることを理解する。

▶板書例

世界に一つだけの中学校

① ―１年で卒業!　　 行くひとは？

旭町中学校桐分校

刑務所内中学校

運動会○　　校歌 △

本校と交流○

遠足は？◎

信頼

② 刑務所内中学に・・・

反対	賛成
行くなら出所後	誰でも学ぶチャンス
税金で行くの？	私たちも無料
他の人と不公平	勉強１０時間は大変

③ なぜつくったか ―― 憲法２６条

「すべて国民は」 ➡　受刑者も

「ひとしく」 ➡　平等に

「教育をうける権利」 ➡　基本的人権の一つ

▶授業の展開：１では逆転と驚きを⇒２では対立と深化⇒３では憲法につなげて一般化。

1　この中学校に行きたい人は？

先生：来年君たちは？（中学生‼）３年間ぎっちり学ぶ。

　　　ところが、夏涼しい長野県には１年で卒業できる中学がある。**行きたい人は？**

　　――児童の多くが挙手。（必ず行くよう不気味に念押し）

先生：その学校は**松代市立旭町中学校桐分校**。世界でただ一つ「（　）（　）（　）しょ」の中にある中学だ。（板書）**ひらがなを１文字ずつ入れよう。**

児童：まさか。け・い・む・しょ？　え～？

先生：場所は松本少年刑務所の中だ。**必ず行こうね。**（騒然）

　　――以下、次のように応答を進める。

●運動会はあるか⇒刑務所の運動会に参加。

●校歌はあるか⇒桐分校の歌がある。

●本校との交流は？⇒年１回訪れて共に歌う。

●卒業式は？⇒ある。涙で『仰げば尊し』を歌い、

　教官は『２度と来るな』と励ます。

●同窓会は禁止。

　桐分校

　1953 年創設。小中学校で満足に学べないまま罪を犯した人が対象。希望者を面接して入学許可。

　2015 年までに 735 人が卒業した。授業は 60 分で１日７時間。自習時間は３時間。夏冬の休みはない。

活性化したところで表情を引き締め、教室の空気も引き締めて次の発問をする。

先生：**遠足はあるだろうか**。

児童：え～？？？

――反応を生かし次の要素を入れて３択をつくる。

㋐刑務所の外には行けないのでない

㋑手錠をはめていく

㋒普通に行く

「対立」で盛り上げる⇒正しいと思うものに挙手⇒Ⓐを投影

児童：あ～、手錠つけてない。

ブレザー着ている。

――答えは㋒。「持っていくのは信頼だけ」（教官）で、脱走者は一人もいない。

板書①

> **３択作りのコツ**
> 教師が上から既成の３択を示すと児童は引く。その意見を組み入れて３択の文言をつくり、課題を児童に近づけたい。

Ⓐ

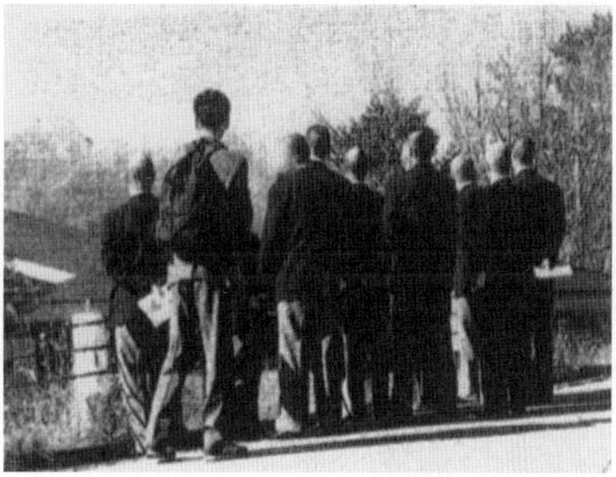

（写真提供：角谷敏夫氏）

2　刑務所内中学に賛成？ 反対？

先生：授業料は？・・・無料だ。

誰が出す？・・・税金を使う

――反応はさまざま。全て共感する。

先生：**国民の税金で刑務所にいる人に中学教育することをどう思うか？**

――ペアや班で相談。意見をノートに書かせてもよい。一つ意見が出たら『賛成の人は？』『反対の人は？』と聞き全体に戻す。

〈反対意見〉勉強するのはよいが刑務所を出てから行くべき。
他の人は刑務所で苦労しているのだから不公平だ。

〈賛成意見〉私たちもタダで中学に行くのだから、この人たちもタダでいい。
勉強したい人には誰でもチャンスを与えたい。
まじめに勉強すれば、悪いことをしなくなると思う。**板書②**

3　基本的人権は全ての人に!!

先生：**なぜ刑務所に中学校をつくったか。憲法２６条を読んで、その理由を見つけよう**。

――Ⓑを配布。

Ⓑ

> **憲法２６条①**
> すべて国民は、法律の定めるところにより、その能力に応じて、ひとしく教育を受ける権利を有する

児童：「すべて国民は」とあるから、刑務所にいる人も当てはまる。

「ひとしく」とは同じという意味。みんな同じように教育を受ける権利をもっているからつくったと思う。

――**第２６条が認める国民の教育権は、受刑者にも基本的人権の一つとして保障されていた。なお、現在桐分校は外国籍の受刑者も受け入れている。板書③**

学習課題 No.6

「憲法とわたしたちの暮らし」⑥（基本的人権の尊重㋒）

ほのかちゃんは入園できるか　共感と葛藤で深い学び

▶授業のねらい

①入園裁判の判決を知って、教育を受ける権利はどの子にも保証されることに気づく。

②国民は多くの基本的人権をもつことを知り、その尊重と拡大について考えを深める。

▶板書例

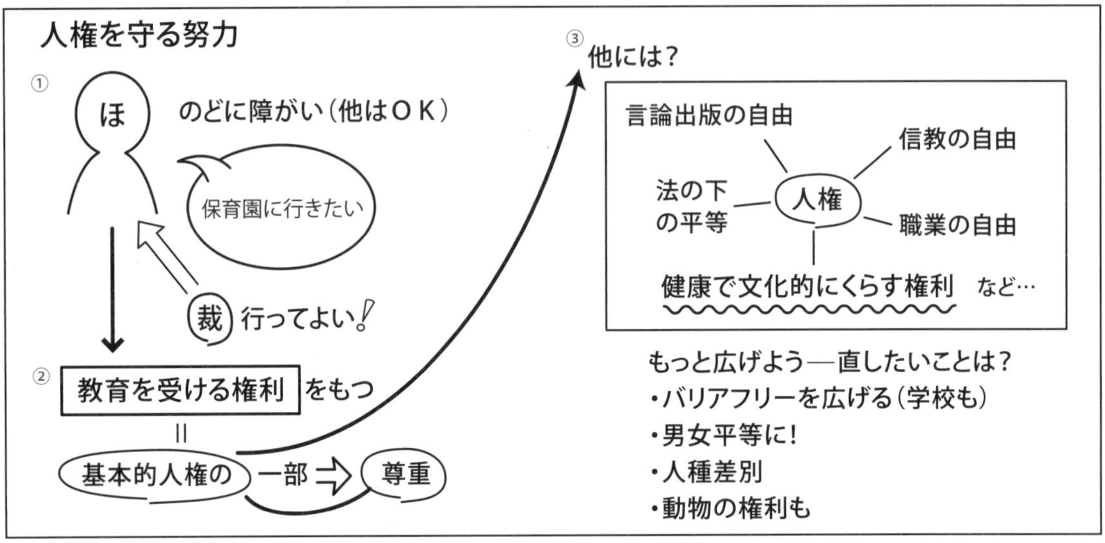

▶授業の展開：幼児に共感しつつも双方の主張の間で葛藤させる。まとめには教科書を十分活用。

1　2006年10月、東京地方裁判所の判決は？

——Ⓐを各自に配布⇒音読⇒線引き・感想。

先生：**君が裁判官なら入園を許可するかしないか。○をつけ、理由も書いて発表しよう。**

Ⓐ

東京・H市のほのかちゃん（5歳・仮名）は、のどの病気のため数時間おきに吸引器でたんを取る必要があった。他に問題はないため、市立保育園への入園を希望したが市は認めない。「みなと同じ教育を受けさせてほしい」と思ったほのかちゃんと両親は入園を求める裁判を起こした。

【ほのかちゃん側の主張】　たんの吸引は自分でできるし、園には看護師もいる。のど以外は健康でみなといっしょに行動できる。差別なく入園させてほしい。

【市側の主張】　本来、たんの吸引は命を預かる医者の仕事だ。入園すれば保育士が常に観察する必要があるが、集団保育の中では十分にできない。

●入園を許可〈する・しない〉その理由は……

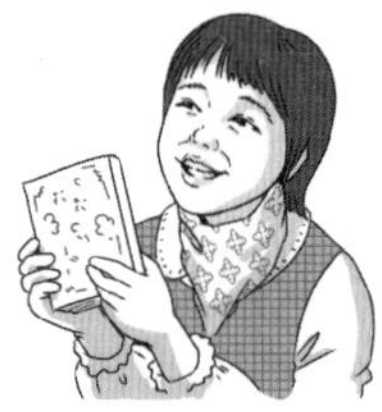

——許可するかしないか。挙手で考えを確認してから発表。「みんなと遊べなくてかわいそう。許可する」「その子だけ手をかけられない。許可しない」、等…教師はどの意見にも頷く。一段落したところで判決を紹介したい。

《許可する》—これが東京地裁の判決だ。「呼吸以外の障害はなく、精神や身体は他の子と同じ。障害者だからといって一律に保育を認めないのは許されない。市には子どもの成長にふさわしい保育を行う義務がある」と裁判官は述べた。無事に卒園したほのかちゃんは市立小学校の普通学級に進学できた。**板書①**

2　判決を踏まえて基本的人権の尊重を理解

先生：**では、ほのかちゃんはどんな権利を認められたのか。教科書の図に○で囲もう。**

——各社は「国民の基本的人権」や「国民の権利」の図を掲載している。正解はその中の「**教育を受ける権利**」である。ほのかちゃんと両親はその権利を実現するために「裁判を受ける権利」を使ったことにも着目させたい。5歳の子にもその権利がある。

先生：**ならば、病気で長期入院している子はどうするの？**

——院内学級があり、「運動会」だって行われる。

先生：**自宅で寝たきりの子には？**

——養護学校の訪問授業が受けられる。憲法の第2の柱「**基本的人権の尊重**」の1つである「**能力に応じて等しく教育を受ける**」権利は、主権者である国民に様々な方法で保障されることを押さえたい。**板書②**

3　基本的人権を広げよう

先生：**人々には他にどんな基本的人権が認められているか？**

——Ⓑを配布して、まとめを行う。（先の資料の続きに印刷しても可）教科書の図から当てはまる語句を選び、記入させたい。

Ⓑ

①国の政治を演説や本で批判しても罪にならない。 〈　　　　　　　　〉の自由	
②どの宗教を信じても信じなくてもよい。〈　　　　　　　　　〉の自由	
③男でも女でも、選ばれれば差別なく首相になれる。〈　　　　　　　〉の平等	
④親の仕事を継げと言われたが別の仕事をする。 〈　　　　　　　　〉の自由	
⑤病気で収入がなく国が最低生活費を支給。 〈　　　　　　　　〉権利	

Ⓑの答え
①言論出版　②信教　③法の下　④職業選択　⑤健康で文化的な生活を送る
※教科書により語句に若干の異動

先生：**もっと基本的人権を広げるため、なくしたい差別や問題はないか。**

児童：日本以外でもいいの？

先生：もちろんだ。学校や生活のことでもいいよ。

——個人思考を班等でまとめて発表させ、視野を広げる。**出された意見を吟味して、家・学校・日本社会・世界等に区分したい。板書③**

学習課題 No.7

「憲法とわたしたちの暮らし」⑦（平和主義㋐）

たったニつの国だけが　地図の「?」から広げる

▶授業のねらい

①現在の世界では非戦を貫く国がわずかなことを知り、憲法９条の平和主義の役割に気づく。
②中村医師の活動を手がかりに真の平和主義とは何かを考えて学びを深めあう。

▶板書例—③◆の空白には、児童から出た意見を記入していく。

たったニつの国だけが

① 白い国 — 少ない — どんな国？

●戦争していない!!

現在は・・・スイス・[日本]だけ

② 軍事費の多い国は？

1位　アメリカ　　2位　中国
8位　[日本]

なのに、なぜ戦争していない？

●憲法前文 — 政府は再び戦争しない
●[憲法９条]＝平和主義
— 戦争放棄　戦力は持たない —

③ 中村哲医師 — 何を？
アフガン人の幸せにつくす一生

◆これは平和主義？

◆平和に生きるとは？

▶授業の展開：世界８位の軍事大国がなぜ戦争してないかを考え、平和主義について深めあう。

1　白い国々はどんな国？

先生：**①〜⑨の国名を書こう。**（下の地図を配布）
——周りと相談しながら予想⇒分かる子に挙手させた上でいっせいに答えさせる。

Ⓐ

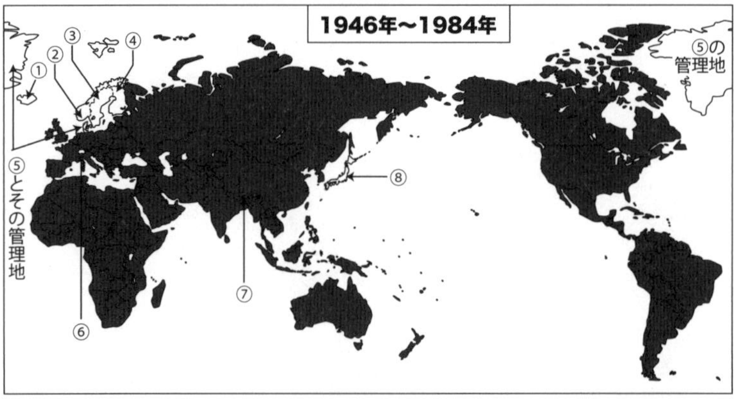

1946年〜1984年
①
②
③
④
⑤の管理地
⑤とその管理地
⑥
⑦
⑧

①ア(　)(　)ランド
②ノ(　)(　)ェー
③ス(　)ェー(　)(　)
④フィ(　)(　)(　)(　)
⑤デン(　)ー(　)
⑥リベ(　)(　)
⑦ス(　)(　)
⑧ブー(　)(　)
⑨日本国

（広瀬隆『クラウゼヴィッツの暗号文』新潮社に加筆）

（アイスランド ノルウェー スウェーデン フィンランド デンマーク リベリア スイス ブータン 日本）

先生：**これらの国の共通点は？**

――どんな意見も否定せず、肯定せず、「なるほど～」と共感する。

先生：正解は「**戦争していない国**」だ。（驚き） 気づくことを言おう。

児童：ほとんどの国が戦争している。日本は戦争していない。

先生：**２０２１年になると、戦争していない国は２つに減る**。どことどこか。

――正解はスイスと日本。他の７か国はアフガン出兵や内戦等を行った。**板書①**

2 なぜ違いが生まれたか

先生：**軍事費の多い国・世界ベスト8は？**

――予想⇒Ⓑを提示。

児童：アメリカ断トツ。日本は８位！

先生：**その日本がなぜ戦争しないか。**

児童：平和主義だから。

先生：それはどんなこと？Ⓒを読み、**平和主義に関係したところに線を引いて発表しよう。**

――発言を生かし戦争放棄や戦力不保持を確認。

先生：世界8位の軍事大国なのに戦争しなかった理由が分かっただろうか。**板書②**

Ⓑ 2019年・世界の軍事費

1位	アメリカ	71兆円
2位	中国	19.8兆円
3位	サウジアラビア	8.6兆円
4位	ロシア	6.7兆円
5位	インド	6.6兆円
6位	イギリス	6兆円
7位	フランス	5.7兆円
8位	日本	5.3兆円

3 真の平和主義とは？

先生：**では、この人を知らないか。**

――Ⓓを提示。２０１９年の死まで、アフガンの村で復興支援を続けた中村哲医師だ。地図でアフガンを確認し、Ⓓを読ませたい。

先生：**中村さんの活動は平和主義と言えるか。**

児童：戦争と関係ないから違う。
命を助けるから平和主義だよ。

先生：**では、どうなれば平和が来たといえるの？**

――さまざまな考えを出して深めあいオープンエンド。最後に感想を書かせてもよい。ただ戦争のない状態をいうのではなく、みなが安心してくらせる社会になることが平和なのだと、アフガンの事例は教えてくれる。**板書③**

Ⓒ

憲法前文（要約）

日本国民は、政府の行為によって再び戦争の悲惨な被害が起きないよう決意する

憲法9条　①戦争及び武力による脅し・武力の使用は、世界での争いを解決する手段としては永久に放棄する。

②そのため陸海空軍等の戦力はもたない。国が戦う権利も認めない。

Ⓓ

私はおとといまでアフガニスタンの荒れ地で土木作業をやっていた。ここで最も怖いのは干ばつで、おそらく数十万人が今年の冬を越せないだろう。

食糧自給こそが人々の命を握るので、私たちは医療団体ではあるが5年前から用水路を建設し、現在２０㌔を完成しつつある。

「国際」とは国家、民族、宗教を越えて互いに理解しあい、命を尊重することだと現地にいて思う。〈2008 11 6 国会での証言〉

今、考える平和主義 視点を変えて視野を広げる

▶授業のねらい

①防衛白書の表紙を比べて自衛隊の活動の変化を知り、沖縄の米軍基地への関心を高める。

②これまでの学習をふりかえって学びあい、平和主義についての考えを深める。

▶板書例

今、考える平和主義

① 防衛白書の表紙は？

　1970—「日本の防衛」をアピール

　2014— どう変わる？

　〈予想〉 災害救助？　　新兵器？

　〈実際は〉

　　海外活動　米軍と協力　大規模

　　「日本の防衛」の字が小さい

　　〈軍事費 — 世界8番目〉

② 沖縄の米軍基地は？

　　　全国の基地の70％

　困ることは？

 騒音　 犯罪 　 事故

　辺野古新基地 — 県民の72％が反対

　●日本の米兵 — 世界一の数

③ どう思う？　　平和主義

　各自の考えを記す

▶授業の展開：画像を比べ、資料から疑問を引き出す。最後の意見形成を重視。

1　防衛白書・1冊目と40冊目の表紙を比べよう

先生：**1970年の表紙を見ると？**

　——Ⓐを提示。

児童：富士山の前を自衛隊機が飛んでいる。

先生：**ここでPRしている自衛隊の役割は？**

児童：日本を守る。敵が来たら闘う。

　——**専守防衛**という。同年の関係予算は5695億円。

　　「海外派兵は行わない」と白書はいう。

先生：**44年後、2014年の表紙に何が載るか。**

　　予想⇒Ⓑを提示⇒字や写真をⒶと対比。

児童：「日本の防衛」の字が小さくなった。軍艦の上に

　　飛行機が下りている。(米軍の輸送機オスプレイ)

　　隊員が工事している。（国連の平和維持活動）

児童：大きい飛行機が飛ぶ。

先生：海中の潜水艦を見つけるためだね。

Ⓐ

(1970年)

——この年は災害派遣の写真はない。関係予算は 4 兆 7838 億円となった。

先生：**自衛隊の活動はどう変わってきたか。**

児童：海外へも行くようになった。米軍とよく協力するようになった。費用がかかるようになった。つけたし。世界で 8 番目の軍事費。

——自衛隊は憲法 9 条で禁じる戦力ではないという意見と、実際は戦力なので憲法違反という考えがあることを紹介したい。児童はどう考えるだろうか。**板書①**

Ⓑ

（2014 年）

2 「沖縄で」平和主義を考えよう

先生：**では、これはなあに？**

——Ⓒを提示。

児童：沖縄の米軍基地。広いなあ。

——沖縄本島の 14％は基地である。全国の基地の 70％が沖縄に集中する。

児童：海兵隊って何？

——教えずに辞書で確認。防衛ではなく、敵地に上陸して戦う部隊だと分かる。その人数が他よりけた違いに多い。

先生：**沖縄の人が困ることは？**

児童：騒音。犯罪。事故。

先生：2019 年には、政府が建設中の**米軍辺野古新基地**への県民投票を行った。**建設反対は何％だと思う？**

——どんな数字を言ってもニコニコして頷く。

先生：72％を越えた。（表情を引き締めて）

児童：え〜!!

——しかし工事は続けられている。日本全体を見れば 44545 人の米兵が駐留し、世界で最も数が多い。（2019 年）**板書②**

Ⓒこれなあに？

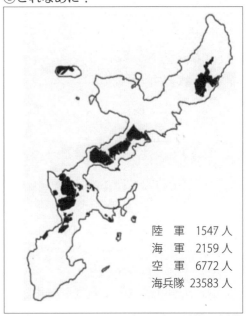

陸　軍	1547 人
海　軍	2159 人
空　軍	6772 人
海兵隊	23583 人

（2019 年　沖縄県資料）

3 平和主義・君はどう思う？

先生：2 時間かけて学んだ平和主義と憲法 9 条。**何がいちばん心に残っただろうか。感想や意見をシートに書いて提出しよう。**

——数人を指名して発表させたい。

意見は印刷して次時や帰りの会で読みあい、交流と深めあいにつなげたい。

こどもの日と国会　女子を巻き込み「こどもの日」論争

▶授業のねらい

①こどもの日に関する論議を追体験し、国会議員の待遇を知って国会の役割を理解する。

②６年後には自分も選挙権をもつことを知り、政党や国政への関心をさらに高める。

▶板書例

<u>こどもの日と国会</u>

① いつに？―国会で３つの案

　㋐ ５月５日　女子に不公平

　㋑ ３月３日　男子に不公平

　㋒ 11月15日　七五三以外は？

● 論議 ➡ 多数決へ

　$\boxed{衆議院}$ ⟶ $\boxed{参議院}$

　（委員会 ➡ 本会議）　（　〃　）

② 　国会議員　年収２１００万円!!

$\boxed{国会}$ ――どんな仕事を？

〈国会〉
衆議院　　　　　　参議院
475名　　　　　　242名

◎予算・法律を決定
◎首相を選ぶ
◎条約を認める　など

③ ６年後に投票 ―― $\boxed{18歳選挙権}$

　どんな人を？

　各政党の主張は？　　（消費税・軍事費）

▶授業の展開：こどもの日論争に女子を巻きこむ。議員の待遇を知り国会と選挙を身近にする。

1　こどもの日はいつがいい？

先生：**連休が楽しみ。どんな祝日を知っているか？**（出しあって教科書で確認）

先生：**こどもの日は何月何日？**

児童：５月５日!!

先生：男子の成長を祝う端午の節句だね。どう思う？（女子から異論）

先生：**どこで日を決めたか？**

　――1948 年（昭和 23 年）の国会だ。

先生：どんな案が出たか。（Ⓐを配布）では、「６年生国会」を開こう。

　君が国会議員ならどの案に賛成か？

　――各自の意見を述べて多数決。実際も衆参の各委員会や本会議で採決することを教科書の図をたどって確認する。48 年の女性衆議院議員は３人だけ。結局㋐が祝日となった。**板書①**

Ⓐ

> **こどもの日―1948 年の国会での案**
>
> ㋐ $\boxed{５月５日}$―神戸市の児童２万７千人が署名。男女関係なく祝う日にする。
>
> ㋑ $\boxed{３月３日}$―松野喜内議員等　年度を区切る４月に近い日がいい。
>
> ㋒ $\boxed{11月15日}$―全国保育連合会　七五三に合わせたい。
>
> 「こどもの人格を重んじ、こどもの幸福を図ると共に母に感謝する」（祝日法）

2　国会議員・知ってるつもり？

Ⓑ

先生：直径２㎝。**これなあに？**（Ⓑを大きく投影）

児童：バッジだ。何のバッジ？

先生：国会議員のバッジだ。これを着けていると電車代は

・・・新幹線グリーン車が無料。（騒然）

——海外視察費も２００万円まで支給。他の待遇は次の通りだ。

> 歳費（給与）は月額 129 万 4000 円。ボーナス 520 万円。他に文書・交通費が月 100 万円。議員が雇う秘書３人分の給料も国が出す。議員室から都内への電話が無料。

先生：**どう思う？**

——金額の多さに驚く子、議会欠席は給料泥棒と主張する子、買収されないためと推理する子等多様な意見が出たところで次の問いを投げかける。

先生：**では、国会議員は何人いてどんな仕事をするか。**（教科書で調査⇒Ⓒに記入⇒発表）

Ⓒ

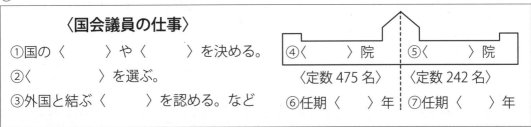

〈国会議員の仕事〉

①国の〈　　　〉や〈　　　〉を決める。

②〈　　　　〉を選ぶ。

③外国と結ぶ〈　　　〉を認める。など

④〈　　　〉院	⑤〈　　　〉院
〈定数 475 名〉	〈定数 242 名〉
⑥任期〈　　〉年	⑦任期〈　　〉年

〈①予算・法律－順不同 ②総理大臣 ③条約 ④衆議 ⑤参議 ⑥４⑦６〉

——法律案は衆参両院で議決しなければ法律とならない。これが二院制である。

先生：とても大事な仕事をしているね。**もし国会がなく議員もいなかったら？**

児童：国が動かない。国民が困る。**板書②**

先生：**大事な仕事なので待遇もいいんだね。変な人を選ばないようにしよう。**

3　選挙と政党に関心を持とう

先生：君たちはあと何年度に選挙権を持つか。

児童：６年後。

先生：**その時、衆参の国会議員にどんな人を選びたいか。**

児童：国民のために働く人。言ったことを実行する人。うそをつかない人。

先生：消費税は上げるか下げるか。軍事費は増やすか減らすか。（挙手で確認）

同じ考えの人がいるね。**議員も同じ意見の者が集まり政党をつくっている。**

先生：**知っている政党は？**

児童：自民党・公明党・立憲民主党・日本維新の会・日本共産党ｅｔｃ・・・

——答えに関連して各党首の顔を画像で示すと盛り上がる。

どの政治家が何を言い何をしているか。日々の報道への関心をさらに高めたい。板書③

首相の下に「全員集合」 内閣を児童会に置きかえて

▶授業のねらい

①首相・内閣を人物やその集合写真に置きかえ、その仕事を児童会と比べて理解する。

②各省の業務が私たちの生活に深く関わっていることを知り、その重要性を把握する。

▶板書例

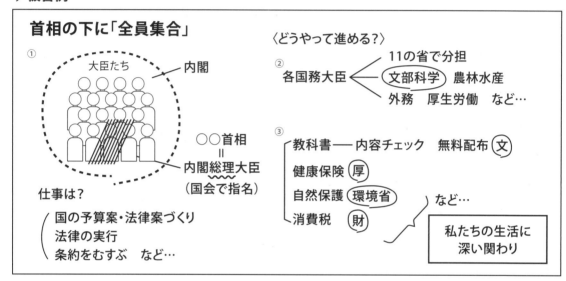

首相の下に「全員集合」

① 大臣たち ── 内閣

○○首相 ＝ 内閣総理大臣（国会で指名）

仕事は？
国の予算案・法律案づくり
法律の実行
条約をむすぶ　など…

〈どうやって進める？〉

② 各国務大臣 ← 11の省で分担 文部科学 農林水産 外務 厚生労働 など…

③ 教科書 ── 内容チェック 無料配布 文
健康保険 厚
自然保護 環境省
消費税 財
など…

私たちの生活に深い関わり

▶授業の展開：抽象的な内容をいかに具体的事例に置きかえるかがポイント。

1　2枚の写真から内閣をイメージ

先生：**この人だあれ？**（Ⓐ現職の首相の写真を投影）

児童：○○首相‼

先生：**名前を漢字で書ける？**

──相談⇒一人を前に出して板書。

先生：正しくは内閣総理大臣という。

児童：内閣ってなあに？（つぶやき）

──Ⓑを投影。（最新画像で）

児童：あー、知ってる。大臣が集合。真ん中が首相。○○人いる。

──**児童の発言をふまえ、首相任命の各大臣が内閣をつくることを確認。**

先生：児童会長の役目をするのは？

児童：首相・総理大臣。

先生：副会長や各委員会委員長の役割をするのは？

Ⓐ

共同通信社提供

Ⓑ

共同通信社提供

児童：大臣たち。

先生：**では、首相がリードする内閣の仕事とは？**

——予想⇒教科書で検証⇒発表。

①国の予算や法律の案をつくって国会に提出

②国会で決めた予算や法律を実行

③外国との条約を結ぶ。この３つを確認したい。

先生：**国の予算（歳出）でいちばん多いのは？**

——予想⇒教科書のグラフに着色。（作業を通して全員参加）

児童：社会保障の費用だ。２番目の国債費とは？

先生：国が返す借金のことだ。子どももふくめて国民一人当たり約９００万円。（騒然）

板書①

2　どんな省があるのかな？

先生：内閣の仕事は各大臣が監督して１１の省で行う。**省の名を出来るだけ挙げよう**。

——教科書を閉じて相談。時間は３分。班を順に指名して一人に一つずつ言わせ教師が板書。「あっ、言われた」「まだある」と熱が入る。出つくしたら教科書を参照。

先生：省の下には庁がある。自然を監視して天気予報を出すところは？

児童：気象庁

先生：**省や庁で働く人は合計何人か**。

——自由につぶやき。

先生：約５８万人。そのトップに立つ人が？

児童：首相。総理大臣。

——国会が首相を選ぶことは前時に学んだ。これらの**省・庁と内閣の全体を政府とよぶ**。**板書②**

3　私たちの生活との関わりは？

先生：**では、Ａさんの生活に各省はどう関係するか**。Ⓒをやってみよう。

——教科書の図表を参照。分からないところは相談可。４～５分後に答えを合わせる。

（㋐文部科学・㋑厚生労働・㋒環境・㋓国土交通・㋔財務）

先生：消費税の始まりは１９８９年。何％だったか。

——自由につぶやく。

先生：3%だ。97 年に・・・5%

2014 年に・・・8%。19 年から 10%になった。

内閣が方針を決めて国会が認めたんだね。それを実行するのも内閣だ。

——**内閣が行う国の政治は自分の生活と深く関わることに気づかせたい**。**板書③**

Ⓒ

Ａさんの生活—関係する省の名を記入しよう。

㋐今日は元気に学校で勉強。給食もおいしい。〈　　　　〉省

㋑昨日は健康保険証をもって病院へ行き薬もらった。〈　　　　〉省

㋒次の日曜は自然公園で遊ぼう。最近は川の水もきれいになってきた。〈　　　　〉省

㋓高速道路も快適だろう。大きな橋の工事も終わったようだ。〈　　　　〉省

㋔お土産買ったら消費税が１０％。子どもの生活も大変だ。〈　　　　〉省

裁判と私たち　被告や裁判官になったつもりで

▶授業のねらい

①小学生が関わる裁判を例に、双方の立場から言い分を述べてその判決を考えあう。

②判決に不服であればさらに2回裁判できることを知り、裁判所の役割の重要性に気づく。

▶板書例

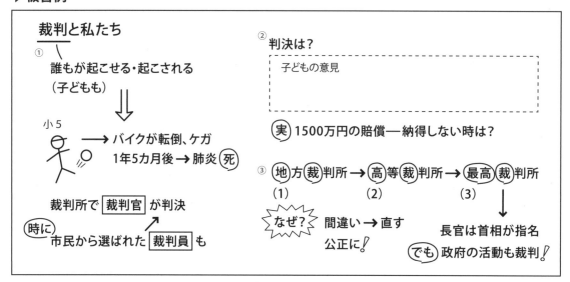

▶授業の展開：具体例で引きつけ、裁判官になったつもりで判決を考えさせたい。

1　少年と遺族・それぞれの言い分は？

先生：**相手にいじめられ大けがをしたら？**

児童：倍返し（笑）　訴える　裁判

先生：子どもも裁判を起こせるからね。**では、裁判を起こされることは？**

児童：あると思う。

　──ここで④を配布して指名読みと補説。

先生：**こうした裁判で、両方の主張を聞いて判決を下す人は？**

児童：裁判官！

先生：くじで選ばれた人が判決に関わる時もある。**この人を何というか。**

児童：裁判員（教科書を参照）

　──**官**と**員**の違いを押さえる。国に任命されて裁判する人が**官**である。

④

> **君の判決は？**
>
> 2004年2月、愛媛県のA小学校の校庭で、5年生の少年がサッカーゴールにボールをけって遊んでいた。
>
> 　だが、ボールは門の扉を越えて車道に転がる。走ってきたバイクがこれを避けようとして転倒。乗っていた男性は足を骨折して入院し、翌年7月に肺炎で亡くなった。（87歳）
>
> 　男性の遺族は、死亡の原因は転倒した時のけがであるとして、少年とその親に5000万円の賠償を求める裁判を起こした。

先生：**将来、君も裁判員に選ばれるかもしれない。板書①**

少年側と遺族側に分かれ、それぞれの言い分を述べよう。

——各自の希望を生かして割りふり⇒Ⓐをもとに相談⇒意見交換

《少年側》「事故は偶然が重なったせい」「けがのせいで死んだのではない」

《遺族側》「最初の原因をつくったのは少年」「けがして弱ったから肺炎で死んだ」

2　あなたならどんな判決を？

先生：**自分が裁判官ならどんな判決を下すか**。

——ノートに記入⇒書けたら挙手、教師の『ハイ』という声で手を降ろす。（確認の挙手）『すごい。この班は全員挙手』『男子の方ができた人が多い』等と評価すると、ささやくように教える子も現れ挙手者が増えてくる。多くの子ができたところで発表へ。

児童：㋐事故と肺炎は関係ないのでお金は払わなくてよい。（少年の勝ち）

㋑もともとの原因をつくったのは少年だから５千万円払え　（遺族の勝ち）

㋒少年にも半分責任があるから５千万円より少なく払え（半々）

——児童から出ない時は補足。論議して挙手で賛否を確認する。

先生：**実際の判決を教えよう**。（ゆっくり顔を見回し、子どもが答えを思い浮かべたところで）「1500万円支払え。（反応あり）ボールが外へ出るのは予想できた。ただ、死の原因はこの事故だけではない。５千万円は多すぎる」と裁判官は言った。

児童：やっぱりね。ゼロでもいいと思う。外で遊びにくくなるよ。

先生：**この判決に納得しない人は？**（何人かが挙手）**板書②**

3　なぜ繰り返し裁判を？

先生：**判決に納得できない時はどうするか？**

児童：裁判をやり直す。

先生：**それでも納得できない時は？**

児童：またやり直す。何回できるの？

先生：何度でも（笑）これはウソだね。

Ⓑをみて本当は何回か数えよう。

児童：３回だ。

先生：**なぜ同じ事件で３回も裁判できるか。**

Ⓑ

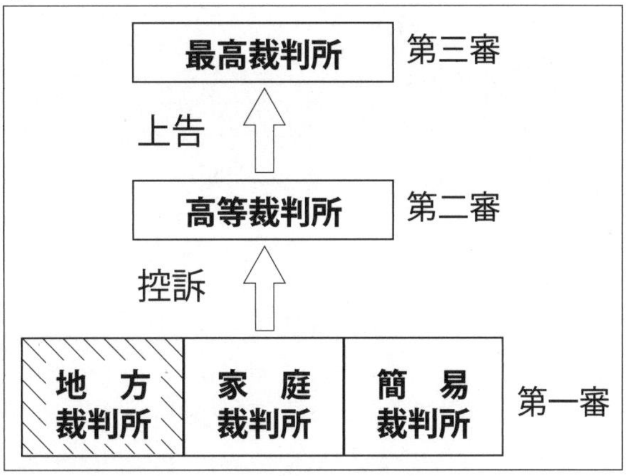

児童：間違っても直せるから。

いろいろな裁判官がいて公平に裁判できるから。

先生：国民が政府を訴えることはできるか。

児童：政府は国民と違うのでできない。政府も間違える時があるからできる。

先生：できる。裁判に負けて首相が謝ったこともある。

——**最後に「もし裁判所がなかったら？」と問いかけ、その重要性を確認したい。**

学習課題 No.12 「国のしくみ」④（三権分立）

チェックとバランス　役割を演じて体感から学びへ

▶授業のねらい

①立法・行政・司法の役割を図に表し、応答を通して三権相互の関係を理解する。

②シートに答えを記入して用語を正しく理解し、本時の学びの定着を図る。

▶板書例―図は筆記しなくても可。

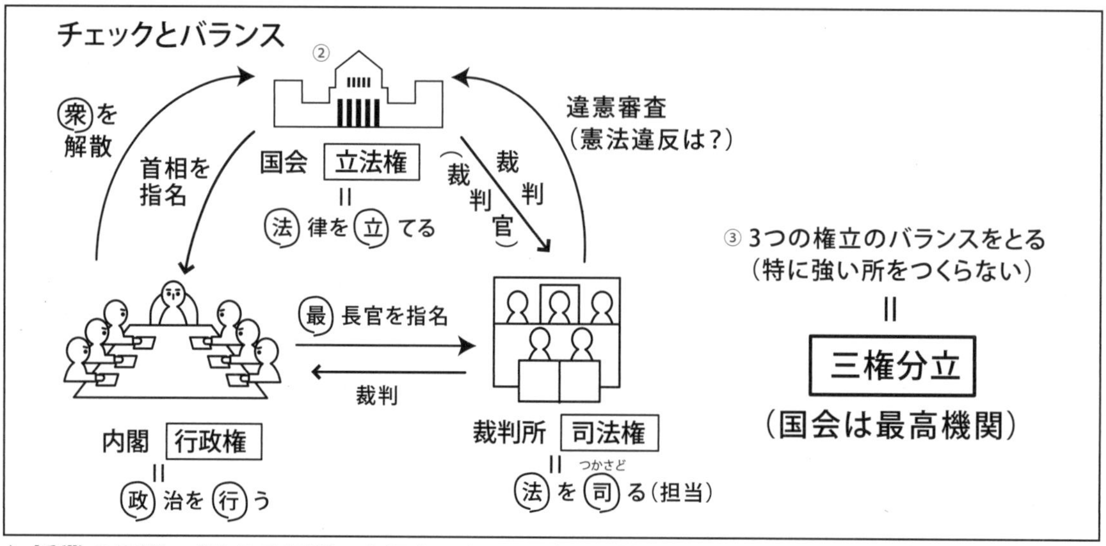

▶授業の展開：「教える授業」を児童の参画でどう活性化させ、教師の話を聞かせるか。

1　児童が主役で６枚のカードを渡しあう

〈１２枚のカードを事前に準備〉係や有志に作成させても可。マグシートを裏面に貼る。
㋐黒板に貼付する３枚の大判カード（[国会]・[内閣]・[裁判所]　板書例参照）
㋑児童３人が首にかける３枚のカード（[内閣]・[衆院議長]・[最高裁長官]）
㋒児童が使うカード（[不信任]・[解散]・[裁判]・[指名]・[違憲判断]・[違憲審査]）

先生：**３人の人に偉くなってもらおう**。

――“役者”を指名して前に出し、㋑のカードを各自の首にかける。
次に㋒のカード６枚を黒板右手に貼る。

先生：**黒板のカードを１枚ずつ読んでいこう**。分からなければパスしよう。

――端から順次指名していく。
教科書の三権分立図を参照させて全員参画を図りたい。

先生：「議長」。〇〇内閣総理大臣を辞めさせたい時は黒板のどのカードを使うか？

――「議長」は[不信任]カードを選んで「内閣」に渡し、理由をアドリブで言う。（笑）
もたもたしている時は、『応援しよう』と他の子たちに声をかけると活性化。よいアドバイスが出ればすかさず評価する。

先生：内閣総理大臣。反撃しよう。どのカードを議長に突きつけるか？

──「内閣」は解散カードを選んで「議長」に渡し、理由をアドリブで言う。子どもは次
　　　第にのってくる。
　先生：最高裁長官よ。君は「内閣」と「国会」にどのカードを渡すか。
　　　──「長官」は「内閣」には違憲判断を、「国会」には違憲審査を渡す。
　先生：それに対して「内閣」と「国会」は？
　　　──「内閣」は指名カードを、「国会」は裁判カードを「長官」に渡す。

２　先生の説明を落ち着いて聞こう

　先生：みんなで考えた３人の関係を黒板に表現しよう。
　　──国会・内閣・裁判所の大判カードを△のかたちに黒板に貼付。
　　　児童から回収した不信任・解散・裁判・指名・違憲判断・違憲審査のカードを、応答
　　　を交えて適切な位置に貼る。（板書例参照）
　先生：意味の分からない語句は？・・・本当にないね？　なければこちらから聞くよ。
　　　──この一言で挙手が急増。違憲立法審査では、国会でつくった法律に一裁判官がノーと
　　　言える。弾劾裁判も説明。
　先生：国会は法律をつくる（立てる）よね。その力を**立法権**という。内閣は法律をもとに政
　　　治を行うね。その力を**行政権**という。裁判所は法律を担当する（司る）よね。その力
　　　を**司法権**という。
　　　──大判カードの下に、関係する「権」とその説明を板書する。
　先生：**３つの「権」の中でどれが最強？**
　児童：どっちもどっち　お互い強かったり弱かったり・・・
　先生：**３つの「権」はチェックしあってバランスを取る。それを漢字４文字で？**
　児童・三権分立!!
　先生：でも、国民から選挙される議員がつくる国会が「最高機関」。そこで位置が？
　児童：いちばん上。**板書②**

３　答えを合わせて覚えよう

　先生：黒板の文字を消すよ。**Ⓐに答えを記入して覚えよう。**
　　　──指名して黒板に順次答えを記させ全体で確認。両面印刷して復習に活用しても可。
　　　板書③
　Ⓐ当てはまる語句を記入しよう

ぼくの願いはみんなの願い　中学生を応援して共感

▶授業のねらい

①１人の少年が歩きたばこ禁止を実現するため市議会に何を請願したかをつかむ。

②誰がどんな権利を行使してどのように議論が進められたかを理解する。

▶板書例

ぼくの願いはみんなの願い

① 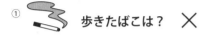 歩きたばこは？　✕

けむたい　　危ない　　ポイ捨て
　　　　　　　　　　　（よごれる）

なくすには？

Ｏ君（中１）── 市議会に請願

「禁止 条例 を!」　（市の決まり）

　　　　　　　　　　　　市民が傍聴

② 体験・アンケート・調査をもとに

２万３６００・・・？ 署名

多くの人の願い!

１８歳以上の１５分の１ → 議会で論議

③ すぐ多数決 ⇔ まず話しあい

問題点が・・・

　㋐ 立ち止まって吸ったら？

　㋑ たばこを吸う権利は？

　㋒ 罰金よりマナー向上を!!

◆ どう解決？　条例はできるか

▶授業の展開：請願・署名・傍聴・質疑等のありさまをＯ君の行動に重ねて具体的に学ぶ。

1　歩きたばこをなくすには？

先生：**君たちはたばこで迷惑したことは？**

児童；ある〜　隣で吸われて煙たかった。　匂いがいやだ。　咳がでた。

先生：**歩きたばこは何が困るか。**

児童：煙が他の人にかかる。　やけどの危険。　吸い殻を捨て街が汚れる。

先生：**喘息に苦しむ静岡市の中学１年生Ｏ君はどうやって歩きたばこをなくそうと思ったか。**

　──予想⇒Ⓐを投影。つぶやきを待って
　　何をしているか聞く。
　　正解は、「歩きたばこ禁止条例（市
　　の決まり）をつくるよう市議会に請
　　願する」であった。

先生：Ｏ君の後ろには市民がいる。市議会
　　の会議に来ていいか。

児童：いい。

　──傍聴と言って市民は自由に聞きに来
　　てよい。**板書①**

共同通信社提供

2　O君は何を主張したか

先生：O君は市議会の市民委員会で何を話したか。
　　　Bを読み、いいなと思う部分に線を引いて発表しよう。
児童：自分の体験を話している。アンケートでみんなの声を調査している。数字があるので分かりやすい。
先生：この時O君は「？」を2万3600も市議会に提出した。「？」とは？
　　　――迷答歓迎。答えは署名である。
先生：**署名を出すと何がいいの？**
児童：一人ではなくみんなの願いだと分かる。
先生：選挙権がある人の15分の1が署名・請願すれば議会で話しあわなくてはいけないと法律にある。
　　　40人学級だと6人分署名を集めればいい。**板書②**

B

> ### O君は市議会で何を話したが
>
> 　呉服町名店街及び周辺の店を回り、（歩きたばこ禁止）条例に賛成か反対かアンケートをとりました。回答してくれた52、すべての店が賛成でした。
>
> 　歩きたばこは危険なことがたくさんあります。たった1本のたばこから出る煙の毒性を消すためには、50メートルプール13杯分もの新鮮な空気が必要だそうです。
>
> 　たばこを吸いながら歩いている人が前にいると、あとに残る煙で僕はぜんそくの発作を起こしてしまいます。信号を待つ間に吸われると息をとめていなくてはいけないので苦しいです。
>
> 　持って歩くと、たばこの火は子供の顔の高さになるため、小さな子の目やほおがやけどする事故が起きてしまいました。3人もの人が歩きたばこで腕にやけどした跡を見せてくれました。アンケートによると、呉服町名店街で毎朝、お店の人たちが掃除する吸い殻の本数は約500本、1年だと18万本にもなります。
>
> 　条例を施行している全国16の市や区にもアンケートをとりました。必ず路上喫煙者は減るということ、罰則を設けた方が効果は高くなることがわかりました。
>
> 　（2005年　静岡市議会市民委員会にて）

3　話しあいはなぜ重要か

先生：**君が市議会議員なら請願に賛成？**
児童：賛成。
先生：では、すぐ多数決しよう。
児童：だめ　話し合いが先。
先生：**話しあって分かった3つの問題とは？**
　　　――予想の後にCを提示。
児童：たしかに止まって吸っても迷惑だ。気づかなかったことがたくさんある。
先生：話しあっていなければ？
児童：分からなかった。混乱した。
先生：ここまでにO君たちが使った権利とは？
児童：請願　傍聴　署名等。
　　　――問題を乗り越え、条例は無事に制定されるだろうか？板書③

C

> 問題になった3つの点
> ㋐歩きたばこ禁止⇒止まって吸えばいいか
> ㋑タバコを吸う権利もある⇒どうするか。
> ㋒罰金を取るというが、監視は誰がする？
> ・いる時といない時で不公平が起きる。
> ・指定外の道なら罰金は取られず不公平。
> ・罰というよりお互いのマナーの問題。

学習課題 No.14 「市民の願いと市政」②（地域の活性化㋑）

条例ができるまで　自分も黒板に書いて学びあい

▶授業のねらい

①議会での合意形成の過程を追体験して、市政には国政とは違うしくみがあることを知る。

②安全・安心な街をめざして誰が市政を動かすかをみなで考えあう。

▶板書例

条例ができるまで

① 市議会 ── こうしたら？

歩きたばこ → 路上喫煙

吸いたい人 → 喫煙コーナー

最初は注意 → マナー向上

（それでもやめない人だけ罰金）

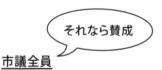

それなら賛成

市議全員

吸う市民も吸わない市民も大切

② 市議 ── ４年ごとに市民が選挙

市長も選挙（首相と違う）

③ できた条例 ── 目的は？

市と市民で安全・安心なまちを!!

被害を受けた[O君]

↕

[市民]の協力 ── 署名

[市議会]が賛成 ── [市長・市役所]が実行

★ 一人からみんなへ

▶授業の展開：静岡市の事例を具体的に学び、それを教科書の記述で一般化。

1　市議会での論議を追体験

先生：**市議会市民委員会では問題点をどう解決するか。君の考えは？（Ⓐに記入）**

──ペアや班等で相談可。

黒板を３つに区切り各自の考えを板書させる。

（有志を指名しても班代表に板書させても可）

先生：**㋐㋑について意見を見ていこう**。

──板書された意見を順次吟味する。正答が出てもここでは反応しない。

先生：㋐の答えは・・・「路上喫煙禁止」と黙ってゆっくり板書する。

児童：そうか。これなら立ち止まって吸うのも駄目になる。

先生：㋑の答えは・・・（Ⓑを投影）

児童：やっぱり喫煙コーナーだ。吸いたい人はここで吸える。

先生：○○さんの書いた答えが正解だった。すばらしい。

Ⓐ

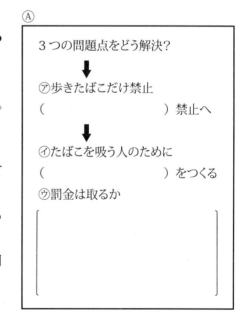

３つの問題点をどう解決？

↓

㋐歩きたばこだけ禁止

（　　　　　　　　）禁止へ

↓

㋑たばこを吸う人のために

（　　　　　　　　）をつくる

㋒罰金は取るか

［　　　　　　　　］

——正答は発言時ではなくここで称揚。これを発言の後時評価という。

先生：㋒については次のようになった。
　　　①まず看板や口で注意しあってマナーを
　　　向上。（犬のふんの始末のように）
　　　②それでも繰り返す人だけ罰金。

児童：それならいい。

——結果、議員全員が条例制定に賛成した。

先生：**話しあわずにすぐ多数決していたら？**

児童：これほどいい考えは出なかった。

——十分論議してから採決する大切さを押さ
　　えたい。**板書①**

（静岡市・清水駅南口喫煙所）

2　市の政治のしくみの特色は？

先生：条例をつくるのは市議会だ。**その市議会議員は誰がどうやって選ぶか？**

児童：市民が選挙で選ぶ。

先生：できた条例がうまく働くよう仕事をするのが市役所だ。そのトップにいるのは？

児童：市長

先生：**首相は国会が指名する。市長は市議会が選ぶんだよね。（故意に誤答）**

児童：え〜？市民が選挙で選ぶと思う。市長選挙がある。

——市政は国政と違って二元代表制である。教科書の図でそのしくみを確認したい。

先生：〇君の願った条例は２００６年１０月から実施された。（ⓒを指名読み）**板書②**

3　誰が市政を動かすか

先生：**ⓒの条例の目的は？**

——少し読みとりの時間をとる。すぐに答えを
　　求めると、反応できるのは一部の子どもだ
　　け。

児童：協力して安全・安心の市をつくること。

先生：**その運動を始めた人は？**

児童：〇君　応援の市民　署名した人

先生：制定したのは議会。
　　　では、条例にしたがって働くのは？

児童：市長も市役所も・・・

——市議会や市長・市役所の働きについて、教
　　科書の該当部分を読ませてまとめたい。
　　板書③

ⓒ

静岡市路上喫煙等による被害等の防止に
関する条例（要約）

（１）この条例は、禁煙やたばこ廃止のた
　　　めでなく、路上喫煙が他の人に与
　　　える被害を防いで安全・安心な環
　　　境を保つためにつくられた。市民と
　　　市は協力して被害防止に取り組む。

（２）人が集まって被害が起きそうな場所
　　　を、住民や店の人の意見を聞きな
　　　がら路上喫煙禁止区域に指定する。

（３）罰金は２千円。ただしすぐに取らず
　　　にマナーの向上を期待し、それを
　　　裏切る悪質な人からだけ取ることに
　　　する。

学習課題 No. 15

「市民の願いと市政」③（地域の活性化㋒）

「アル町」・「ナイ町」比べ　違い探しで引き込む

▶授業のねらい

①夢中になって「ナイ町」を「アル町」と比べ、町づくりには何が大切かをつかむ。

②実際の町では何にお金が使われ、税がどれだけ集められているか関心をもって調べる。

▶授業の展開：「ナイ町」と実際の自分たちの市を往還しながら学習を深化。

1　君たちの市はどちらかな？

先生：静岡市では路上喫煙防止条例等ができて安全・安心の町づくりが進んでいたね。
次は、「アル町」と「ナイ町」を比べてみよう。

――Ⓐを配布して作業⇒発表。

児童：「ナイ町」はゴミがそのまま・消防車や救急車が来ない・学校がボロ・病院がバリアフリーじゃない・橋がない・バスが通らない・公園は遊具が壊れて水が出ない。

――関連する発言はなるべく近づけて板書。それから[生活]・[安全]・[教育]・[健康]・[交通]のカードを黒板に貼付。

先生：**関係するところに貼ろう。**（カードが不足すれば筆記）

先生：つまり「ナイ町」は町づくりが・・・（進んでない!!）　君たちの住む市は？

児童：ここまでひどくない　もっとお金をかけている。

2　町づくりのお金は誰が？

先生：**東京都世田谷区では何にお金を使っているか。**
（Ⓑの㋐に着目　児童の市町村の資料に替えたい）

児童：福祉や町の整備に使う。「ナイ町」と違う。

先生：そのお金は誰が出すか（Ⓑの㋑に着目）

児童：区民がいちばん出す。　税金だ。

先生：**税を払わなかったら？**（「ナイ町」になる）

3　さらに税を考えよう

先生：**日本で増えた税は？**（Ⓒを板書　税種を説明）

Ⓒ

	所得税	法人税	消費税
1980年	38%	32%	0%
2006年	25%	26%	20%

児童：消費税!!

――19年からは税率も10%へ。法人税は減っている。

――児童の感想を聞く。**町づくりや生活を守るため必要な税は誰がどんな割合で負担すべきか。中学でさらに詳しく学ばせたい。**（静岡市　山崎友輔氏の実践に基づく）

Ⓑ

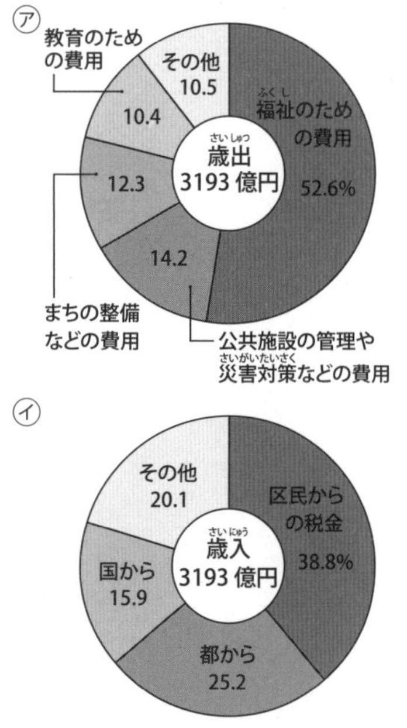

㋐
教育のための
の費用
その他
10.5
10.4
福祉のための
の費用
歳出
3193億円
52.6%
12.3
14.2
まちの整備
などの費用
公共施設の管理や
災害対策などの費用
㋑
その他
20.1
区民から
の税金
38.8%
歳入
3193億円
国から
15.9
都から
25.2

世田谷区の予算
（2019年　世田谷区役所）

「アル町」と「ナイ町」を比べよう　　名前（　　　　　　　　）

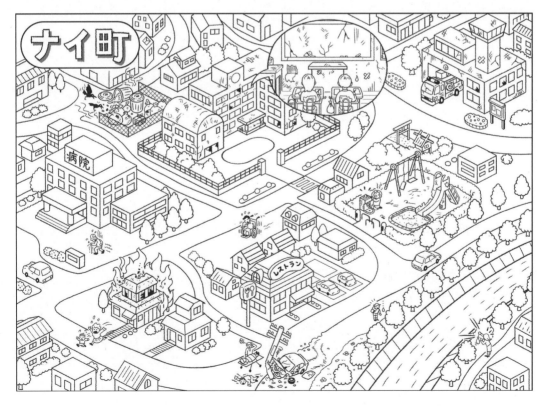

◆気づいたことは図の中や外に書入れよう。

51

学習課題 No.16 「市民の願いと市政」④

政治から歴史へ　略年表クイズで全員参画

▶授業のねらい

①市民の願いに応える政治は他地域でも広く行われていることを知る。

②クイズを通して自分の生活と歴史とのつながりに気づき、歴史学習への期待を高める。

▶板書例

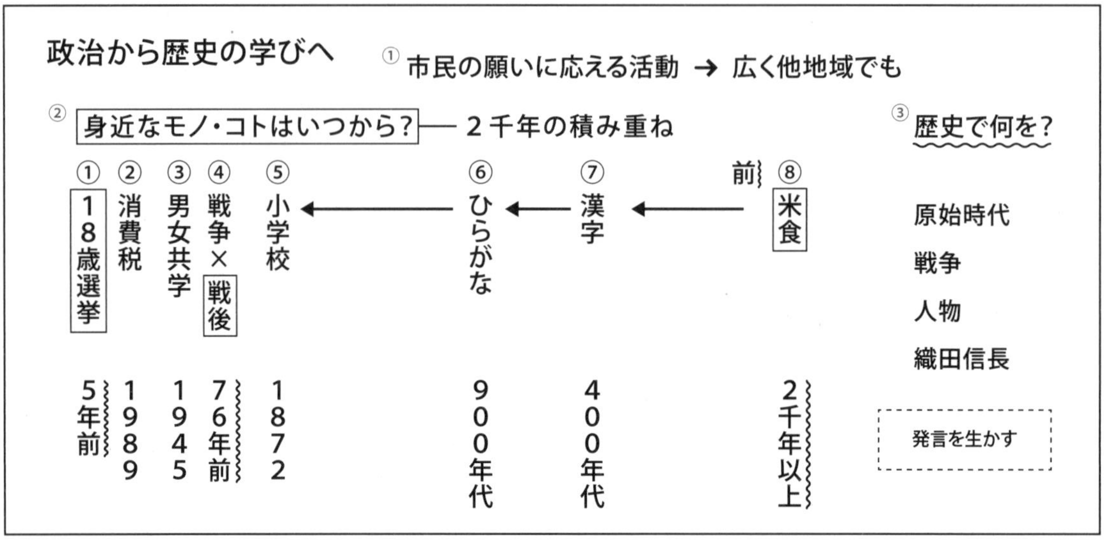

政治から歴史の学びへ
①市民の願いに応える活動 → 広く他地域でも
②身近なモノ・コトはいつから?―2千年の積み重ね
③歴史で何を?
①18歳選挙　5年前
②消費税　1989
③男女共学　1945
④戦争×戦後　76年前
⑤小学校　1872
⑥ひらがな　900年代
⑦漢字　400年代
⑧米食　前 2千年以上
原始時代
戦争
人物
織田信長
発言を生かす

▶授業の展開：自地域を越えて学習を広げ、年表を使い楽しく歴史を学びはじめる。

1　教科書で目を広げよう

先生：**市民の願いにこたえて町をよくする動きは他の地域にはないか。**

児童：ある。

先生：それは教科書のどこに載っているか。

――教師が教えず、児童が探してページを教える。

先生：その通り。**どの地域でどんな動きがあるか教科書をたどろう。**

――Ｔ社であれば、精粗の差はあれ次の４つの事例が紹介されている。他社の場合もさまざまな事例が紹介されている。

埼玉県川口市	児童センターの活動と建設　市の福祉事業
宮城県気仙沼市	東日本大震災復興支援と市の取り組み
福島県富岡町	原子力発電所事故からの復興
富山県富山市	路面電車で町を活性化

先生：**班内で１文ごとに交代して読もう。終わったら内容を報告しあおう。**

――班だけでなく、全体でも簡単に確認しあいたい。

市民の願いにこたえ、町を活性化する動きが全国各地で多様に行われていることを押さえ、児童の視野を広げたい。

2 身の回りの“2千年”に目を向けよう

先生：さまざまなことが、さまざまな地域で
　　　市民の願いをもとに始められたことが
　　　分かったね。

先生：**では、君たちの身近にある当たり前の**
　　　モノ・コトの始まりはいつか？
　　　Ⓐ **身の回り・いつからクイズ** をやろう。
　　　──配当時間は約5分。相談可。答え合わ
　　　せは「何でもあり」で盛り上げたい。

〈解答〉 2021年より何年前か① 5年前
（2016）・② 32年前（1989）・③ 7 4年前
（1947）・④ 76年前（1945・ここから戦
後という）・⑤ 149年前（1872・学制）・⑥ 1100年前（紀元800年代中ごろ〜900年代）・
⑦ 1600年前（紀元400年代）・⑧ 2300年前

Ⓐ

身の回り・いつからクイズ ─気軽に予想!!		
①18歳選挙権	（　　　）	年前
②消費税始まる	（　　　）	年前
③男女共学	（　　　）	年前
④戦争をやめた	（　　　）	年前
⑤小学校ができる	（　　　）	年前
⑥ひらがな使用 約	（　　　）	年前
⑦漢字が伝わる 約	（　　　）	年前
⑧お米を食べる 約	（　　　）	年前

先生：**教科書の年表でたどろう。**
　　　──児童との応答の中で次の事項を確認していく。

先生：①②は**平成時代**だ。③④は何時代？

児童：**昭和時代**
　　　──『⑤は？』**（明治時代）**　『⑥は？』**（平安時代）**　『⑦は？』**（古墳時代）**『⑧は？』**（弥生**
　　　時代） と続けていく

先生：分かることは？

児童：身の回りにあるいろいろなモノ・コトは長い歴史の中でつくられた。
　　　18歳選挙権はつい最近だ。ひらがなや漢字は千年以上前からあった。

3 歴史で学びたいことは？

先生：**人々が積み重ねてきた歴史の上に今の私たちの生活があるんだね。**
　　　では、君たちは歴史ではとくに何について学びたいか。
　　　──相談の後、順次板書または発表させていく。

児童：昔のくらし　原始時代　　戦争　　　織田信長　　戦国時代
　　　──賛成者に挙手させ、それぞれ理由を出させて全体に戻して賛否を問う。

先生：**教科書の歴史のページをあちこち開いて知っているヒトやモノを探そう。**
　　　──近くの子と対話しながらリラックスして気づきを出しあう。気づいたことを発表させ、
　　　歴史学習への期待を大いにふくらめて次時につなげたい。

学習課題№13〜15に代えて自分たちの市の事例を主教材としてもよい。
または、13〜15に続けて自地域をかんたんに調べることも考えられる。

学習課題 No.17 歴史オリエンテーション。苦手意識を持つ子を減らす

いばるな人間 たったの（　　　）歴史授業のはじめに

▶授業のねらい

①驚きのある活動的学習を通して、歴史の勉強は楽しい、誰もが参画できると実感する。

②人間が生み出した成果や課題をふまえ、歴史を学ぶ意味を自分なりに考える。

③授業開きにあたって学習のけじめや協力性を育て、話し合いのすすめ方を順を追って学ぶ。

▶板書例

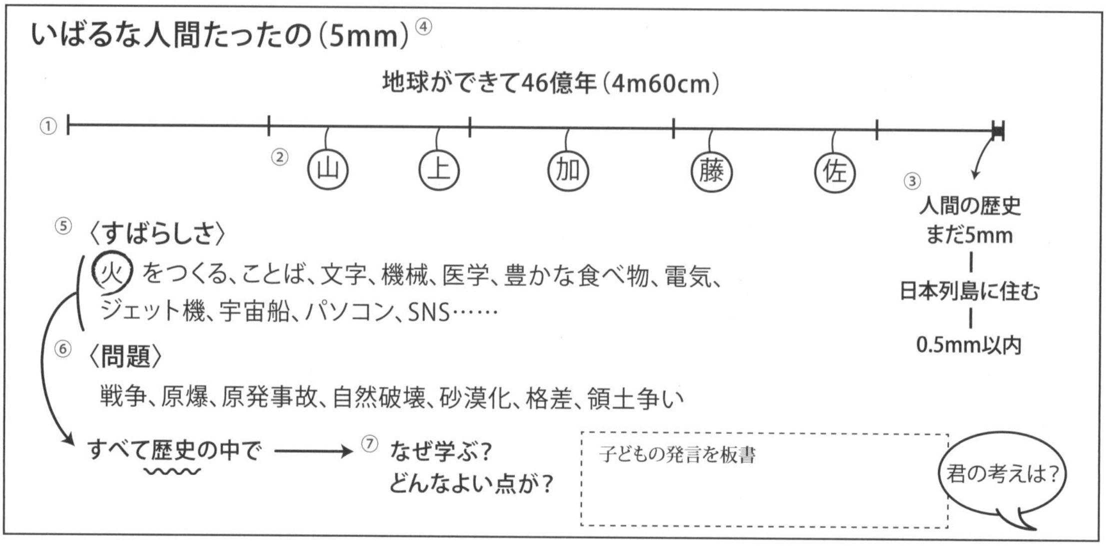

いばるな人間たったの（5mm）④
地球ができて46億年（4m60cm）
①
②
[山]
[上]
[加]
[藤]
[佐]
③
人間の歴史
まだ5mm
日本列島に住む
0.5mm以内
⑤〈すばらしさ〉
[火]をつくる、ことば、文字、機械、医学、豊かな食べ物、電気、
ジェット機、宇宙船、パソコン、SNS……
⑥〈問題〉
戦争、原爆、原発事故、自然破壊、砂漠化、格差、領土争い
すべて歴史の中で
⑦ なぜ学ぶ？
どんなよい点が？
子どもの発言を板書
君の考えは？

▶授業の展開：自由な予想⇒逆転⇒深化へ。歴史の授業は楽しいと実感させる。

1　子どもの自由なつぶやきから始める

先生：**地球はできてから何年たつか？**

——子どもの自由なつぶやきを聞く。

先生：正解は 46 億年。今は絶滅したけど、いろいろな生物が登場したね。

——恐竜等のつぶやきを受けて２へ。

2　黒板に 46 億年（１億年を 10cm として４m60cm）の線を引く。板書①

活動とけじめの兼ね合いを教えたい
押しあわず、ていねいに書く子を称揚。

先生：**人間はいつごろ登場したか？**

——**前に出させ、ここだと思うところに自分の名前を書かせる。** 板書②

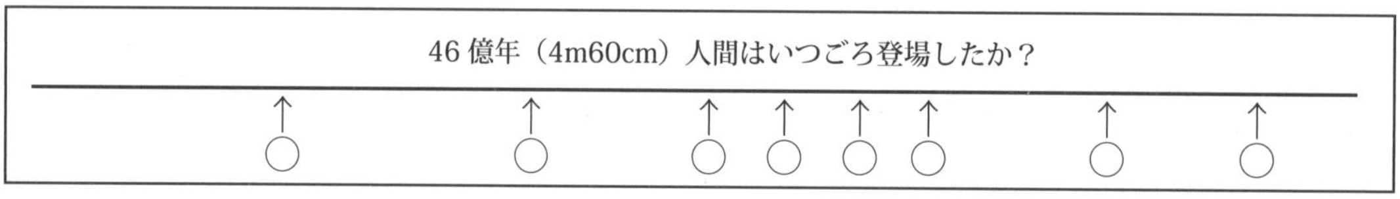

46 億年（4m60cm）人間はいつごろ登場したか？

3　1億年を10cmとすると500万年は5mm、興味を惹く工夫を

先生：正解は…（右から5mmの位置に●をつけてから）500万年なので5mmです。**板書③**

——正解に近い子をほめ、黒板の（　）に5mmと記入。**板書④**

先生：日本列島に人が住んだのは、人間の長い歴史のうち0.5mmもならないところだった。

——何人かのつぶやきを受けて、4へ。

4　班学習よりペア学習を先行して、共に考えあう練習を

先生：その短い間に、人間はどんなすばらしいことができるようになったのか。

——ペアで話しあって発表。**板書⑤**

ペア学習を先行させ習熟

　個で考えさせ、次はペア相談で対話活動への習熟を先行。おとなしい子が会話していれば近づいて称揚。他者をフォローする子も称揚。

　全体発表では、文字・道具の発明からパソコンまで多様な意見をすべて肯定する。時間があれば短冊に書いて貼らせてもよい。『どんな意見でも発表して、みなで考えあうと楽しい。今後も続けよう』とよびかけたい。

5　今度は4人で机を向かいあわせて話しあおう。

——2人から4人へ人数を増やし、段階的に話しあい活動に習熟させる

先生：**反対に、どんな問題を生み出したか。**

——班ごとに小黒板に書いて提出（5分間）⇒黒板の上半分に重ね貼り。時間の関係で子どもには発表させ教師が各班のよい意見を紹介して板書。**板書⑥**

班学習の評価

　㋐量㋑質㋒発想㋓協力性等、いずれかの視点からどの学びの中にもよさを見いだす。

6　よい点も多いし問題も多い。これからその人間の歴史を日本中心に学んでいこう、と呼びかける

先生：**では、歴史を学びたい人は？歴史を学ぶとどんなよい点があるのか。**

——挙手者を指名。何人かに発表させる。**板書⑦**

——自分の考えを紙に書いて提出し、時間が余ればノートをさらに詳しくさせる。

歴史観を育てる第一歩は

　教師の考える歴史学習の意義を決して押しつけない。児童が互いの考えを知り、自分なりの問題意識を持って今後の歴史学習に取り組む姿勢を育てる。　提出された意見は印刷して配布することを告げる。帰りの会や次時の冒頭に読みあわせしてもよい。（実名か仮名かは学級の実態による）

　📖　現在人類の歴史は約700万年とされる。日本列島への移住は、まだ定説はないが3〜4万年前ごろと押さえる。時間をかけて"壮大"に活動させたい時は、体育館に巻尺45mを伸ばし人類誕生と思う位置に各自を立たせる。緊張もほぐれ驚きも深まる。

感想は5mm方眼の紙片のマス目いっぱいに字を記入させるとそのまま印刷でき、データを打ち直す手間が省ける。

土器と弓矢と採集と　縄文時代のくらし

▶授業のねらい

①1枚のイラストを手がかりに縄文時代の生活・文化を楽しく学びあう。

②教科書でさらに調査し、縄文人は狩漁採集により自然に頼って生活していたことを理解する。

▶板書例

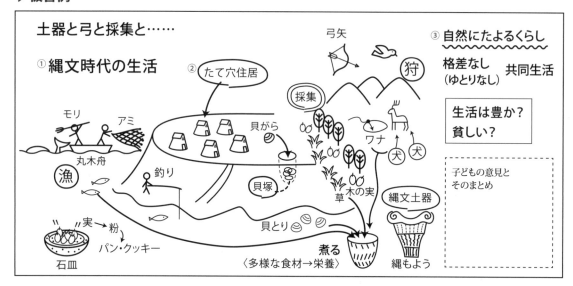

土器と弓と採集と……

① 縄文時代の生活

② たて穴住居

弓矢

③ 自然にたよるくらし

狩

採集

格差なし　共同生活
（ゆとりなし）

生活は豊か？
貧しい？

モリ　アミ

貝がら

ワナ

犬　犬

丸木舟

漁

釣り

貝塚

草木の実

縄文土器

子どもの意見と
そのまとめ

実→粉

パン・クッキー

石皿

貝とり

煮る
〈多様な食材→栄養〉

縄もよう

▶授業の展開：絵からの読み取りには誰もが集中。「発見」はイラスト化して意味づける。

1　イラストを提示して予想させる

先生：日本に人が住んだころは寒い気候。ナウマンゾウ等の大型動物を石槍で捕り、生か焼き肉で食べた。**1万年以上前、温暖になり大型動物が滅びると何を食べどんな道具を使うようになるか。**

——Ⓐを2人に1枚配布する。

Ⓐ

資料はあえて2人に1枚

　当時の食べ物や道具を予想させる。正解を明示せずに右の絵を提示。B5にして2人に1枚配るとペアで対話がはずむ。気づきを付せんに書いて貼るのも可。1枚を大写しにし、みなで読み取っても集中した全体学習ができる。

　また、1人に1枚配布すると書き込みが深まる。実態に応じて選択したい。

先生：資料を見て、隣の子と考えてみよう。

——作業後に発表。食物—木の実・魚・肉、道具—石皿・弓矢・土器・槍・斧等。炉の傍の籠には、クッキー状の食物がある。犬には強い関心を示す。

発言は黒板の右手の③部分にすばやく書いていく。後に縄文生活をイラストで記す中で消去。

2　関心が高まったところでこう問いかける

先生：**では、この時代は何という時代？　どんな所で、どんな生活をしていたの？**

——博識な子との問答に終始せず、『なるほど～、みなはどう思う？』と全体に返す。互いに質問させるのも可。

教師は答えを示さず疑問が膨らみきった頂点ではじめて教科書を開かせる。予想を確かめ〈㋐教科書の検証的活用〉、重要語句・図像に線や印をつけさせ〈㋑調査的活用〉発表と板書につなぐ。**板書①②**

今とつなげて深く学ぶなら

2の発問を『今しているコト・使っているモノを絵の中に探そう』にしても可。（教科書の縄文時代想像図でチェック）

「釣りや栗ひろい」「朝出かけ夕方帰る」「家の住む」「犬と遊ぶ」等現代との共通点に気づき学びが深まる。

犬も飼えない・帰りが深夜・貧しくてホームレス等の問題を縄文人はどう見るだろうか。

先生：**縄文時代・縄文土器・たて穴住居**（集会所や倉庫にも着目）**・狩漁採集の生活・貝塚**…。縄目もようの土器を使ったので縄文時代と名づけられた。こうした生活スタイルやそこで使われたモノをまとめて縄文文化という。自然に頼るくらしだね。**板書③**

——資料室の縄文土器等のレプリカも併せて示し、近隣の遺跡も紹介したい。

3　教科書の絵を見せて問いかける

先生：偉い人はいるの？

児童：いませ～ん。

——リーダーはいたが、身分差はなく平等であった。

先生：学校は？

児童：ありませ～ん。

——生活に必要な技能は、親・村人が教える。村同士の戦争もない。資料に「ないもの」に気づくことも大切だ。

続いて『**縄文時代の生活は、豊かだったか貧しかったか**』と投げかけて意見を聞く。豊かさとは何かを今に引きつけて考えさせたい。

自主的調べ学習を称揚

自主的調べ学習が提出されれば評価の上、そのコピーを教室に掲示させ、意欲づけにつなげる。

4　次の時代を学んだ後、縄文時代と比べて調べ学習を行うことを予告。最後は教科書を音読し、学んだ知識を整理させたい。〈㋒教科書の理解・定着的活用〉

問いかけながら楽しく教えたい

『美と楽の縄文人』（小山修三 扶桑社）によれば、縄文中期の人口は日本列島全体で約 26 万人。人口 50 ～ 60 人の村に必要な 1 カ月の食糧は、ドングリ等の木の実に加えて猪・鹿が 4 ～ 5 頭、鱒や鮭等 40 尾、山鳥 30 羽ほどであった。時にワインを飲む人もいる。衣服は草木染で、好きな色は赤と黒。平均寿命は 0 歳からでは 20 歳強（乳幼児死亡率が高い）、15 歳まで育てば 30 ～ 35 歳くらいまでは生きたようだ。平均身長は男 158cm・女 149cm で虫歯率は 8.7%（現代人は 39.0%）。小柄だが動きは俊敏だった。

縄文時代から弥生時代へ　遺跡数はなぜ変化?

▶授業のねらい

①狩りや採集の生活と違い、稲作では田を広げれば食料を多く生産できることに気づく。

②稲作を大陸から伝えた人々と縄文人が交わって今の日本人につながることを理解する。

▶板書例

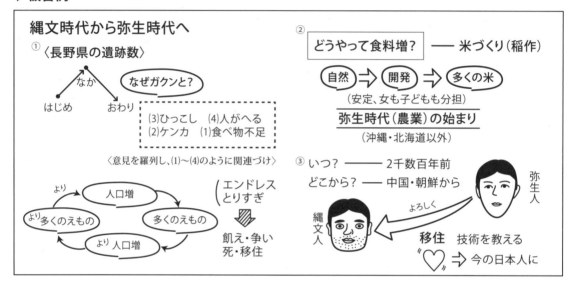

▶授業の展開：グラフの予想問題や顔の対比に全員参加。その「具体」から思考を拡げる。

1　遺跡数のグラフの続きを予想

先生：昔の人の生活の跡を遺跡という。図は、長野県で見つかった縄文時代の遺跡数だ。

　　——半分を白紙で隠して提示。（下図参照）

先生：気づくことは？　**この後、遺跡数はどうなるか**。予想を言おう。板書①

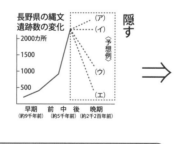

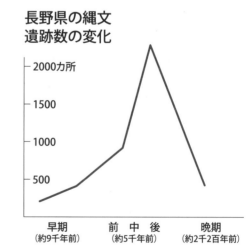

長野県の縄文
遺跡数の変化

個々の意見と全体をつなぐ

　右上がり・右下がり・平行等、出された各種の予想を線で隠した白紙の上に記入。理由があれば言わせた後、賛成意見に挙手させたい。間をおいてから紙を取ると正解が現れ歓声があがる。（遺跡数急減＝人口の急減）

先生：**どんどん増えた遺跡はなぜ急に大きく減ったのか。**

児童：そのころ人がいなくなった。　　児童：食料が不足するようになった。

先生：もっともっと獲ればいいのでは？

児童：だめ。穫りすぎるといなくなる。

先生：なるほど〜、人が勝手に動物を増やすことは？

児童：できな〜い。

先生：そうか。だから人口が増えすぎると、獲物を獲り
　　　つくして人が減ったんだね。それをまとめよう。

> 発表をつなげてまとめへ
>
> 多くの獲物⇒人口増⇒より多くの
> 獲物⇒より人口増⇒獲りつくし〈限
> 界〉⇒人口減へ

2　教科書は閉じ、ペアか班で相談させ、発表へ

先生：各地でそうなったら大変だ。**解決する方法はないか。板書②**

児童：獲るのではなく育てる。　　児童：米をつくる。

先生：**稲作は狩りや採集に比べどんなよい点があるか。**

児童：人が増えても田を広げて大量に収穫。安全だ。　　児童：女も子どもも参加できる。

先生：そういう稲作を縄文人は急に思いついたの？

児童：教わった！

先生：ほお〜、誰に？

児童：……。

先生：稲作を縄文人が考えたと思う人は？　教わったと思う人は？

　　——全員に挙手で確認。常に全体に戻し、反応の速い子の意見だけで授業を進めない。

先生：では、教科書を開いて確かめよう。

　　——教科書に一斉に飛びつく。

3　図を見て、両者の特色を確認する　板書③

先生：「朝鮮や中国から移り住んだ人々により米
　　　づくりの技術が伝えられ」と教科書にあ
　　　る。今から約2千数百年前だった。
　　　この時代の土器が、東京の弥生町で初め
　　　て見つかったので弥生時代という。（自分
　　　の地域なら、その名がついた?!)
　　　**では、右の2人の違いを言おう。どちら
　　　が縄文人？　どちらが弥生人？**

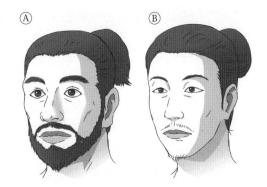

　　——違いを発表させる。

　　両者の特色が混じって今の日本人につながることを確認。稲作＝弥生文化は北海道（寒す
ぎて稲が育たず）・沖縄（常に暖かく、自然が豊か）以外の各地に広がり、2つの地域には縄
文に続く文化が残ったことを教えて授業をまとめる。

　　弥生時代の日本列島は、こうして "多文化社会" となった。

村から（クニ）へ　弥生時代とその変化

▶授業のねらい

①弥生時代の生活や仕事の様子を縄文時代と比べてその特色を理解する。

②弥生時代にはなぜ戦争が起き、国がつくられていったかを学びあう。

▶板書例

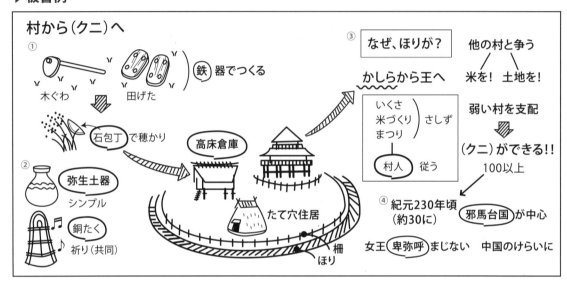

村から（クニ）へ
① 木ぐわ　田げた　㉛器でつくる
石包丁で穂かり　高床倉庫　たて穴住居
② 弥生土器　シンプル　銅たく　祈り（共同）
③ なぜ、ほりが？　他の村と争う　米を！土地を！
かしらから王へ
いくさ　米づくり　まつり　さしず　村人　従う
弱い村を支配
（クニ）ができる!!　100以上
④ 紀元230年頃（約30に）　邪馬台国が中心
女王　卑弥呼　まじない　中国のけらいに
柵　ほり

▶授業の展開：視点を定めて教科書の絵を対比。気づきを話す子・聞く子、共に学びが成立する。

1　ペアで教科書の絵を比べて調べる（気づいた箇所に付せんの貼付も可）

先生：**弥生時代の村は縄文時代と建物・仕事・道具がどう違うか？**

——1人は教科書の縄文の絵を、他の1人は弥生の絵を出して比べ、違いや共通点をノートに書く。発表は例えば次のように分類し、補足する。**板書①**

・道具：田下駄・**木のくわ（しめった土地）・石包丁**

・仕事：田を耕し稲を収穫・用水整備・土器や武器づくり

・建物：**高床〈式〉倉庫**（米を貯蔵）・

　　　たて穴住居・立派な家（偉い

　　　人が住む）等

先生：**弥生〈式〉土器**は縄文土器とど

　　　う違うか。**板書②**

児童：シンプル。　　児童：模様がない。

——教科書の銅鐸を指し示す。

先生：これは豊作の祭りに使った。

　　　名前と材料が分かるかな。

> 湿地を耕す木製品は鉄器で加工。石包丁は、時期がずれて実る稲を個々に刈り取る。（品種改良へ）道具の特徴を捉えたい。

> 銅鐸は高さ10数cmから最大134.7cmまでの呪器。青銅製。
> 中に舌（ぜつ）があり、神社の鈴のように鳴らして神と村人をつなぐ。後には飾って祈るようになる。

2　村の周りにつくられたものを教科書の絵や写真から見つける　板書③

先生：**弥生時代になると、塀や柵がなぜ必要になったか。**

児童：攻められないよう村を守る。

先生：縄文時代とは違って、なぜ攻められるの？

児童：米を取る。

児童：田を奪う。

先生：そうか、奪える余分の食糧ができたんだね。
　　　それでは、戦争は本当に起きていたか。

　　　——いた・いないを挙手で予想。

先生：証拠を見せよう。

　　　——佐賀県吉野ヶ里遺跡出土
　　　の甕棺（かめかん）写真を提示。電
　　　子黒板等に投影する際は
　　　画像を覆った紙を下から
　　　徐々に開け、最後にサッ
　　　と上の部分を取る。

児童：首がない！

児童：殺された。

児童：本当に戦争があった。

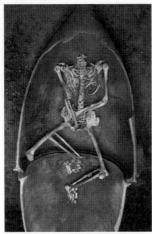

（写真提供：佐賀県教育委員会）

クラスを例に分かりやすく

先生：では、○○君の村が◆◆
　　　さんの村を攻めたらどちら
　　　が勝つの？

児童：◆◆さん。（笑）

先生：すると○○君の村の人は？

児童：殺害、家来になる、奴隷。

先生：つまり強い村が弱い村を従
　　　える。その村をもっと強い
　　　村が…。

児童：従える。

先生：それを繰り返して小さなク
　　　ニが…。

児童：できる。

先生：強い村の頭（かしら）がそ
　　　のクニの……。

児童：王になる。

児童：だから立派な家に住む。

3　教科書に線を引いて語句を調べる

　最初100以上あった（クニ）は、紀元240年ごろには30余りに減る。それらの（クニ）をまとめた力の強い国の様子が、昔の中国の歴史の本に書かれている。

先生：**教科書で探して線を引いて読み、次の5つを調べよう。**

①国の名〈邪馬台国〉②女王の名〈卑弥呼〉

③人々の様子〈略〉④女王の様子〈略〉⑤女王が死ぬと…。

　　　——教科書になければ右の参考を補足。調べた内容は児
　　　童が板書か発表。　**板書④**

　卑弥呼が死ぬと大きな塚をつくり、その径は百歩以上。一緒に奴隷が百人以上埋められた。

4　次の授業へつなげて終了

先生：本州・四国・九州にあった邪馬台国等の国々は、最後にいくつになると思うか。

児童：1つ。

先生：その国については調べ学習（本時の後に設定）が終わった次の時間に学習しよう。

　日本の歴史や人物（卑弥呼等）の学習漫画等を紹介したい（係の子に図書室で選ばせても可）。獲る生活（縄文）から育てる生活（弥生）への変化は、多くの食料を安定して保障する半面、過度な自然開発や戦争・身分制への一歩ともなった。

　沖縄では、縄文生活を続けた沖縄人とヤマトの弥生人の対話を創作させる実践がある。

大きな墓の謎　大王の出現と古墳時代

▶授業のねらい

①大仙古墳を校区の地図に重ねてその大きさをイメージする（自校の面積と比べても可）。

②古墳について考え、多く造られた時期を古墳時代とよぶことを知って世紀と西暦の関係を知る。

▶板書例

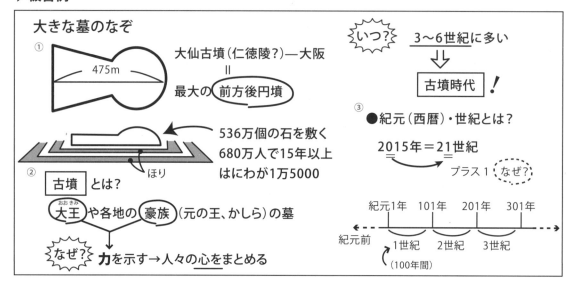

大きな墓のなぞ

① 475m

大仙古墳（仁徳陵?）―大阪
　＝
最大の 前方後円墳

536万個の石を敷く
680万人で15年以上
はにわが1万5000

ほり

② 古墳 とは？

大王（おおきみ）や各地の 豪族（元の王、かしら）の墓

なぜ？ 力を示す→人々の心をまとめる

いつ？　3〜6世紀に多い
　　↓
古墳時代 ！

③ ●紀元（西暦）・世紀とは？

2015年＝21世紀
　　　　　プラス1 なぜ？

紀元1年　101年　201年　301年
紀元前　1世紀　2世紀　3世紀
（100年間）

▶授業の展開：線を結ぶと地図上に巨大古墳が見えてくる驚き。そこから学習が動く。

1　日本最大の大仙古墳を校区に持ってくる

先生：**地図に打った点を線でつなげ、中に斜線を引こう。**

——各自にⒶを配布し、ペアで作業を。同比率なので実感がわき、気づきが広がる。

先生：**これは何か？**

——挙手発言で問う。

児童：古墳です。　　児童：前方後円墳。

——答えた子に「？」の子から質問させる。

児童：古墳とは？　児童：昔の墓です。

児童：誰の墓？　　児童：えらい人です。

——児童主体に学びがつながる。関心が高まったところで教科書を開き、**古墳の写真と古墳造りの絵を探し気づいたことを発表させたい。板書①**

先生：なぜそんな形に？　目的は？

——児童の答えをふまえ、次のことを押さえる。

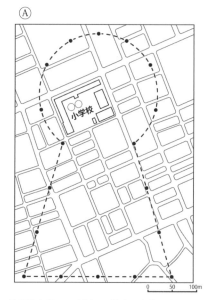

Ⓐ

小学校

0　50　100m

地図等を使って自製。同比率で自校の広さを紙に表し、大仙古墳と対比させてもよい。

①目的…王の力を示し人々の心をまとめるため。強い力を他の国にアピール。

②形…後円部に遺体を埋め前の四角い所（方）で儀式をしたというが真偽不明。

2　何が入っているのかな？

　　──関心が高まったところで⑧の箱を示す。

　　　箱には㋐石棺・㋑遺体・㋒銅鏡・㋓勾玉・㋔矢じり・㋕剣等の写真を厚紙に貼って入れておく。

先生：これは古墳です。何が入っているかな？

児童：死体。骨。はにわ。かざり。

　　──どの意見にも頷き、正否を言わない。正しいと思うものに挙手させる。知りたい気持ちを高めたところで…。

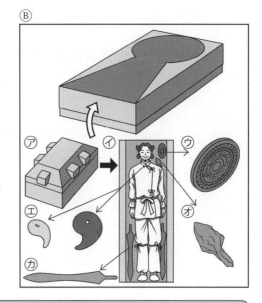

先生：教科書を見て調べよう。

児童：埴輪は古墳の外に並べてある。やっぱり中に死体があった。

　　──勾玉や銅鏡は悪魔よけやまじないに使う。つぼや武具はあの世で王が使うためだと押さえる。ここで⑧を開け、一つずつ「副葬品」を見せていきたい。

　　板書②

先生：埴輪と土偶どちらが大きい？

　　──最大の埴輪は 170 cm。児童を立たせて身長と比べるとその大きさに驚き、混同しなくなる。

　　古墳は今も１万６千以上残る。うち前方後円墳は約５千が北海道・沖縄・秋田・青森以外の各地に現存する。

　　現在は緑に覆われた古墳も、築造時は白い葺石で覆われ赤い埴輪が目立つ人工の山だ。築造は強制というより首長（豪族）を崇める人々の組織的労働であり、食料等の対価も支給されたとの説が有力になってきた。

　　大仙古墳は全長486m。高さ30mで11階のビルとほぼ同じ。丘の上にあり海からもよく見える。大林組は延べ680万人が15年8か月働いて完成すると試算。

　　円筒埴輪は土止めや区分に使い、人や動物の形象埴輪は、王に仕える人々の生活を表しているという。

3　世紀と西暦の関係を理解定着させる

先生：**では、３世紀とは西暦何年代だろう？**

　　──今年の西暦と世紀を問い、2021年で21世紀だと確認する。４ケタの西暦の左から２つ目の数字を見ると、世紀の表記より１つ少ない。最初は紀元１年で、以後100年までが１世紀なのでそうなる。そのずれを図化・説明する。**板書③**

先生：紀元101年～200年までは何世紀？（図を示して問う）

児童：２世紀です。

先生：○○世紀は何年から何年まで？

　　──何人かに問う。最後に教科書の該当部分を読ませて線を引かせたい。

　　埴輪は児童の想像より大きい。埴輪は大きく、土偶は小さい。実寸を確かめると土偶との混同を防げる。

ヤマトと渡来人　誰が文化を伝えたか

▶授業のねらい

①近畿を中心とする古墳の広がりから、大王が各地の豪族と大和朝廷をつくったことを知る。

②渡来人が朝鮮の国々から優れた文化・技術をヤマトに伝えたことを理解する。

▶板書例

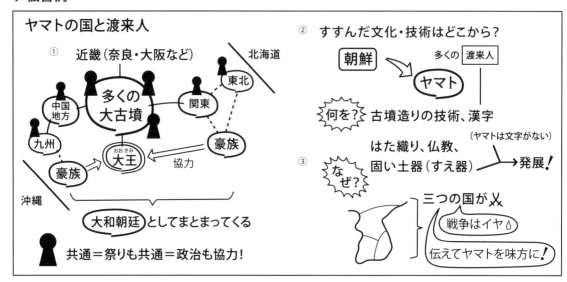

▶授業の展開：

1　児童に予想させてから、資料を提示する

先生：全長160m以上の大古墳ベスト3の府県は？

——予想の後、Ⓐを提示する。

児童：奈良が22でトップ。

　　　1位が奈良。2位が大阪。

　　　九州や関東・東北まで広がる。

先生：**なぜ奈良・大阪等、近畿地方に多いのか。**

——ペアでまたはグループで相談して発表。

児童：近畿に強い王がいた。

先生：**近畿中心につくられた「国」の名とその王の呼び名は？教科書で見つけたら挙手しよう。**

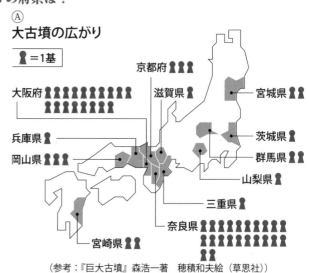

Ⓐ
大古墳の広がり

♟＝1基

京都府 ♟♟♟
大阪府 ♟♟♟♟♟♟♟♟♟ ♟♟♟♟♟♟♟♟
滋賀県 ♟
宮城県 ♟♟
兵庫県 ♟
茨城県 ♟
岡山県 ♟♟♟
群馬県 ♟♟
山梨県 ♟
三重県 ♟
奈良県 ♟♟♟♟♟♟♟♟ ♟♟♟♟♟♟♟♟
宮崎県 ♟♟

（参考：『巨大古墳』森浩一著　穂積和夫絵（草思社））

——教師が「ハイ」と言ったら降ろす。**確認の挙手。児童の進度・状況把握が可能。**

　　大和朝廷（他の語でも可）に関わる地域では前方後円の形が共通だ。各古墳の主（**大王・豪族**）への祭りも共通であっただろう。政治も大王と豪族が協力して行った。**板書①**

2　ヤマトと朝鮮の冠を比べてから地図帳を活用

　　——出土地を伏せて⑧を貼付。「冠だ」とのつぶやきを受けて…。

⑧

金銅（金メッキ）の冠（熊本県船山古墳から）冠帽
国宝（東京国立博物館 Image:TNM Image Archives）

©

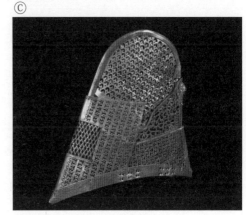

金の冠（朝鮮・慶州の古墳から）

先生：その通り。古墳から出た。銅製で金が塗ってある。被っていたのは誰？

児童：王様。豪族。

先生：これは？

　　——©を貼付。

先生：比べてわかることを言おう。

児童：同じ冠だ。©の方が細かくできている。

先生：どちらが朝鮮でつくられ、どちらがヤマトでつくられたか？

　　——自由に予想。正解は⑧が熊本県和水町、©が朝鮮の慶州（キョンジュ）。

　　ここで地図帳を開いて慶州（キョンジュ）と熊本県を同一ページでチェックさせる。

先生：©が⑧に技術を伝えた。朝鮮からヤマトに文化や技術を伝えた人を何とよぶ？

児童：渡来人。

先生：教科書を調べ、伝えられた文化や技術に線を引いて発表しよう。

　　——古墳づくりの技術、機織り、漢字等を確認する。**板書②**

3　このころ朝鮮の国との交流は？

先生：**なぜ、渡来人は進んだ文化を遠くまで伝えてくれたか。**

　　——無理に発言を求めない。友達や教師の説明を聴きとることが大事。**板書③**

先生：朝鮮が３つの国に分かれて争い、各国がヤマトを味方にしたかったからね。戦乱が嫌で逃げてきた人もいた。その結果、ヤマトと朝鮮との交流が深まった。

　📖　大和朝廷・大和政権・大和王権と用語は各教科書で様々。自校使用の本に準拠する。

中国に学んで国づくり　聖徳太子の挑戦

▶授業のねらい

①隋の中国統一に対応して聖徳太子が行った政治を、教科書調べと教師の補説により理解する。

②古墳築造が減って寺院造営へ変わり、時代の呼称も変化したことを知る。

▶板書例

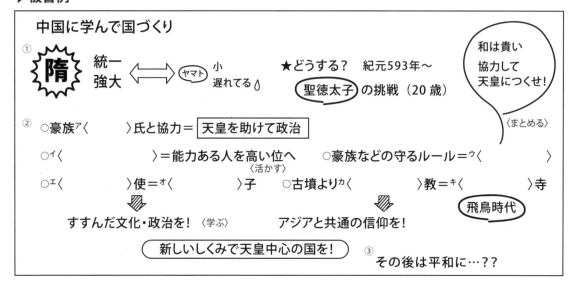

中国に学んで国づくり

① 隋　統一 ⇔ ヤマト 小 遅れてる　★どうする？　紀元593年〜　聖徳太子 の挑戦（20歳）

和は貴い　協力して　天皇につくせ！〈まとめる〉

② ○豪族ア〈　　〉氏と協力＝ 天皇を助けて政治

○イ〈　　　　　〉＝能力ある人を高い位へ〈活かす〉　　○豪族などの守るルール＝ウ〈　　　〉

○エ〈　　　　〉使＝オ〈　　　〉子　　○古墳よりカ〈　　　〉教＝キ〈　　　〉寺

すすんだ文化・政治を！〈学ぶ〉　　　アジアと共通の信仰を！　　飛鳥時代

新しいしくみで天皇中心の国を！　　③ その後は平和に…？？

▶授業の展開：歴史好きな子を流れの中で生かして授業を活性化。妹子の冠位にはみな首を捻る。

1　地図資料を配布して、個々に作業を行う

先生：紀元589年、分裂していた中国を隋が統一した。Ⓐに隋とヤマトを色分けし、比べよう。

——日ごろは目だたない子のつぶやきに耳を傾け、発言を促しておく。

児童：隋が巨大、運河もある、ヤマトは小さい、…等。板書①

先生：ヤマトはこのままでは？

児童：いけない。いじめられる。

先生：国を強くしたいよね。4年後の593年、20歳の男がその挑戦を始めた。彼の名は？

児童：聖徳太子！！

先生：君が聖徳太子（厩戸皇子）なら国を強くするために何をするか。

——予想して挙手発言へ。

児童：法律を作る、兵隊を増やす、税を増やす、頑張った人に褒美をやる、…等。

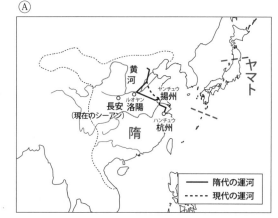

Ⓐ

黄河　ヤマト　長安（現在のシーアン）　ルオヤン 洛陽　ヤンチュウ 揚州　ハンチュウ 杭州　隋

―― 隋代の運河
---- 現代の運河

——深入りせず、賛否をみなに挙手で問うてから。

先生：**本当はどうだったか。教科書で調べよう。**

——4人班で作業。『**全員挙手班を指名**』と予告するとよく教えあう。その表れを称揚。教師は、子どもが調べている間に②の板書（答えはぬき）をしておく。**板書②**

```
板書②の答え
・豪族ア〈蘇我〉氏と協力＝天皇を助けて政治。イ〈冠位十二階〉＝すぐれた人を高い位に。豪族の守るルー
ル＝ウ〈十七条の憲法〉。〈遣隋〉使＝オ〈小野妹〉子。古墳よりカ〈仏〉教＝キ〈法隆〉寺（指名して答え
を黒板に記入させ、答えあわせをする。）
```

2 発表をふまえ応答を通して補説する

——Ⓑを配布。拡大して黒板にも貼付。

先生：**1〜7まで血のつながっている人を線でつなごう。**

——子どもの声を受け、教師は順次線を引いていく。
（1⇒2⇒5⇒7・1⇒4⇒6⇒7）

児童：太子も蘇我一族だ。だから協力した…等。

先生：**小野妹子の冠位は12のうち上から何番目か。**

——自由につぶやく。隋に行く時は五階の大礼、最後は一階の大徳へ。遣隋使の実績はこれほど重視された。

先生：**607年の遣隋使でことばは通じたか。**

——準備万端。ヤマト側の通訳は中国語が分かる渡来人系の鞍作（くらつくりの）福利（ふくり）が通訳となった。

先生：**仏教はヤマトだけで信じたの？**

児童：ほかの国でも信じてる。

先生：**アジア共通の教えを信じたんだね。ならば、ヤマト独自のばかでかい前方後円墳はまだ必要？**

児童：もういらない。

先生：そこで大古墳は消えて代わりに寺院ができる。聖徳太子の少し前の、大王の宮殿を奈良・飛鳥地方の各地につくり仏教を取り入れたころからを**飛鳥時代**とよぶ。

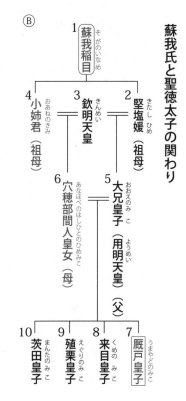

Ⓑ 蘇我氏と聖徳太子の関わり

1 蘇我稲目（そがのいなめ）
2 堅塩媛（きたしひめ）（祖母）
3 欽明天皇（きんめい）
4 小姉君（おあねのきみ）（祖母）
5 大兄皇子（おおえのみこ）（用明天皇 ようめい）
6 穴穂部間人皇女（あなほべのはしひとのひめみこ）（母）
7 厩戸皇子（うまやどのみこ）
8 来目皇子（くめのみこ）
9 殖栗皇子（えぐりのみこ）
10 茨田皇子（まんたのみこ）

3 聖徳太子が亡くなった後を予想

先生：622年、聖徳太子は49歳で亡くなる。
その時代、豪族たちは聖徳太子の願ったように争わなくなるか。

——軽く予想を発表⇒なる・ならないのどちらかに挙手。**板書③**

実は、聖徳太子の子・山背大兄王（やましろのおおえのおう）一族は蘇我入鹿により643年に滅ぼされ和の政治は破綻した。この後、歴史はどうなっていくかと投げかけたい。

📖 隋の皇帝がヤマトを蛮夷と言ったのは、文字もない朝貢国なのに隋と同等の「天子」という語を使ったためであった。「日出ずる処」は、隋からヤマトを見た場合の言い方である。

奈良の都の誕生 豪族から貴族へ

▶授業のねらい

①入鹿暗殺を契機に新しい政治が始まり、平城京の建設に至ったことを理解する。

②豪族が貴族となって、国のしくみがこれまでと大きく変化したことをつかむ。

▶板書例

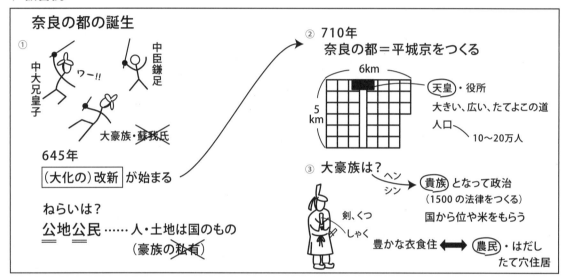

奈良の都の誕生

① 中大兄皇子 中臣鎌足 ワー!! 大豪族・蘇我氏

645年 [(大化の)改新] が始まる

ねらいは？

公地公民 …… 人・土地は国のもの （豪族の私有）

② 710年 奈良の都＝平城京をつくる

6km / 5km （天皇）・役所

大きい、広い、たてよこの道

人口 10〜20万人

③ 大豪族は？ ヘンシン （貴族）となって政治（1500の法律をつくる）

国から位や米をもらう

剣、くつ しゃく

豊かな衣食住 ⟷ （農民）・はだし たて穴住居

▶授業の展開：古代の殺人事件には興味津々。制度や身分の違いは服装の違いに置きかえて学ぶ。

1 資料を提示して、歴史上の事件を解説

先生：**気づくことを言おう。**

——資料を提示・挙手発言。

児童：殺人事件、㋐と㋑が㋒を襲っている、…等。

——発言を復唱せず、うなずくだけで時間短縮。

先生：**645年の事件だ。㋐㋑㋒の人名と殺人の動機を教科書で調べよう。**

——線を引いて確認する子を称揚。他に広がる。

先生：この事件をきっかけとする政治の変化が後に「**大化の改新**」ともいわれる。**中大兄たちのめざした政治の方針を教科書で探して読もう。**

——1分後に指名読み。他の者は黙読しながら教科書に線を引く。**板書①**

第一のねらいは**公地公民**だ。人々や土地を豪族

Ⓐ ㋒ ㋐ ㋑

㋐中大兄皇子、㋑中臣鎌足 動機は強大な豪族＝蘇我氏を倒して天皇の力を強めるため。（大兄とは天皇候補の皇子をさすが、㋐は非蘇我系で蘇我氏と対立。聖徳太子の子とは違い、自分が殺される前に蘇我氏を倒した）

の私有から国のものに変え、税も国に納めさせたい。710年には大きな都が造られ、そうし
たしくみめざす政治が始まった。

先生：都の名は？ その都が栄えたころを何時代という？

——教科書で探す。

先生：一斉に言おう。　　児童：平城京‼、奈良時代‼

——地図帳で奈良を確認しても可。

2　教科書の絵から気づきを促す

先生：平城京＝奈良の都はどんなところ？　教科書の絵から気づくことを言おう。

——ペアで相談し、挙手発言へ。

児童：四角い。広い。

——平城京は東西約6㎞南北約5㎞。中にほぼ□のか
たちの平城宮があり天皇の住居や役所が集中。

児童：家がびっしり。道がまっすぐで広い。

——人口は約10万～20万人であった。
道が碁盤の目のようであることも確認。
朱雀大路の幅は70mもあった。

先生：平城京は、中国の都を見習い計画的に造った人工
都市だった。板書②

> 「大化の改新」を契機に律令国
> 家への道を歩み始める。
> 　奈良時代の人口はおよそ600万
> ～700万人。（『よみがえる平城京』坪
> 井清足監修ＮＨＫ）
> 　各豪族が勝手に民衆を支配する
> 時代ではない。貴族たちは約1500
> の法律や刑罰（律令）に基づいて
> 全国共通の政治を行う。それは中
> 大兄皇子以来の目標であった。

3　さらに発問し、児童のつぶやきを受ける

先生：こうして時代が変わると豪族たちはど
うなるか。（図Ⓑの左半分を提示）

——つぶやく子を順次指名。

児童：やめさせられた。力が弱くなった。…等。

——賛否を挙手で確認して全員参加。

先生：図Ⓑ全てを見て確かめよう。

——右半分も提示。

児童：豪族は貴族に変わった。自分が
取らず国から米や位をもらう。
政治するのは同じ。…等。

——Ⓒを提示。

先生：最後に貴族と農民を比べ、気づ
くことを発表しよう。板書③

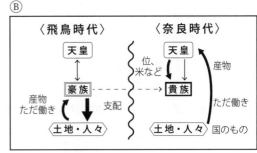

貴族　　　　　　　農民

入鹿暗殺＝「改新」の達成ではなく、その努力の始まりである。「大化」という年号もなかっ
たといわれる。難語句も増えるが、生活・服装への関心も高めておきたい。

奈良時代の税と農民 木簡は何を語るか

▶授業のねらい

①木簡クイズの答えを当て、それらが税として都に運ばれたことを知って農民の負担を理解する。

②当時の貴族になりきって歌を詠み、奈良の都の繁栄ぶりに関心を高める。

▶板書例

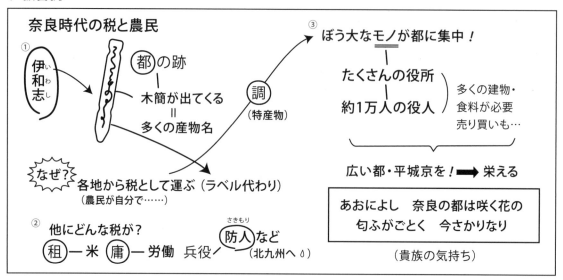

▶授業の展開：漢字読みクイズは珍答も出て盛り上がる。そこから謎を設定して授業の深化へ。

1 用意しておいた短冊を黒板に貼付。自由なつぶやきを聞く。

先生：**これは何と読むか。**

—— 短冊に記した㋐をまず黒板に貼付・自由につぶやく・「？」の場合は「魚」とヒントを出す。

正解はイワシ。日本にはまだ文字がないので、漢字で日本語の音を表記した（万葉仮名）。㋑マス、㋒ワカメ、㋓サメ…、次々に繰り出すと盛り上がってくる。

こうした産物名は、奈良の都の跡から掘り出された木の札（木簡）に記してあることを告げる。

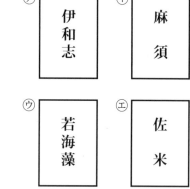

先生：**鰯や鮫は奈良の都で泳いでいるの？**

児童：いませ〜ん。（笑）

先生：海がないから当然だね。**では、それらの魚の名を書いた木簡がなぜ平城京にあったのか。**

—— 挙手発言。「税として納めた」という正答もすぐには肯定せず、他の意見も聞く。

先生：**全国から集まったんだね。遠くから誰が運ぶの？ 往復の食料は？**

—— **全員に返してゆさぶる。**

ここで、教師か児童の名を書いた「うそっこ木簡」⑧を提示して斉読（自地域に擬して木か画用紙で自製）。

各産物は地方からの税（調）であった。運ぶのは税を出す人自身で往復の食料も自分持ち、伊豆国から奈良まで22日かかる。木簡は「下がとがっている」「上にくびれがある」ことに気づく。荷に差して縄でくくるためであった。（宅配便のラベルの役目）

先生：**他に、どこからどんな産物が来るか。**

——教科書等で確かめて発表。（自地域のもの・レアものに着目）

漢字を読み書きできる人々が各地に広がり、その範囲が同時に奈良時代の国の支配領域であることが木簡から分かる。使用後に廃棄され今に残った。**板書①**

2　事柄を教科書から探させる

先生：**農民への税はそれだけ？**

児童：違う。まだある。

先生：**どこに載っているか？**

——教師は教えない。子ども自らが教科書で探す。発見した数人が勢いよく挙手。

先生：**すごいね。さすが6年生。**

——称揚して指名。3種の税・労役に関する発表はかんたんにまとめる。**板書②**

3　貴族になったつもりの表現活用を取り入れる

先生：**さて、一方、特産物等が都に集まると、多くの建物や役所が……。**　児童：必要！

先生：**多くの働く人が……。**　児童：必要!!

——そこで都には8つの省がつくられ、約1万人の役人が働く。その家や食料も、それを売る人も必要。「だから、広い都をつくったのか」と子どもは納得する。こうして物や人が集まって栄える都の様子を、ある貴族はこう詠った。

あおによし 奈良の都は咲く花の　匂ふがごとく 今さかりなり

防人歌との違いが分かる。まずは教師が画用紙の「短冊」（歌を記入）を捧げ、袖を払うしぐさに続いて朗誦。次いで目立ちたい子が「あおによし〜」と真似すると笑いが広がる。（班に1つ「短冊」を配って相互体験も可。防人歌にも挑戦）。

最後はみなで斉誦。なごやかさのうちに授業をまとめよう。**板書③**

⑧
伊豆国方郡鎌田里加藤好一調伊和志十連

3種の税・労役。租—米　調—特産物　庸—ただ働き　兵役—防人（2、3年北九州警備）等

防人には主に東国（関東・東海）の農民が動員された。その一人が詠んだ次の歌を長細い画用紙に書いて提示し、心情にふれさせたい。

忘らむと　野行き山行き我来れど わが父母は　忘れせぬかも

（防人に行って家に帰れない。ならば忘れてしまおうと思いつつ野山を越えてはるばる北九州にやってきたが、やはりあの懐かしい父母を忘れることはできない）

調には蘇（チーズ）・酪（バター）・醍醐（ヨーグルト）等の乳製品もある。周防国（山口県）では牛6頭から20日間搾乳、およそ4升の蘇をつくって国に納め、天皇・貴族が味わった。（『古代日本のミルクロード』廣野卓 中公新書）

山本典人氏にならい、貴族や防人になったつもりの表現活動を取り入れよう。こうした「なりきり」学習ができるのは小学生ならではだ。縄文・弥生とは違って難しい用語も増えてきただけに、ここでもう一度子どもを歴史の中に浸らせたい。

大陸に学んだ文化　正倉院とラクダの謎

▶授業のねらい

①ラクダに着目し、朝廷が唐・朝鮮から遣唐使等を通して様々な文化を学んだことを理解する。

②今も残る国際色豊かな文物や、古事記等の古い文献への関心を高める。

▶板書例

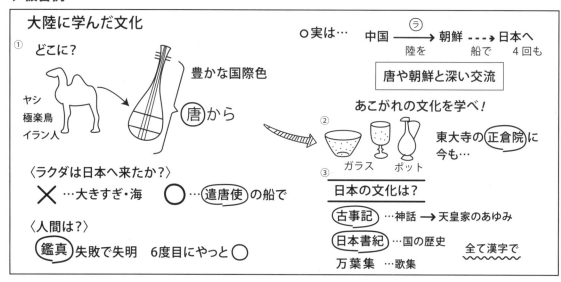

大陸に学んだ文化

① どこに？

ヤシ
極楽鳥
イラン人

豊かな国際色

唐から

〈ラクダは日本へ来たか？〉

✕ …大きすぎ・海　　◯…遣唐使の船で

〈人間は？〉

鑑真 失敗で失明　6度目にやっと◯

◯実は… 中国 ──⑤→ 朝鮮 ┅┅→ 日本へ
　　　　　　　　　 陸を　　　　船で　　4回も

唐や朝鮮と深い交流

あこがれの文化を学べ！

② ③ ガラス　ポット

東大寺の正倉院に今も…

日本の文化は？

古事記 …神話 → 天皇家のあゆみ

日本書紀 …国の歴史

万葉集 …歌集

全て漢字で

▶授業の展開：誰もが知る動物から教科書学習に至る「意外性」授業。どんな子も飽きさせない。

1　動物からの展開で興味をもたせる

先生：**教科書でラクダを探そう!!**

——子どもは一瞬ビックリ。でも、すぐに反応。探せなければ、『奈良時代』とヒントを出す。ラクダは五弦琵琶にあった。（Ⓐ図）「外国人が乗って楽器を弾いている」「鳥がいる」（極楽鳥）「ヤシがある」等のつぶやき発言を拾いたい。

先生：**この琵琶は日本製？**

児童：違う。日本では描けない。外国製を輸入。

先生：**そうか。国際的だね。では、本物のラクダは日本に来たと思うか？**

——奈良時代の文化のページを開いてペアで考えたい。

（教室には東アジア大地図を提示）

児童：海があるから無理。船に乗る人間だって遭難した。

先生：**日本と唐を船で往復する使いがあったんだね。何というか。**

先生：**航路をマーカーでなぞろう。このルートで来たのかな？**

児童：船が小さいし、ラクダは体が大きすぎて無理。

Ⓐ

五絃琵琶（正倉院宝物／正倉）

児童：**遣唐使**です。

先生：ならば、人は無事に来たのか。１人の僧の像を教科書で見よう。

児童：毛がない。　　児童：**鑑真**だ。　　児童：目が見えない？

先生：**日本に正しい仏教の教えを伝えようとしたが何回も遭難して失明。６回目でついに成功。さあ、ラクダは来たか。**

——様々な反応を受け⑧を上から開けていく。ラクダは計４頭が来ていた。ただし、奈良時代より前に朝鮮を通って。朝鮮と日本の間の狭い海峡なら　船で越えられたのだ。ラクダは中国から朝鮮までは歩いてきた。

《唐からは来ていない。でも、ラクダ自体は日本に来ている。》ある意味、どちらも正解だ。**板書①**　鈴木靖民氏によれば、668年〜779年の間に遣唐使は10回、朝鮮への遣新羅使は25回。一方、新羅から日本への使いは45回も来た。危険もあったが日本は唐へは遣唐使を送り、朝鮮ともよく交流していた。

> ⑧
> **ラクダはいつ日本へ？**
> 〈奈良時代より前〉―孔雀などに混じって
> 599年　朝鮮（百済）からラクダ１頭
> 618年　朝鮮（高句麗）からラクダ１頭
> 657年　朝鮮（百済）からラクダ１頭
> 679年　朝鮮（新羅）からラクダ１頭
> 〈奈良時代になると〉
> ラクダはゼロ。だが、朝鮮からはオウム・猟犬・白羊等が来る。847年には唐からオウム３・孔雀１・犬３が来る。

（『舶来鳥獣図誌』八坂書房動物渡来年表より作成）

2　問いかけに応じて教科書を参照

先生：**では、大陸からは他にどんな物が伝えられたか。すごいと思うものを１つ挙げよう。**

——教科書参照。次々挙げさせていくと、注入にならない。ガラスの碗、ワイングラス、ポット……唐に限らず、イラン等と共通するデザインも見られる。輸入物に見られる国際性＝すすんだ外国文化へのあこがれを再確認したい。

先生：**それらの品物はどこに保存してあるか。建物の写真が教科書にあるよ。**

——東大寺正倉院である。宝物は千年以上もここに保管された。

先生：**気づくことは？**

児童：高床式（湿気防止）、ドアが３つ（北倉・南倉・中倉に区分）、北と南は木が横並び（校倉造り―断面が三角形の木材を組み上げ）、…等。**板書②**

3　歴史・地理・文学

先生：外国ばかりで日本の文化はないの？

児童：そんなことはない。

先生：この話を知っているか？

児童：因幡の白うさぎだ。

先生：こうした話は今残る一番古い本にある。この時代にできた本の名を調べよう。

児童：㋐古事記・㋑日本書紀・㋒万葉集・㋓風土記

——㋐には⑧や八岐大蛇の話等も載り天皇家や豪族のあゆみが分かる。㋑は日本初の歴史書であった。**板書③**

大仏によせる願い 平和な国は実現するか

▶授業のねらい

①大仏についての疑問を出してすすんで調べ具体的に学びあう。

②建立の目的が仏の力による平和な国づくりにあったことを当時の社会との関わりで理解する。

▶板書例

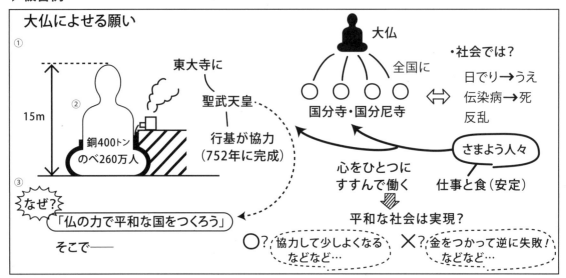

- 大仏によせる願い
  - ① 東大寺に
  - 15m ② 銅400トン のべ260万人
  - 聖武天皇
  - 行基が協力（752年に完成）
  - ③ なぜ？ 「仏の力で平和な国をつくろう」 そこで──
  - 大仏 全国に 国分寺・国分尼寺
  - ・社会では？ 日でり→うえ 伝染病→死 反乱
  - さまよう人々
  - 心をひとつに すすんで働く 仕事と食（安定）
  - 平和な社会は実現？
  - ○? 協力して少しよくなる などなど…
  - ✕? 金をつかって逆に失敗！ などなど…

▶授業の展開：鼻の穴から大仏の大きさをイメージ。建立の目的は具体的事実から考えさせる。

1 教科書を広げる前に実寸を示して質問

　　——Ⓐを実寸で板書。

先生：**これは何か？**

　　——社会の時間には張り切る社会性に乏しい子の発言を生かす。

　　　正解は奈良・東大寺の大仏の鼻の穴の大きさだ。大仏殿の柱には同じ大きさの穴が開いている。（写真参照）

先生：**大仏の親指の長さは？**

　　——付け根から先まで1.64 m。小さい児童を前に出して比べる。疑問を出させ、具体から抽象へと配列したい。

先生：**1大きさや材料は？　2造り方は？　3何年・何人？　4誰が？　5なぜ？**

　　——ここで教科書を開いて調べ学習。まず班内

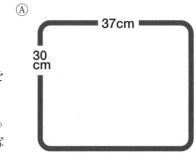

Ⓐ 37cm 30cm

くぐると幸運が…

で各1〜5を分担し、個から班での教えあいへ。または、近くの者と相談しながら1〜5を次々調査。(時間延長はしない。不明な箇所はパス。次の学習に進んだ際に全体で学びあう。**板書①**

2　全体学習は一斉問答から入る

先生：**東大寺の大仏の高さは？**

児童：15m!

先生：**材料は？**

児童：銅!! 金をぬる…等。

——全部で約500tの銅と純金147kgが使われたという。(『歴史への招待』No.7 NHK) この仏は、宇宙の中心にいて全世界を治めるので大きく造られた。

　造り方については挙手発表。粘土で像を造り、その外型との5.5cmのすき間に、溶けた銅を8段に分けて流し込む。さらに、できた銅像の上に水銀で溶かした金を塗るという作業を、教科書の絵を読み解きながら辿りたい。

　かかった年数(9年)・働いた人数(260万人)については一斉問答で確認。①**聖武天皇**が国を代表して命じたこと、②福祉や社会事業で人望のあった僧の**行基**が協力してたこと、③渡来人の孫の人物国中公麻呂が作業を指導したことも押さえたい。**板書②**

3　大仏を造った目的を問う

先生：**大仏を造った目的は何か。**

——挙手発言。独自意見の他に、教科書受け売りで「仏教の力で国を平和にするため」という答えも出る。

先生：**なるほど。では、造ったのは大仏だけ？**

児童：違う。全国各地に国分寺や国分尼寺も造った。

先生：**どんな問題が起きて平和じゃなかったの？**

——都では伝染病がはやり地方では反乱と教科書等にある。

先生：その実態とは？…

Ⓑ
社会ではどんな問題が？

730年 都の一帯が日照り・役所に落雷
732年 再び日照り。雨ごいは効果なし
733年 また日照り。重病人に食料支給
734年 大地震発生 山が崩れ家を破壊
735年 九州で伝染病発生。死者多数
737年 西日本に伝染病。貴族達も死亡
740年 九州で貴族が1万人の兵で反乱
(『彷徨の王権聖武天皇』遠山美都男 角川選書より作成)

——Ⓑを示して斉読か指名読みへ。この事態と、「百姓があちこちをさまよい」という状況(717年の天皇の言)を、仏の力を信じて国中が心一つにまとまることで改善する。ここに大仏や国分寺を造る目的があった。造営で働く貧民に食と仕事を与えて社会の安定を図ったとの説もある。

先生：では、**大仏を造ることで奈良時代の国は平和になるか。**(発展)

——「お金を使って逆に国の力が弱くなる」等の意見はその論理性を評価する。「少しはなる。昔の人はみんな仏を信じていたから」という意見は、時代の中に身を置いて考える姿勢を評価したい。平安京に都が移って奈良時代が終わるのは、大仏建立から42年後であった。**板書③**

平安京と藤原氏 道長のたてた作戦とは？

▶授業のねらい

①平安時代の貴族の生活をイメージ豊かに想像し、教科書の絵図から読み解いて学びあう。

②藤原道長はどんな方法でその力を強めたか。資料を多面的に考察して理解を深める。

▶板書例

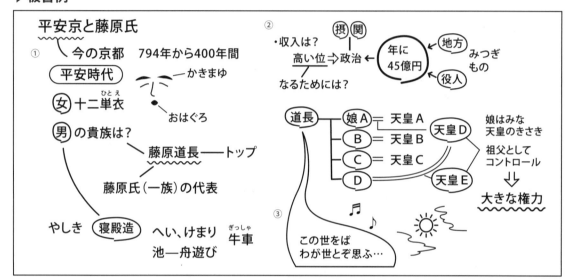

▶授業の展開：平安美人や便所の話に強い関心。摂関政治は「玉の輿」からイメージ化。

1 大仏ができた後、時代はどうなるか

先生：**反乱は続き、力を強めた僧が政治に口を出す。そこで、794年に都を移して新しい政治を始めた。その都の名は？**

児童：平安京!!

先生：**今の京都のあたりだね。ここから約400年間を平安時代とよぶ。その時代どんな人が美人だったか。**

——予想発表。B5の紙を数人に1枚配り、イラストを描かせて黒板に貼ると湧く。

先生：**教科書で"平安美人"を探そう。**

児童：あったー!! 目がまゆ毛より細い。おかめ。髪長～い。動きにくそう…等。

——他には、歯は黒く染める。まゆ毛は毛抜きで抜き、白粉を塗った上に墨で描く。髪は身長より長くして**十二単衣**を着る。男の貴族・**藤原道長**（中臣鎌足の子孫・藤原氏の代表）の絵も探して比べる。家は？　と聞くと、すぐに見つけて気づきを言う。こうした家が**寝殿造**だ。貴族の遊びや生活・交通手段等についても発表させたい。**板書①**

先生：**トイレは？**

——**予想を受け、次のエピソードや絵を紹介したい。**

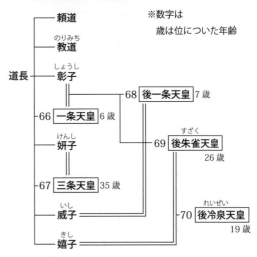

2　データや系図を示して、考えさせる

先生：**貴族でトップの道長の年収は？**

　——竹内理三氏によれば、今のお金で約5億円を国が支給。自分の財産収入や部下の貴族からの贈り物も40億円近いという。だから、大きな**寝殿造**の家を持って、政治も思うように動かせる。

先生：**では、道長はどうやって高い位につき、思うように政治を動かしたのか。**

　——個で考え、次はペアか班、さらに全体で。

児童：ライバルを倒す。買収。金持ちと結婚…等。

　——どんな考えも否定しない。出つくしたところでⒶを配布。道長の娘は赤で、天皇は位についた順に青で着色させる。何でもOK。気づきは3つ以上挙げさせよう。（資料読解力の向上）

児童：道長は娘が4人。みな天皇と結婚。その子がまた天皇。6歳や7歳で結婚した天皇も…等。

　——当時、子どもは母の家で育つ。つまり、これらの天皇は幼い時から道長を祖父として成長する。当然おじいちゃんの言うことを聞くので、位も政治も道長の思うままだ。**『つまり、娘の玉の○○大作戦!!』**（子どもに言わせる）**板書②**

3　教科書を斉読し、まとめへ

先生：**そこで、道長はどんな歌を詠ったか。**

　——教科書で探し、本人のつもりで斉読させる。最後は、教科書を文章のマルごとに交代で読み、学んだ知識を整理したい。**板書③**

📖 百人一首を持参して男女に分類させても可。だが道長の歌は選ばれていない。

国風文化と女性 "家庭教師"は頑張った

▶授業のねらい

①清少納言や紫式部等の女性がどんな文学作品を生んだかを知り、その背景をつかむ。

②仮名文字をはじめ平安時代に発達した文化の特色を、ペア学習等を通して理解する。

▶板書例

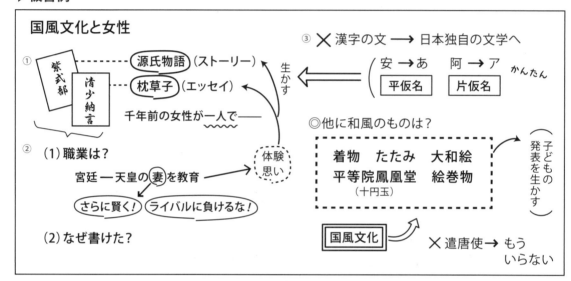

国風文化と女性

① 紫式部 清少納言 ------ 源氏物語（ストーリー）
                   ------ 枕草子（エッセイ）
      千年前の女性が一人で——
生かす

③ ✕ 漢字の文 ⟶ 日本独自の文学へ
   安 →あ   阿 → ア   かんたん
   平仮名   片仮名

② (1) 職業は？
   宮廷——天皇の妻を教育 ⟶ 体験・思い
   さらに賢く！ ライバルに負けるな！

◎他に和風のものは？
   着物　たたみ　大和絵
   平等院鳳凰堂　絵巻物
     （十円玉）
                     子どもの発表を生かす

(2) なぜ書けた？

   国風文化   ✕ 遣唐使→もういらない

▶授業の展開：百人一首とつなげ、"家庭教師"をキーワードに女流文学や仮名の発展を理解。

1 百人一首を入り口に

——右の絵（または実物）を示す。

百人一首、短歌、清少納言、紫式部等と発言。百人一首についても聞こう。まとめられたのは次の時代だが、平安時代の歌がⒶⒷをはじめ90余りある。

先生：ⒶⒷは平安時代の**女性貴族**だ。**教科書に名前があるかな？**

——張り切って探す。

児童：あったー!!

——教えあい、線を引く姿をほめて他に広げる。**板書①**

・**清少納言**＝『**枕草子**』（日常を捉えたエッセイ集・千年の古さを感じない）

・**紫式部**＝『**源氏物語**』（世界初の長編小説・54巻）

Ⓐ
夜をこめて
鶏の空音は
はかるとも
よに逢坂の
関はゆるさじ
清少納言

Ⓑ
めぐり逢いて
見しやそれとも
わかぬ間に
雲がくれにし
夜半の月かな
紫式部

2　右図を見て掘り下げる

先生：歴史に残る女性だったね。**では、2人の職業は何だろうか。**

——すでに知っている子が挙手してもすぐには指名しない。ペア相談の後に数名を指し、最後にその子を指名。

先生：**いろいろ出たね。本当はどれが正しいか。右の図を見よう。**

——分かることを挙手発言。

児童：天皇に奥さんが2人（定員は10名）・2人とも若い・両方とも藤原氏・それぞれをＡ Ｂがフォロー。

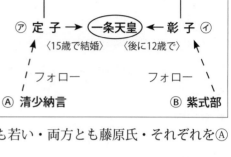

先生：**㋑は、前にいた㋐をどう思う？**

児童：よく思わない。負けたくない。ライバル。

——そのためには美しく賢いことが必要だ。皇子を産ませて力を強めたい父親たちは娘の教養を高めるのに必死。そこで、学問も子育て経験もあるＡやＢを家庭教師役に選ぶ。2人はその体験をエッセイや物語に表現したのであった。

先生：**2人の関係は？**　　児童：怪しい関係（笑）。ライバル関係。

先生：日記を見ると、紫式部はそう意識していたらしい。では、この時代になるとなぜ女性が自分の思いを表現できたのか？ **板書②**

3　最初の2枚の札を再び提示して発問

先生：君の机の上にある平安貴族の偉大な発明品とは？

——個性派の子から順次指名。正解は**平仮名**。漢字＝真名（まな）を平らにした仮の字という意味だ。女性が多く使ったので女手（おんなで）ともいう。

先生：**片仮名**というわけは？

　　　漢字の片側を使うからだ。

——こうしてできた「かな文字」を、漢字と混ぜて書く方法は今に生きる。教科書で仮名のでき方を知り、文化全体に関心を広げたい。

先生：**平安時代の文化と奈良時代の文化の違いを隣の人と教科書を比べて探そう。**

——外国風から和風へ・巨大な大仏から美しい鳳凰堂へ・国でつくった本から個人の書く本へ、着物や畳の出現、大和絵と絵巻物の登場等が挙げられる。

こうした和風の文化を**国風文化**とよび、そこに女性が大きな役割を果たしたことを確認したい。**板書③**

📖　遣唐使は廃止したが民間の交流は盛ん。その上でなお国風文化が発達したのである。仮名の発明は民衆への文字の普及を加速化させた。

> **教科書持ち寄りペア学習とは？**
> 1人が奈良時代の文化のページを開け、他の1人が平安時代のページを開け、見比べて違いを発見していく。よい点は2つ。①自分と相手が違う場所を見あうので対話が生まれやすい。一方が話せば他方は必ずそれを聴く。②過去の時代の対比的復習となる。こうして以前に勉強したことに立ち返りながら学ぶと、歴史的な見方が育ち定着にもつながる。

武士の成長とその生活　白い旗と赤い旗

▶授業のねらい

①昔話を例に武士の成長をイメージし、源氏や平氏のもとに武士団がつくられた過程を理解する。

②武士の生活や戦場での活動のありさまを、資料を対比的に読み解いて深めあう。

▶板書例

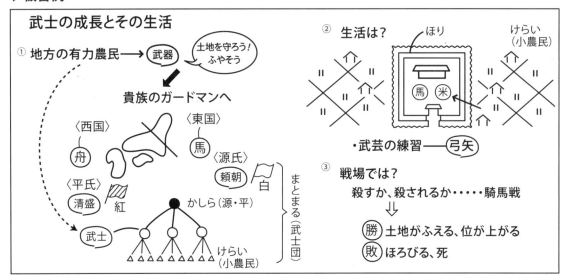

板書例：
武士の成長とその生活

① 地方の有力農民 →（武器）（土地を守ろう！ふやそう）

↓

貴族のガードマンへ

〈西国〉〈東国〉馬〈源氏〉（頼朝）白
（舟）〈平氏〉（清盛）紅 まとまる（武士団）
（武士）かしら（源・平）けらい（小農民）

② 生活は？ ほり けらい（小農民）（馬）（米）
・武芸の練習——（弓矢）

③ 戦場では？
殺すか、殺されるか‥‥‥騎馬戦
⇓
（勝）土地がふえる、位が上がる
（敗）ほろびる、死

授業の展開：昔話の絵本に驚かせ、「なんで？」「そうだったのか」と授業に引き込みたい。

1　発問して予想させ、絵を提示

Ⓐ

先生：**武士とはどんな人か？**（反応を受け）**最初はどんな人が武士になっていったか。**

——予想させる。続いてⒶを提示。

児童：金太郎だ。懐かしい。なんで？

——教室が湧く。

先生：**彼の将来の職業は？**　児童：？

——伝説では10世紀半ばに東国の足柄山（現・静岡県小山町）に居たが、武士のかしらである源頼光（実在・頼朝の先祖）のスカウトで上京し、坂田金時という**武士**になった。（大江山で鬼退治）熊にまたがるのは乗馬の訓練、熊との相撲は組打ち戦に勝つ練習。鉞は武器につながる。絵本を開きながら説明すると効果的。

先生：**逆に、舟や水に強い武士の昔話とは？**

——それは一寸法師。針を刀にお椀の舟に乗って上京。貴族に仕え姫を鬼から守って結婚し、

貴族化する。（**ここでも絵本を提示**）武芸の練習⇒上京・貴族のガードマン化と出世。昔話の中に武士の成長が見える。

先生：騎馬戦が得意な東国の「金太郎型」武士をまとめた貴族出身のかしら（棟梁）とは？□舟に強い西国の「一寸法師型」武士をまとめたのは？

漢字2文字だ。教科書で探そう。〈**平氏・源氏**〉。旗は平氏が赤で源氏は白。

先生：**運動会は？**　　児童：赤と白。

先生：**大晦日は？**　　児童：紅白歌合戦。

先生：**では源平の代表者を探そう。**〈平清盛・源頼朝〉**板書①**

2　教科書を見て相談

先生：**この時代の武士はどこに住み、どんな生活をしていたか。**

——予想⇒教科書持ち寄りペア相談⇒全体学習へ。

武士＝町に住む江戸時代のイメージとは違い、はじめて歴史に登場してきた武士はいなか育ちだ。一人が教科書で武士の館の図を、一人が貴族の屋敷の図を開いて**≪武士の屋敷や生活は貴族とどこが違うか≫**をペアで読みとり全体学習につなぐ。

児童：厩の前に猿！→魔除け。鷹も。→鷹狩。

家に竹藪。→矢竹。

堀や塀があり見張りもいる。→襲撃防止。

——武芸の練習、貴族の家より粗末、領地で働く農民がいること、等も押さえたい。**板書②**

> ⏺ **重点はペアか全体か**
> **全体学習重視**⇒ペア相談は3分。全体発表に10分以上かけ、多様な気づきを引き出す。**ペア学習重視**⇒ペア相談は10分。気づきをノート等に記入。全体学習では「動物は?」「家は?」「男は?」「女は?」と発問を絞って5分程度つぶやき発言をさせる。ペア相談も全体学習も共に充実させようと二兎を追えば、時間が不足して授業は尻切れとなる。

3　教科書の『平治物語絵巻』から発見

先生：**武士は戦に出ると何をするか。**　　児童：チャンバラ。

——戦場での行為を、教科書に掲載の『平治物語絵巻』から「発見」させる。「鎧兜をつけて馬で走る」「弓で相手を狙う」これが戦闘の基本。射落とした敵は相撲技で組み伏せて首を取る。

弓は左手に持ち右手で矢を放つので（教師が動作）、馬の左側に立つとねらわれて危ない。腰の◎はスペアの弦を巻いた弦巻だ。薙刀は馬の足を薙ぎ払って敵を落とす。

絵巻を見ると、逃げまどう女は蹄にかけられて井戸に落ち、男は生きながら首を切られている。容赦のない殺傷行為である。（下図を大きく提示しても可）

児童：**なぜ火事が？**

先生：武士が火をつけた。

児童：えー？

——貴族にはない武士の生活・活動の特性をまとめたい。**板書③**

『平治物語絵巻（三条殿焼討）』（模本）狩野栄信、狩野養信、狩野養福
（東京国立博物館 Image:TNM Image Archives）

平氏から源氏へ　戦いは九州から東北まで

▶授業のねらい

①源氏に勝利した清盛が、どう平家の力を強めようとしたかを学びあう。

②平家滅亡の理由を考え、頼朝が奥州藤原氏を倒し鎌倉で征夷大将軍となるまでの過程をたどる。

▶板書例

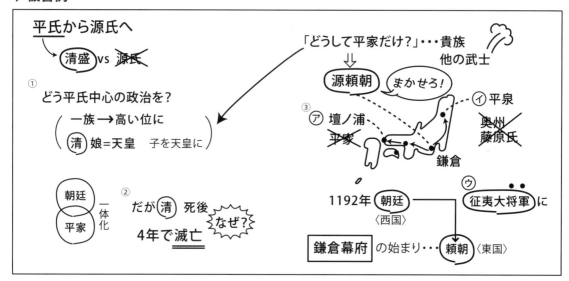

▶授業の展開：清盛は武士であるが藤原氏のパクリも。平家蟹の甲羅から源平交代につなぐ。

1　勝った清盛は何をする？

　　——前時に学んだ戦いの場面は源平の最
　　　初の衝突（平治の乱）であり、平氏
　　　が勝ったことを告げる。だが、朝廷
　　　の政治は天皇や貴族が行っている。

先生：**君が清盛なら、どうやってその政治**
　　　を平氏中心に変えるか。2つあるよ。

　　——挙手は少数でもみなが考える引き金
　　　とする。発表は教科書で検証。

　　　①清盛と一族による高位の独占（高橋昌明氏によれば、朝廷に進出した後は上流貴族
　　　なみに「家」扱いされ、「平家」というよび方が広まる。源氏は「源家」とはよばない。）

　　　②清盛の娘を天皇の后に…

　　——ここで⑧図を示すと「藤原氏のパクリだ」と声が挙がる。

　　　安徳天皇はわずか3歳（満1歳4カ月）で即位。ついに平氏直系の天皇が生まれたこ
　　　とを押さえたい。**板書①**

Ⓐ　**平家の系図** ——清盛の子や孫を〇で囲もう

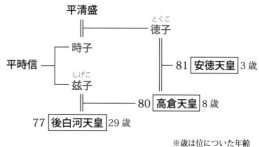

※歳は位についた年齢

2　蟹の甲羅をよく見ると…

Ⓑ

（写真提供：下関市立しものせき水族館）

先生：これは何か？

——Ⓑを提示・つぶやき発言。

児童：蟹？人の顔みたい。怒っている。

——瀬戸内海や九州沿岸に多くすむ平家蟹で、甲羅の幅は約 2㎝。

先生：**これは、滅ぼされた平家一族の怨霊が蟹の甲羅を深〜い苦しみと怒りの顔に変えたのだ。**

——不気味に。

児童：えー!? まさか。

先生：**と、言われる**（明るく）。つまり伝説だ。だが、清盛が 1181 年に 64 歳で死ぬと、その 4 年後に一族が滅亡したのは事実です。

児童：たった 4 年で？、なぜ？、誰によって？

——反応を受け課題 2 つを導き出す。

先生：**㋐平氏はなぜ滅ぼされたか**。　**㋑どんな戦いで滅ぼしたのか**。

——まずは㋐について近くの者と考えさせたい。

児童：位を独り占めしたので不満が出た（「平家にあらずんば人にあらず」）、政治が平家の考えで進む（福原遷都等）、他貴族の娘が后になれないのでうらむ、…等。

——こうして不満を持つ貴族や武士が増えたところに、東国の伊豆で源頼朝が挙兵した。その後、戦いはどうすすんでいくか？**板書②**

3　教科書の「源平戦争地図」で作業学習

——Ⓑの課題を念頭に源氏軍の進路をカラーでマークし、戦いの推移をたどらせたい。

（作業学習—みなが集中）

児童：九州の近くまで追いつめた。平家は壇ノ浦で滅びた…等。

先生：**源頼朝**が、弟の源義経等をリーダーにして平家を追撃させたのだ。**では、壇ノ浦で戦いは終わるの？**

——さらに東日本の平泉まで攻めて、奥州藤原氏を滅ぼしたことを読みとらせる

戦いは九州から東北まで広い範囲に及んだ。頼朝は自ら 28 万の大軍を率いて奥州藤原氏を倒すと、3 年後の 1192 年に朝廷から征夷大将軍の位をもらった。

鎌倉に開かれた頼朝の政権を**鎌倉幕府**とよぶ。**板書③**

📖 **源平の合戦を語ろう**

一の谷・屋島の戦い等の名場面を生き生きと語りたい。（本での紹介も可）だが、壇ノ浦での悲劇等にもふれたい。満 6 歳 4 カ月の安徳天皇は、清盛の妻に「自分をどこに連れていくの?」と聞く。「波の下にも都はありますよ」と言われると、モミジのような手を合わせ抱かれたまま海に入った。熊手で髪を絡めて引き上げられる女もいたが、浪間には平氏の赤旗が嵐の後のモミジ葉のように漂っていたという。

📖 頼朝は西国での平氏戦に義経等を派遣し、自らは鎌倉を動かない。義経を育てた奥州藤原氏がその背後にいたためでもある。東北を視野に入れて本時の学びを展開したい。

いざ鎌倉　ご恩・奉公と北条政子

▶授業のねらい

①鎌倉幕府におけるご恩と奉公のしくみを、授業への参画と応答・検証を通して理解する。

②「いざ、鎌倉」の際に北条政子が果たした役割を知り、女性と歴史との関わりに関心を高める。

▶板書例

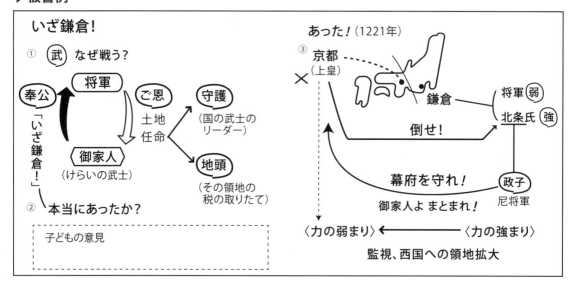

```
いざ鎌倉！

① 武 なぜ戦う？

奉公 ┌─ 将軍 ─ ご恩 ──→ 守護
「いざ　　　↑  土地　　　（国の武士の
鎌倉　　　　　任命　　　　リーダー）
！」　　　御家人 ──────→ 地頭
　　　（けらいの武士）　　（その領地の
　　　　　　　　　　　　　税の取りたて）

② 本当にあったか？
┌─────────────┐
│ 子どもの意見    │
└─────────────┘

あった！（1221年）

③ 京都　　　　　　　　　鎌倉 ─ 将軍 弱
（上皇）×　　　　　　　　　　　北条氏 強
　　　　　　倒せ！
　　　幕府を守れ！　　　　　　政子
　　　御家人よ　まとまれ！　　尼将軍

〈力の弱まり〉←──────〈力の強まり〉
　　　　監視、西国への領地拡大
```

▶授業の展開：寸劇で教室は笑いの渦。上皇と対決した政子に、女子の共感を集めたい。

1　「将軍」と書いたカードを首にかけて教室に入る

先生：**私は鎌倉の将軍じゃ。そこの○○よ。家来になって戦に出ろ。**

　　――その子（「役者」）の首に「御家人」カードをかけて返事を聞く。

児童（役者）：いやです。（「はい」と言ったら別の子にふる）

先生：**なぜじゃ。**　　　児童（役者）：死にたくない（笑）。

先生：**他の武士はどうじゃ。**　　――見回す。　　児童：いやで〜す。

先生：**う〜む、何をもらえば戦に出るか。**

児童：1億円。土地。将軍の位…等。

先生：**よし、土地をやろう。あの武士の首をとってこい。**（元気な男子を指さす）

　　――新聞紙を丸めた「刀」を双方に持たせるとマジでチャンバラ。子どもはこんな表現活
　　　動が大好きだ。

先生：（表情を改めて）**将軍の家来の武士を何と読むか。**　　――「御家人」と板書。

児童：ごけにんです。

　　――家人とは家来の意味、主人が将軍だからていねいに「御」をつけた。

先生：**将軍と御家人の間には本当にこうした「働く⇔ほうび」の関係があったか？**

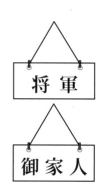

```
将 軍

御 家 人
```

──○か×に挙手。教科書で検証して発表。

「手がらを立てると新しい土地をもらえた」「**守護**や**地頭**にしてもらえた」「代わりに将軍のために戦う」「いざ 鎌倉」等とある。「**ご恩**」と「**奉公**」関係を押さえる。守護は各地方の武士を集めて指揮する司令官である。地頭は貴族の土地にも置かれて税をとる。鎌倉の地形は、教科書の図で確認する。三方が山で囲まれ攻めにくいことが分かる。

板書①

後鳥羽上皇

北条政子

A

北条氏を倒せ！
　近頃、鎌倉の政治はとても乱れている。新将軍が幼いのをいいことに、北条氏〈北条義時（よしとき）〉は勝手な政治を行い、朝廷の定めた決まりを忘れてしまった。これは朝廷への謀反（むほん）だ。全国にこの訴えを知らせ、早く北条氏を倒せ。
5月15日≪X≫

2　資料を提示して発問

先生：**では、幕府は誰かから戦をしかけられたことがあるか。板書②**

　　──意見があれば発表し、○か×に挙手。

　　　　×逆らう武士は滅ぼした。○新しい敵が出る。

先生：誰が？　どこに？　　　児童：……。

先生：**1221 年に出現した。Ⓐを読み、これを発表したXの正体を当てよう。**

児童：まさか天皇？

　　──かなり近い（Ⓑを提示）。Xの正体は朝廷側の天皇の父（後鳥羽上皇）だ。彼は、北条氏の力を押さえてもっと朝廷の力を伸ばそうとした。

先生：北条氏とは何者？

　　──教師は教えず、教科書から子ども自身に見つけさせる。

児童：あったー、**北条政子**。（Ⓒ）スキンヘッドだ（尼）。

先生：**誰の奥さんか？**　　　児童：**源頼朝**です。

📖　北条政子はなぜ別姓？
　身分の低い地方武士の娘であったから地域名を名のり北条のままだ。（ⒸをⒷの横に提示）なぜ尼になったか。政子の娘は、敵側になった婚約者を頼朝に殺されたショックで病死。頼朝も落馬がもとで死亡。続いて将軍となった2人の息子も次々暗殺され、孤独になったためだ。義時とは彼女の弟であり、源氏の将軍が死に絶えた後は、北条一族が幕府の実権を握っていた。

【カード：北条政子】

3　用意していた別のカードを活用

　　──朝廷側は幕府ではなく北条氏を倒せと言った。執権として力を伸ばした北条氏に不満を持つ御家人を、味方につけるためだ。

先生：**5月19日。ぐらつく御家人たちを集めて政子は自分の考えを伝えさせた。**

　　──と言って右のカードを適役の女子の首にかけ、教科書にある政子の演説を読ませる。

先生：**天皇の父 vs 地方武士の娘＝おばさん尼＝北条政子、この勝負どちらが勝つか。**

児童：政子〜!!

　　──団結した幕府軍は 19 万の大軍となって攻め上り、6 月 15 日に京都を占領した。

先生：**負けた朝廷の力は？**　　　児童：弱まる〜。（上皇は島流し）

先生：**勝った幕府の力は？**　　　児童：強まる〜。**板書③**

　　──ご恩に報いる「いざ、鎌倉」はこうして実行され、尼将軍・政子はそこに大きな役割を果たした。

元との戦いと鎌倉幕府　世界につながる日本の歴史

▶授業のねらい

①モンゴルが騎馬を使って中国・高麗等多くの国を征服し、日本にも2度襲来したことを知る。
②御家人たちがどう元軍と戦ったかを知り、なぜ勝った幕府の力が弱まったかを学びあう。

▶板書例

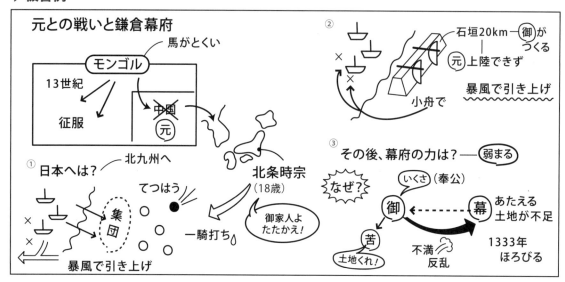

▶授業の展開：乗馬する子と地図でモンゴルをイメージ。予想と検証をつなげて全員参画へ。

1　Ⓐを提示。写真から地図へ

児童：小さい子が乗馬、草原、どこの国？→鞍
　　　もない馬・高い技術が必要。

先生：**モンゴルという国だ。どこにある？**
　　　——ユーラシア大地図を展張。探した子は前
　　　に出て示す。

先生：**様子は？**（児童：海がない。広い。）

先生：**大草原が広がり、昔から羊や馬を飼って
　　　生活した。13世紀には馬に乗った大軍で
　　　周りの国を征服し中国にも元という国をたて
　　　た。教科書の地図で、モンゴルの征服地
　　　域に斜線を引こう。**

児童：すご～い!!
　　　——日本列島と対比する。人類がこれまでつ
　　　くった世界最大の国だ。ここまでは約10
　　　分。簡潔にすすめる。**板書①**

Ⓐ

Tooykrub / Shutterstock.com

2　元軍とどう戦うか？

先生：人物を見て気づくことは？

――Ⓑを大きく投影。

児童：元の兵士。いろんな顔。長い服。ブーツ。
　　　刀をさす。槍と弓矢で戦う。

――右下の資料を参考に気づきや疑問に答える。

先生：**彼らの右には何が描いてあるか？**

児童：馬がいる。武士が乗っている。

先生：馬や武士の格好は？

――知っているつもりの子もあやふやに。「？」が膨ら
　　んだところで初めて教科書の絵を見せる。

児童：馬がケガしている。暴れている。
　　　武士が乗っている（御家人の竹崎季長）
　　　何かが爆発（てつはう）

――個人対集団・鉄鎧対皮鎧・短弓対長弓等、戦法の違いに気づかせる。（対比）

先生：彼らはどこを通って北九州へ来たか？

――教科書の地図にマーク。1度目は暴風雨で引き揚
　　げ再び襲来したことを押さえる。

ここで教科書を閉じさせて問う。

先生：元軍が上陸できないように、2度目の襲来に備え
　　て幕府は何をするか？

児童：へいづくり⇒すぐ壊れる。石垣⇒費用が大変だ。

先生：教科書を開いて探そう。

児童：あー、石垣だった。

――石垣は高さ2m・長さ20km。（御家人が建設を
　　分担）上陸できない元軍の船を武士たちは小舟に

Ⓑ

『蒙古襲来合戦絵巻』（国立国会図書館）

> 短弓はバネが効いて射程は
> 220m。（日本の弓は100m）毒矢
> を使う。
> 　右の兵の腰には弓入れ袋。そこ
> に穴があいて弓が深く入り、馬が
> 走っても飛び出さない。皮の鎧を着
> たり服の裏に7cm角の鉄板を付け
> て戦う。1人の兵の服にはその縫い
> 目が見える。顔がちがうのは従えた
> さまざまな民族を動員したからであ
> る。

乗って襲う。1か月ほどで再び暴風雨が来ると、守りやすいよう鎖でつなげられた船
はぶつかりあって壊れ、元軍は大損害を受けて引き揚げた。**板書②**

3　勝った幕府は強くなる？

先生：元を破った幕府の力は強くなるか弱くなるか？

――教科書を閉じて予想。発言⇒「強」か「弱」のどちらかに全員が挙手⇒教科書で検証。
　　教科書には「後家人たちはほうびをもらえず幕府への不満を高めた」等とある。
　　土地（ご恩）の不足⇒苦しくなった御家人の不満⇒元の襲来から50年後に滅亡。

先生：竹崎季長は九州から鎌倉まで交渉に行きやっと土地をもらえたよ。
　　　絵師が兜にささった矢を描き忘れると、季長は自分でうす赤く描いてその働きをアピー
　　　ルした。教科書の絵をよーく見よう。**板書③**

――幕府の力が弱まると、社会にはどんな変化が起きるだろうか。

金閣の謎と足利義満 "日本国王"は誰か

▶**授業のねらい**

①金閣の各階の造りの違いから、義満が貴族や武士を従えて強い力を持ったことに気づく。

②義満の行いを調べ、室町時代には武士が政治や文化を動かす中心となったことを理解する。

▶**板書例**

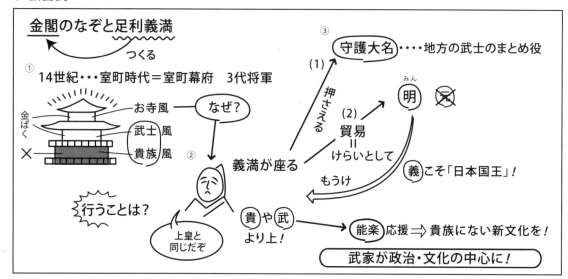

▶**授業の展開**：○×クイズにはみながドキドキ。金閣の謎を解明して義満の力に迫りたい。

1　タイトルを斉読させ、金閣について知っていることを聞く

児童：金ぴか。義満がつくった。

——鎌倉幕府を倒した後、京都に**室町幕府**ができ室町時代が始まる。**足利義満**はその３代将軍であることを押さえる。続けて「**金閣○×クイズをしよう**」とよびかけたい。

①②について○×どちらかに挙手、理由があれば発表。発表後に教科書を開いて確認。①は○、②は×であった。

> ①金閣は３階建てである。
> ②金閣の階はみな金色である。

全部金と思っていた子から質問。

児童：なぜ１階は金色でないの？

先生：**なぜかな？　次の問題をやって金閣の謎にせまろう。**

——Ⓐを各自に配付、写真を見ながら取り組ませる。応答は例えば以下のように行う。

先生：**貴族風の寝殿造は何階？**

児童：１階です。

先生：**武士風の造りは？**

児童：２階。貴族は武士の下になった。だから金も塗らないの？…等。

——力が衰えた貴族は、地元の京都に幕府が開かれても将軍に口出しできない。だから１階と考えてもよい。

先生：**お寺風は何階？**

児童：３階。

先生：なぜ一番上がお寺風？

児童：？？？

先生：**その謎を解くために、義満の絵を探そう。**

——教科書で確認。

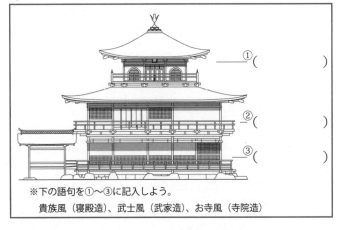

Ⓐ

① (　　　　　)

② (　　　　　)

③ (　　　　　)

※下の語句を①〜③に記入しよう。
貴族風（寝殿造）、武士風（武家造）、お寺風（寺院造）

「あー、坊主だ」「たれ目だあ」と教室はどっと沸く。「なぜこのスタイル？」
確かに将軍にしてはおかしな姿だ。これは天皇の父である上皇が僧になった時と同じスタイルである。つまり、義満は自分が天皇や将軍以上の力をもつことを、この絵で示した。**板書①**

2　義満の出世年表を見ると？

先生：**義満が征夷大将軍になるのは何歳？**

児童：11歳。小５と同じ歳だ。

先生：**太政大臣になるのは？**

児童：37歳。

Ⓑ

> **足利義満　出世年表**
> （ア）武士№１＝征夷大将軍になる（11歳）
> （イ）将軍をやめ貴族№１の太政大臣になる（37歳）
> （ウ）半年でやめ、上皇風の僧の姿になる

——やめたのはそのわずか半年後ではないか。こうして武士のトップも貴族のトップも卒業した義満は僧になった上皇に並び、次は自分の子を天皇にしようとした。だから、その義満のいた金閣の３階は外側も室内もすべて金ぴか。金閣の謎はこうして解いていきたい。**板書②**

3　教科書を見て、発問を重ねる

先生：**強い力を持った義満は他に何を行ったか。教科書から探そう。**

——挙手発表へ。（教科書ごとに若干の相違がある）

Ⓒ

「守護を従える」「明との貿易で利益を上げる」「文化や芸術を保護」。
守護は国々の武士をまとめる立場なので、それを利用して守護大名に成長していく。義満は、その有力守護２つを滅ぼした。**明**は元を滅ぼしてできた国だ。明との貿易はとても儲かるが、家来にならないと相手にしてもらえない。**板書③**

先生：儲けるために家来になるか？　児童：なる。ならない。

——明の皇帝は家来になった義満を「日本国王」とよび、天皇を飛び越えて日本の№１であると認めた。

先生：義満はどんな文化を保護するの？

——Ⓒを示す。能は農民の田楽をもとに発達した新しい芸術だ。武家こそが政治・文化を動かす中心となる時代がこうして始まった。

銀閣と室町文化　私たちとのつながりは？

▶授業のねらい

①銀閣と金閣の違いを比べ、書院造にはどんな特色があるかを知る。

②室町文化の様々な分野を探り、今の私たちの生活と深くつながっていることを理解する。

▶板書例—東求堂のイラストは拡大した④を貼ってもよい。

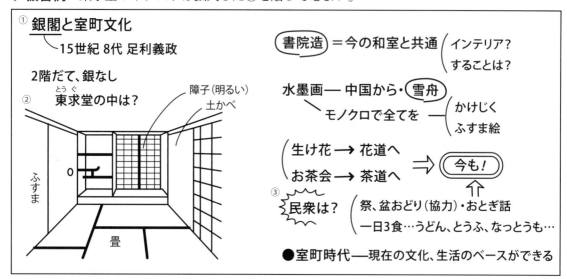

① 銀閣と室町文化
　　15世紀 8代 足利義政

2階だて、銀なし
② 東求堂（とうぐ）の中は？
　障子（明るい）
　土かべ
　ふすま
　畳
　o

書院造 ＝ 今の和室と共通（ インテリア？ / することは？

水墨画 — 中国から・雪舟
　　→ モノクロで全てを（ かけじく / ふすま絵

生け花 → 花道へ
お茶会 → 茶道へ　⇒ 今も！

③ 民衆は？（ 祭、盆おどり（協力）・おとぎ話 / 一日3食…うどん、とうふ、なっとうも…

●室町時代—現在の文化、生活のベースができる

▶授業の展開：義政の部屋に飾ったものを予想。室町の話し言葉に挑戦するのが楽しい。

1 銀閣について知っていることは？

先生：**銀閣を金閣と比べよう。**

——教科書の写真を探して対比。1人が金閣を、他の子が銀閣の写真を開く。⇒ペアで相談。

児童：3階から2階になった（貴族風の階を省略）。小さい。（銀）色がついていない。地味。
　　　窓が板から白い障子に変わる。戸もできる（引き戸）。

先生：**銀閣近くの東求堂にある義政の部屋に入ってみよう。**

——教科書で探し、つぶやき発言へ。ふすま・四畳半に敷きつめた畳・障子・違い棚・付け書院・
　　白壁・板天井等に子どもは気づく。

先生：**このような部屋を何とよぶの？**

児童：**書院造**です。

——座具や寝具として1枚単位で使った畳は、必要な時以外はたたんで重ねておくから「た
　　たみ」とよんだ。それを敷きつめてこうした「座敷」をつくるようになった。

児童：今の和室と同じだ。

——その通り。子どもに尋ねると、畳の部屋がある家は現在も多い。それが600年以上前
　　のこの義政の書斎とつながっていた。

先生：今の私たちの生活にむすびつくのはこの部屋だけか。

児童：もっとある。

　　　——そこで次のように問いかけて、予想と作業の学習にすすみたい。**板書①**

2　予想したもの・ことを記入しよう。（Ⓐを拡大して配布）

先生：㋐君ならこの何もない部屋には何を飾る？

　　　㋑**心を落ち着けるためにはここで何をする？**

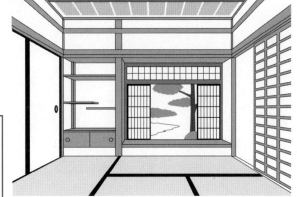

　　　——ことばやかんたんな絵で予想を記入。自由に相談。ほめたい数人を指名⇒挙手発言へ、例えば次のような意見が出る。

> ㋐掛け軸・墨の絵・ふすまに絵を描く・花びんや置物（棚）
> ㋑庭を眺める。・寝転がる。生け花・習字・読書・お茶会。

　　　——それらが正しいかどうか。教科書で検証。墨絵は**水墨画**といい、中国に学んだ**雪舟**が優れた作品を残したことが分かる。

先生：**水墨画を見て気づくことは？**

児童：モノクロ。墨の濃さや薄さを変えると本物みたい。和室にピッタリ。…等。

　　　——生け花やお茶も正解だ。庭も、写真で見ると石や白い砂と木々を美しく配置している。いずれも、派手さはないが奥が深い。義政の時代の文化のこうした特色は、書院造を核にモノとモノをつなげてとらえさせたい。**板書②**

3　現代の物事につなげる

先生：**この中で今もやっていることは？**

　　　——挙げてみると、その多くは現在も行う。

先生：**町や村では今につながるどんなことが始まったか。教科書に線を引こう。**

　　　——各社の教科書には、㋐「祭りや盆踊り……おとぎ話」、㋑「1日3回食事……うどん、とうふ、こんにゃく、納豆が人々に……」、㋒「能や狂言のもととなる田楽や猿楽」等色々ある。

　　　そこから室町文化こそが、今日の私たちの生活文化の起点であることを理解させる。

　　　この時代のことばを音読させ、現代でもおよその意味が分かることに気づかせたい。**板書③**

> 📖　室町の話しことばにチャレンジ
>
> 「奥の方から山鳩（やまばと）のうめくように呼びまするによって、何事（なにごと）ぞと存（ぞん）じて見ましてござれば、誰殿（だれどの）の御内儀（ごないぎ）の出られましてござる・・・物にたとえて申（もう）さば、ねずみの尾ほどもござろうか、かへるの尾ほどもある髪を、くるくると巻いて頭上（ずじょう）へとうど打ち上げ・・・ああ、なんとも見苦しいつらでござる」　※「誰殿の御内儀」＝どなたかの奥さん
>
> （狂言『縄綯（なわない）』より一部要約・『週刊朝日百科日本の歴史』17 朝日新聞社 より）

村人と守護大名　室町幕府がおとろえる中で

▶授業のねらい

①室町・仕事クイズを行い、その背景には乱の拡大や人々の生活向上があることに気づく。

②村々での共同の強まりが、一揆等の集団行動を支えたことを理解する。

▶板書例

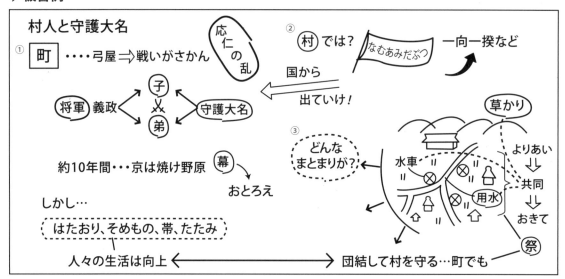

村人と守護大名

① 町 ・・・・弓屋 ⇒ 戦いがさかん

応仁の乱

② 村 では？　なむあみだぶつ　一向一揆など

将軍 義政 ＜ 子 ╳ 弟 ＞ 守護大名　国から出ていけ！

約10年間・・・京は焼け野原　幕 → おとろえ

③ どんなまとまりが？　草かり　よりあい ⇓ 共同　おきて　祭　水車　用水

しかし…

はたおり、そめもの、帯、たたみ

人々の生活は向上 ←　　　→ 団結して村を守る…町でも

▶授業の展開：仕事クイズには誰もが熱中。そこから当時の社会や民衆が見えてくる。

1　クイズで授業を始めよう

先生：「室町・仕事クイズ」をやろう。

——平がな1文字ずつ。全部埋めた子に持ってこさせ先着10名を採点。正解がアッという間に広がって盛り上がる。

Ⓐはた・Ⓑめもの・Ⓒおび・Ⓓたたみ・Ⓔゆみ

先生：なぜⒺが売れるの？

児童：戦争があるから。

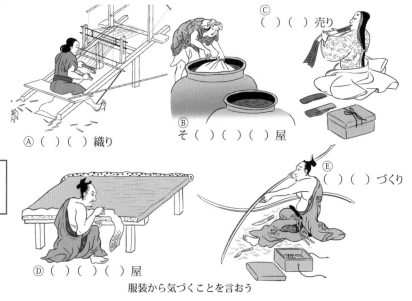

Ⓐ（　）（　）織り

Ⓑ そ（　）（　）（　）屋

Ⓒ（　）（　）売り

Ⓓ（　）（　）（　）屋

Ⓔ（　）（　）づくり

服装から気づくことを言おう

──室町時代の後半は将軍や守護大名が互いに争い、京都では 10 年以上も応仁の乱が続いた。

先生：**なぜⒶⒷⒸの仕事が流行るの？**

児童：戦があってもきれいな着物や帯を身につける人が増えたから。

先生：**Ⓓが流行る理由は？**　　　児童：畳のある家が増えた。

先生：**つまり戦の中でも人々の生活は？**　　　児童：よくなった。

先生：**力が……。**　　　児童：強くなった。

　　──強く豊かになってきたのは町の人だけか。次は村での動きに目を向ける。**板書①**

2　1枚の絵を読みとこう

Ⓐ

江戸時代に描かれた想像図『絵本拾遺信長記』(筑波大学附属図書館所蔵)

先生：**Ⓐから気づくことや「？」を言おう。**

　　──拡大して各自または2人に1枚配布。書き込み可。

児童：すごい人数。女もいる。身なりはバラバラ。武器を持ってる。太鼓も。旗も。何て書いてあるの？…等。

　　──旗には「南無阿弥陀仏」とある。

先生：**この人々は何をしているか。**

児童：戦いに行く。一揆だ。

先生：その通り。

　　──ここで、先ほど羅列した板書事項を次のような順序で意味づけ、発言者を称揚する。≪①「南無阿弥陀仏」とあるので、これは仏教を信じる人たちが 15 ～ 16 世紀に起こした**一向一揆**だ。②身なりや武器が様々なのは、村から多様な人が参加したためだ。③太鼓は、みなが一斉に進んだり引いたりする合図に使う≫

　　加賀の国（石川県）では、守護大名を滅ぼして 1488 年から約 100 年間も自分たちの政治を行った。この時代は様々な一揆が起き、内部争いで力を弱めた将軍や守護大名と衝突したことを教えたい。**板書②**

3　人々の活動を教科書で調べよう

先生：**町や村の様子が分かる絵を教科書で探そう。人々はまとまって何をしているか？**

　　──田楽をバックにした協同の田植え・用水路の共同開発や水車の利用・寄合による自治等が紹介されている。祇園祭を始めた京の町衆の活動や山城の国一揆による8年間の自治にふれた教科書もある。発表を板書に生かして授業をまとめたい。**板書③**

　📖 授業後、教科書の絵等を参考に「室町・仕事クイズ」に着色させ、庶民の生活に目を向けさせる。（課題としてもよい）

学習課題 No.37 「勢力を広げた織田信長」に対応

戦国大名の登場　信長は誰とどう戦ったか

▶授業のねらい

①様々な戦国大名を想起して、守護大名にない特色に気づく。

②信長が何と戦い、何を創造したかを考え、他大名や一揆勢との戦い方を資料から読み取る。

▶板書例－１の戦国大名の名は自地域の歴史に対応した内容に変えていきたい

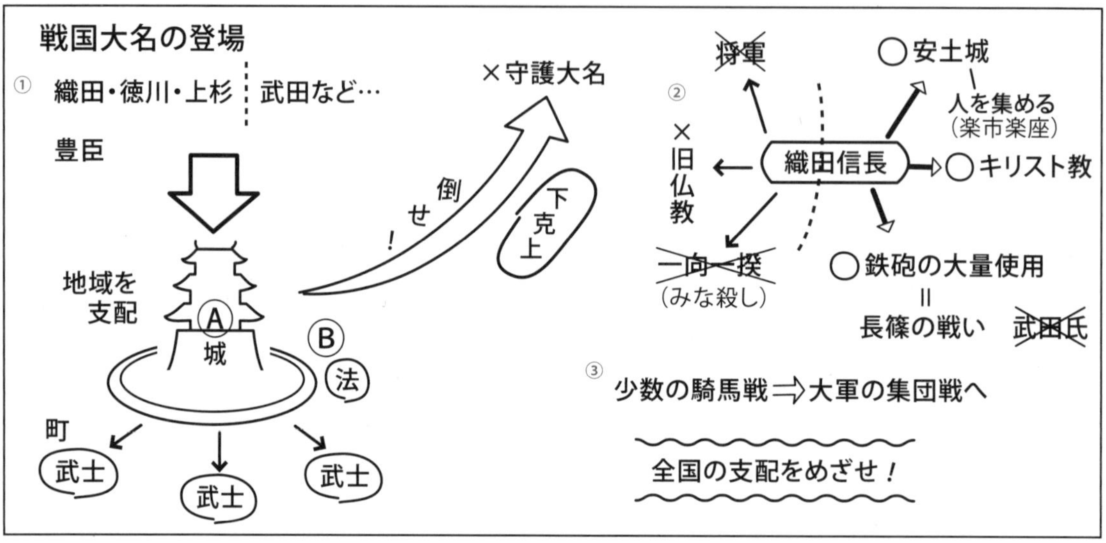

▶授業の展開：戦国大名ファンは似顔クイズに集中。長篠合戦図は平治の乱と対比させる。

1　子ども同士で話し合い、発表

先生：**知っている戦国大名の名を言おう**。

——近くの者と話し合ってメモ⇒挙手発表へ。博識な子は最後に指名。

出された人物の地域を教科書の分布地図で確かめ、自地域に関わる大名も押さえる。下のような似顔カードをつくっておき、発表に応じて貼っていくと盛り上がる。（上手な子がいれば事前に作成を依頼）カードを先に提示して『**これは誰か**』と聞いてもよい。

板書①

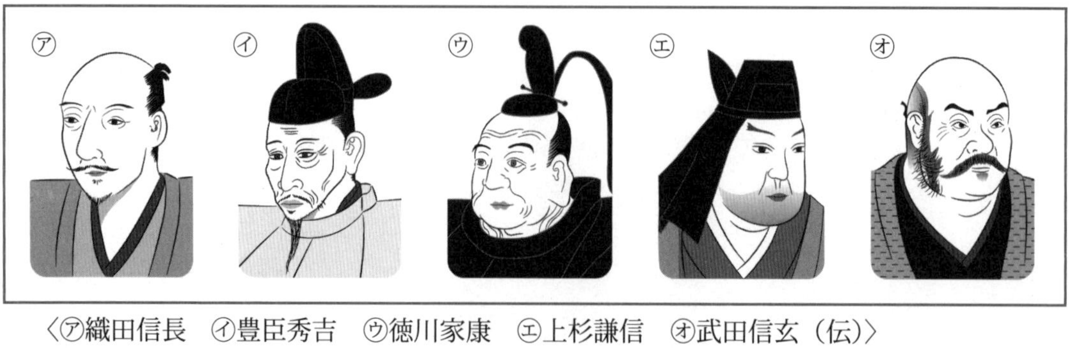

〈㋐織田信長　㋑豊臣秀吉　㋒徳川家康　㋓上杉謙信　㋔武田信玄（伝）〉

先生：戦国大名が**守護大名と違う点は？**

児童：強い。弱肉強食。上の者を倒してなった。

　　——京に上った守護大名に代わり、その国を治める守護代が成り上がることも多い。**下剋上**である。Ⓐ拠点の城とⒷ独自の法（分国法）を持つことが多くの戦国大名に共通する。

先生：**好きな戦国大名は？**

　　——つぶやき発言。出された中から、最初に天下統一をすすめた者の名を問う。

児童：織田信長!!

2　織田信長のしたことは？小黒板を使って発表

先生：**織田信長が戦ったもの（人）と、新しく始めた（つくった）ことを挙げてみよう。**

　　——班で相談し、挙手発表。時間が来たら小黒板を提出させ、板書の終わった左側に下図のように貼る。各班の発表を受け、まとめは右側に板書。その視点は右下の通りだ。授業ががさらに進めば、小黒板は外したい。

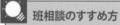

班相談のすすめ方

　記入用の小黒板（画用紙でも可）・筆記具を取りに来させる。（習慣化）よく知っている子は「小先生」としてみなの後に発言してまとめるよう指示をする。（実行した班を称揚）時間は7～8分。延長はしない。班で全てを網羅しなくても発表時に他班と学びあえばよい。

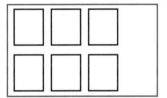

板書②

教師によるまとめの視点

　「戦ったもの（人）」については①他の戦国大名（ライバル）・②今までの勢力・③民衆の3つに分ける。子どもの関心は①に傾きがちで何人かの大名や戦いの名が出る。②の比叡山焼き討ち（仏教勢力打倒）や将軍足利義昭の追放（室町幕府滅亡）・③の一向一揆が出なければ教科書から探させる。「新しく始めた（つくった）こと」には、鉄砲の大量使用・安土城・楽市楽座（安土城下）からキリスト教保護までをふくめたい。

3　戦国大名・信長は誰とどう戦うか？

　　——㋐平治の乱㋑長篠の戦いの絵を教科書で対比。ペアの1人は㋐もう1人は㋑を開く。

先生：**戦う人の数を比べよう。**

児童：㋑のほうがすごく多い。集団戦だ。旗を立てて見分けている。大将はうしろ。

先生：馬に乗った武士の様子を比べよう。

児童：㋐では人々を倒しているけど、㋑では逆に鉄砲で倒されている。

　　——鉄砲が戦の主役となり、それを多く持てる豊かな戦国大名が力を伸ばした。

先生：信長は一向一揆をどう扱うか。

　　——予想⇒Ⓐを提示⇒指名読み

児童：みな殺し。女も切りすて。

先生：**戦国時代の戦いはどう変わったか？**

児童：大がかりになった。武器が進歩。罪のない人も多く殺された。

　　——戦国史を戦国大名史にとどめず、平和学習の視点を入れて学ばせたい。

Ⓐ

信長と越前（福井県）の一向一揆

　一揆はすでに敗れ、人々は山の中に逃げ登っていった。（信長様は）山林を探して見つけ出し、男女にかかわらず切りすてるように言われた。8月15日より19日までに捕まえた者は1万2千250人あまり。みな家来に命じて殺させた。生け捕りになったり殺されたりした者は、合わせて3・4万人にもなったという。

（『信長公記』要約）

鉄砲とキリスト教　南蛮人がやってきた

▶授業のねらい

①カステラの箱絵を導入として教科書を調べ、南蛮人との交流やその影響について理解を深める。

②鉄砲やキリスト教の伝来を知り、戦国大名がなぜ南蛮貿易を行ったかを考える。

▶板書例

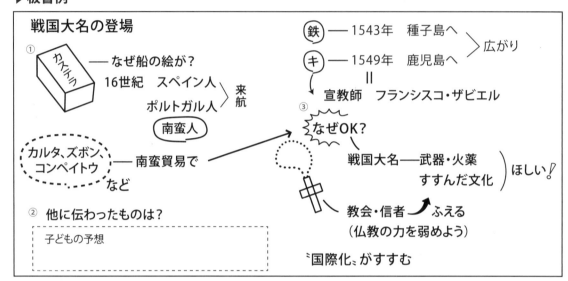

▶授業の展開：身近な食べ物から広がる思いがけない歴史。画像を生かしてみなを引き込みたい。

1　実物資料を提示してひきつける

　　──船の絵があるカステラの箱（実物）を提示するとみなびっくり。２人に１枚、箱絵のコピーを配分して気づくことや「？」を挙げさせたい。

児童：船の絵がある、モノを運んでいる、犬を連れている、日本人じゃない、…等。

　　──そこから２つの「？」を引き出す。

先生：①この人たちは誰？　②なぜ、カステラの箱にその絵を載せるの？

先生：**教科書で調べて疑問を解決しよう。**

　　──相談⇒発表。すでに知っている子が答えを口走ってもすぐには肯定せず、『**どう思う？**』と投げ返す。

　　　①の人々は、ヨーロッパからやってきた**ポルトガル人**や**スペイン人**である。西洋から来たのになぜ南蛮人とよばれたか。それは、日本の南方の島につくった植民地を経由したためである。カステラは当時の南蛮人が日本にもたらした菓子がもととなったため、今もその箱に南蛮船の絵が描かれる。黒人の使役や他の輸入品等にも着目させたい。続いて外来語クイズ。カル（タ）・ズ（ボ）（ン）・コン（パ）（ス）・コン（ペ）（イ）（ト）（ウ）等（　　）に入る語を予想。珍答で盛り上がる中、南蛮貿易の大きな影響が理解される。**板書①**

船の絵が載るカステラの箱が入手できない時は、インターネットから適切な画像を選びたい。その場合、こうした絵がいくつかの社のカステラの箱に載っていることを補説する。
『南蛮屏風（部分）狩野内膳』（神戸市立博物館所蔵 Photo：Kobe City Museum / DNPartcom）

2 南蛮人が伝えたものは？

先生：**最初に南蛮人が日本に伝えたものは何か。**　　児童：やっぱり鉄砲だ。

先生：**ならば鉄砲はいつどこに伝わったの？**　　児童：1543年に**種子島**へ。

——長篠での大量の使用はその32年後。手工業時代としては、驚くほど短期間での普及だ。

先生：**キリスト教はいつどこへ？**

児童：1549年に鹿児島です。

先生：**伝えた人の顔が載っているね。**

児童：**フランシスコ・ザビエルだ。板書②**

> **💡 課題を浸透させる応答法**
>
> ここで、すぐに『調べよう』と指示しては課題が全員に浸透しきれない。**『カステラかな?』**⇒「そうだ」「違う」、**『では、金平糖?』**⇒「まさか」（笑）「鉄砲だ」「キリスト教かも」……**『では、本当は何か調べよう』**と、応答を重ねていく。（「分かった」という子にすぐ正答を言わせず、**『何ページに載ってますか?』**と全体に返す。口々に「○○ページ!!」と言わせると、まだ探せていない子もすぐに探せる）

> **描かれたフランシスコ・ザビエル**
>
> 彼は宣教師の服装で十字架とハートを抱える。記されたことばは「十分なり 主よ 十分なり」という意味だ。（ＩＨＳはイエズス会の略）この絵はキリスト教徒が急増した当時の日本で描かれ、キリシタン弾圧下でも秘かに保存される1920（大正9）年になって大阪・茨木市の一民家で奇跡的に発見された。

3 戦国大名になりきって、予想、発言

先生：**君が戦国大名なら南蛮人が来るのを認めるか。**

——挙手発言。

児童：貿易で新しいものが手に入るので認める。（とくに鉄砲や火薬・鉛）

児童：キリスト教は嫌だから認めない。（神の方を信じて大名に逆らうかも）

——信長の時代までは活発な貿易が行われ、各地に教会もできたことを確認したい。やがては紅毛人（オランダ・イギリス）も来航。当時の「国際化社会」では、南蛮人とひとまとめで「外人」とよばれることはなかった。**板書③**

信長から秀吉へ　国を統一し朝鮮を攻める

▶授業のねらい

①信長の行動と対比して秀吉の天下統一までのあゆみを理解する。

②検地・刀狩のねらいと影響を学びあい、朝鮮侵略が豊臣氏の力を弱めたことに気づく。

▶板書例

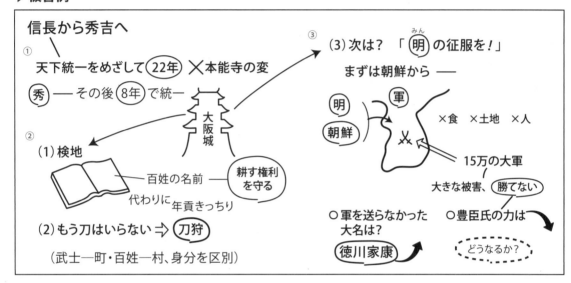

▶授業の展開：信長と比べて日本での秀吉の勢いを実感。家康と比べて朝鮮への侵略を理解。

1　織田氏と豊臣氏の天下統一事業を対比

先生：**武田氏を滅ぼして約3か月、織田信長に何が起きるか。**

児童：本能寺の変!!（博識な子）

先生：**それなあに？**　　児童：家来の明智光秀の謀反で死ぬ。

　　——子どもに説明させたい。厳しい姿勢が反発を招いたのだ。

先生：**桶狭間の戦いから何年後かな？**

　　——予想⇒Ⓐを提示。

児童：22年後だ。（一向一揆を倒すには、うち11年を費やしていたことも分かる）

先生：**すぐ光秀を滅ぼして天下統一を完成した人は？**

児童：豊臣秀吉!!（得意そうに発言）

先生：**そこから天下統一までに何年かかるか予想しよう。**

　　——思いつきを自由に言わせ、みなにも賛否を問う⇒ⒷをⒶの横に提示。

児童：ワ〜！たった8年だ。すご〜い！

　　——信長が仏教勢力を弱めた。その後秀吉は**宣教師を追放**し、統一後は**大阪城**で政治を始

Ⓐ	
織田信長の天下統一事業	
1560	桶狭間の戦いでデビュー
1567	安土で楽市楽座を実行
1568	室町の将軍と京へ入る
1569	一向一揆との戦い始まる
1571	比叡山延暦寺を焼き討ち
1573	将軍追放、室町幕府滅亡
1575	長篠の戦いで武田を破る
1576	安土城完成
1580	一向一揆を滅ぼす
1582	本能寺の変で死す

めたことを押さえる。**板書①**

先生：Ⓑで意味の分からない言葉は？手を挙げた人は後で

指名しないよ。

――こう言うと、分からない子が多く挙手。指名すると

検地・刀狩が出される。

Ⓑ
豊臣秀吉の天下統一事業
1582　明智光秀を破る　検地開始
1584　徳川家康と対戦、仲直り
1587　九州を支配　宣教師追放
1588　刀狩開始
1590　天下統一　大阪城で政治

2　分からない言葉（検地・刀狩）を質問にする

先生：**検地・刀狩とは何か。教科書で調べよう。頑張って調べている人は指名しません。**

――再び活動が積極化。教科書に線を引いてノートに 記入⇒指名ではなく挙手発表へ。

・**検地**：土地の取れ高を測り、それをもとに年貢をとる。

・**刀狩**：一揆が起こせないよう百姓から刀・槍・鉄砲等の武器を提出させる。武器は溶かして

大仏をつくるので救われる。

先生：**百姓は全員それを信じたの？**　　　児童：信じな〜い。

先生：**ならば、なぜ逆らわずに武器を出したのか。**

――反応なし。間をおいてから次へ。

先生：**実は、検地には百姓に有利なことが1つあった。**

何だと思う？

――思いつきを発表した後、教科書で調査。

「耕作している百姓の名前等を調べ…農民は田畑を

> **検地の後で刀狩が行われた**
> 　刀狩で反抗できなくして検地を
> したのではない。検地で耕作権を
> 認めてから6年後に刀狩を行った
> のだ。武士と百姓の身分を区別し、
> 住む所を町と村に分け、公式の場
> では武士だけが刀を持つというしく
> みはここからつくられた。

耕すことを認められました」（N社）等の記述に着目。秀吉は百姓の土地耕作権をはじ

めて認めたのである。

つまり、検地帳に名前を載せるとその土地は保護される。だから、特に武器を持つ必

要はない。（年貢を減らすため広さをごまかせば守られる土地も減る）そこで刀を出す。

板書②

3　資料を提示して秀吉天下統一後の事柄に理解を深める

先生：では、Ⓒの武将は秀吉とどんな関係があるか。

児童：朝鮮か中国のスタイル。戦ったと思う。

先生：**どこで？**

――予想の後に教科書を調べると、秀吉は天下統一の2年後に**中**

国（明）の征服をめざし、手始めに**朝鮮を侵略**したことが分

かる。Ⓒはその朝鮮で秀吉軍と戦った武将の姿であった。

先生：**約15万人の大軍が海を渡る。その食料は全部日本から運ぶの？**

児童：無理。朝鮮で奪う。

――最初は各地を占領するが、やがて民衆の反乱や明軍＋朝鮮軍

の反撃に苦しむ。秀吉が死ぬと軍は一斉に引き上げた。

先生：**では、朝鮮に軍を送らず力を強めた大名は？**　　　児童：徳川家康。

――『**ならば、戦争に全力を使った秀吉死後の豊臣氏はどうなるか**』と投げかけてまとめたい。

板書③

江戸に開かれた幕府 家康 最後に笑う

▶授業のねらい

①将軍となった家康が大名を動員して江戸の町や城を建設し、江戸時代が始まったことを理解。

②家康が豊臣氏をほろぼすまでの過程を調べ、なぜ強い力を持つようようになったかを知る。

▶板書例

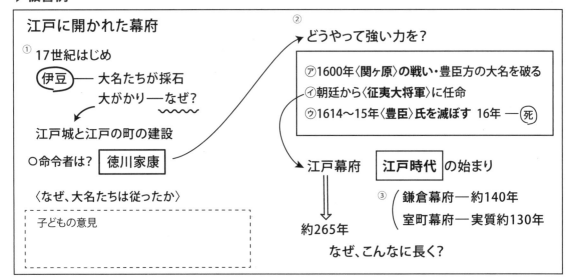

▶授業の展開：絵図からの気づきや「？」から出発し、家康の力の強大さを具体的に印象づける。

1 図を提示して相談させる

先生：**1600年代はじめの伊豆地方（今の静岡県）である。気づくことや「？」を挙げよう。**

　　——Ⓐの想像図を配布⇒相談⇒挙手発言へ。

　　　　①石を切り、②石を運び、③石を船に載せる過程に関わって様々な気づきが出される。
そこから例えば次のように学びを広げたい。

児童：石に旗が立っている。　　先生：**誰の切り出した石か区別できるね。**

　　——周囲へのアピールともなる。この時、伊豆では約30の大名が競って採石をしていた。

児童：石の上に人がいる。

先生：**なぜ？**　　児童：引くリズムを合わせる。（そうしなければ運べない大石が多かった）

児童：石を船で持っていく。（大名たちの石船は計3000艘に達したという）

　　——「どこに？」「何に使う？」との疑問をふまえ、次の発問を行う。

先生：**では、1600年代のはじめ、誰が何のために多くの石を集めたのか？**

　　——予想の後、教科書で調査。各教科書には、「**江戸城の改築工事を各地の大名に命じ…**」
等の記述やそびえたつ江戸城の絵図・城域の広大さを示す地図等がある。伊豆での大
規模な採石は石の少ない江戸に巨大な城と城下町を築くためであり、大名たちがその

工事に従ったのは将軍となった**徳川家康**が命令がしたからだと発言をまとめたい。**板書①**

『江戸の町（上）』
内藤昌著　穂積和夫
絵（草思社）より

2　大名はなぜ従ったのか

先生：**君が大名ならこんな工事をやりたい？**　　児童：いやだ〜。損するだけ。

先生：**ではなせ従ったのか。**

　　——つぶやき発言「さからえば、家康にほろぼされる」

先生：**家康はどうやってそれほど強い力を持つようになるか？**

　　——予想⇒下の表を板書してノートに写させ、教科書で調べて記入。

徳川家康の天下統一	左の問題の答え
㋐ 1600 年〈　　　　　　〉の戦い　豊臣方の大名を破る。 ㋑ 1603 年 朝廷から〈　　　　　　　　　　〉に任命 ㋒ 1614 〜 15 年〈　　　　〉氏を滅ぼす。16 年—死亡	㋐関ヶ原　㋑征夷大将軍　㋒豊臣 （作業中に 3 人を指名し、最後の 1 分間で板書させる）

　　——「関ヶ原」は東軍 8 万 8 千人、西軍 8 万 6 千人が激突した天下分け目の戦いだ。家康は
　　　　敵方の裏切りを誘って勝利し、3 年後に将軍となる。さらに豊臣氏を滅ぼすことでその力は
　　　　盤石となった。

先生：**こうして始まった時代を何というか。**　　児童：**江戸時代‼ 板書②**

3　教科書の年表を開き、どんな時代があったかふりかえる

　　——これまでの幕府が何年続いたかをふりかえると、鎌倉幕府は約 140 年、室町幕府は実
　　　　質約 130 年（以後の約 110 年は戦国時代）である。

先生：**江戸幕府はどれくらい続いたか？**

　　——思いつきを自由に発言。端から順に指名しても可。答えは約 265 年で他に比べてとて
　　　　も長い。その理由は何か。各自の考えを発表させて授業を次につなげたい。**板書③**

江戸幕府と大名　「碁石まじり」と参勤交代

▶授業のねらい

　①米の取れ高が全国の４分の１の幕府が、３種の大名をどう配置するかを教具の操作で学びあう。

　②大名行列の絵を読み解き、武家諸法度による大名統制と取りつぶしの厳しさを理解する。

▶板書例

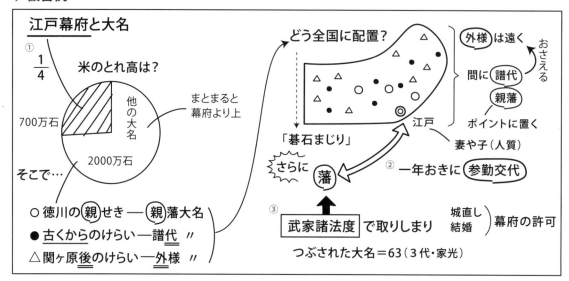

▶授業の展開：グラフはそれを見せるまでの「しかけ」が大事。班学習は操作を入れて活性化。

1　子どもの思いつきをふまえ、米の取れ高を教科書で確認

　先生：**幕府の領地の米の取れ高は、全国の何％か。**

　　——未記入の円グラフを板書。子どもの思いつきの数値を記入して教科書で検証。

　児童：わー、25％しかない。

　　——幕府の米の取れ高は 700 万石。（１石は昔の人が１年間に食べる米の量。つまり幕府には当時の人口約２千万人のうち 700 万人を養える力があった）最大の大名・前田氏でも 103 万石なので、一対一ではとても幕府にかなわない。だが、多くの有力大名が連合したら危うい。

　先生：**３種類の大名たちを全国にどう配置するか。**

　　——板書①の〈　〉に教科書の語句を右のように入れ、大名を３つに区分する。次に、下のようなマグネットプレートと小黒板を各班に配布して盤上操作を通して相談させる。大名とは領地１万石以上を持つ領主で、当時の日本に約 300 あった。

> 徳川の親せき　〈**親藩**〉大名
> 古くからの家来〈**譜代**〉大名
> 関ヶ原後の家来〈**外様**〉大名

　　[親藩] ×４枚　　　　[譜代] ×４枚　　　　[外様] ×４枚程度

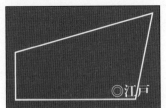

──約5分後に小黒板を提出。黒板に貼り席を前向きに戻す。または、**略図を黒板に大書し、代表者にプレートを操作させてもみなが集中する。**

先生：**では、本当は？教科書の図をみよう。**

──「外様は江戸から遠く」「間に譜代や親藩をはさむ」「大事な都市は幕府が治める」……白黒の碁石を並べたようなので「碁石まじり」の配置と言われた。教室の子どもの席も、私語防止のため「碁石まじり」の場合がある。板書①

2 大名行列の絵を見て気づきを発表

先生：**大名は1年おきに何をするか。教科書でその絵を探そう。**

──答えは大名行列で、各社の教科書に載っている。

先生：**絵を見て気づくことや「？」を発表しよう。**

──鉄砲・毛槍（大名ごとに違うため遠方からも識別可能）等の武器や荷物・多数の家来（尾張徳川家6000人・加賀前田氏2500人）・乗物に乗る大名等に関して発言がある。

先生：**大名行列にはなぜ女がいないのか。**

──諸説を歓迎。真の理由は、大名行列が将軍のための軍事行動を元としたためだ。だから多くの武器や日用品を持ち、泊まる宿も「本陣」とよぶ。午前4時から午後8時まで歩いたのは宿泊日数を減らし、費用も節約するためだ。（『江戸の旅』今野信雄 岩波新書）

先生：**こうした制度を何というの？**　　児童：**参勤交代！** 板書②

──神坂次郎氏によれば、その結果、江戸には約23万人の武士が全国から単身赴任で集まった。

3 教科書を閉じて、近くの者と相談

先生：幕府が大名を従えるにはこれで十分？

児童：まだまだ。

先生：**ならば、幕府は他にどんな方法で大名を従えるか。教科書を閉じて考えよう。**

──相談⇒挙手発表へ。 将軍 大名 というカードを首にかけ、発表者が将軍になり、大名を演じる教師に命令すると、そのやりとりに教室が湧く。

> まとめると、①決まりをつくって取り締まる・②仕事をさせて金を使わせる・③人質を取る・④監視する・⑤いじめる等に分類できる。

──答えは教科書で検証させたい。定めたきまりは**武家諸法度**。読ませると子どもはその細かさに驚く。違反すれば移転や取りつぶし。その法度の中に3代将軍家光が加えた制度が**参勤交代**であった。また、大名の妻子は常に江戸に住む。要するに人質だ。幕命による土木工事も大名の重い負担となった。板書③

最後は、初代家康から5代綱吉の時代までに取りつぶされた大名の数を④のグラフで示し、気づきを発表させて授業を終わる。

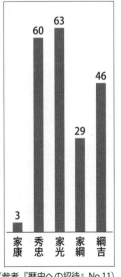

④取りつぶされた大名

家康	秀忠	家光	家綱	綱吉
3	60	63	29	46

(参考『歴史への招待』No.11)

📖 取りつぶしの半面には取り立てられる大名もあった。

百姓と町人の生活　身分制度の下で

▶授業のねらい

①江戸時代の百姓・町人の姿や仕事を知り、様々な身分が人口に占める割合をつかむ。

②年貢を出す百姓は同時に村を共同して運営したことを理解し、武士に従った理由を考える。

▶板書例

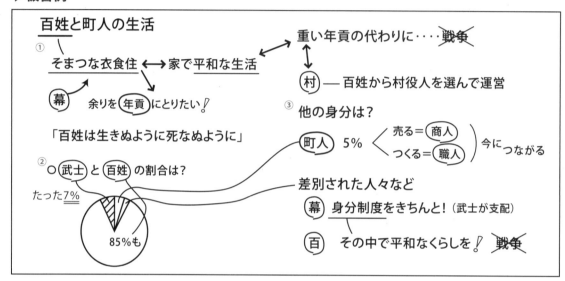

▶授業の展開：絵から生活や身分の違いを読み解き、武士人口の少なさに驚く中で学習を深める。

1　絵を提示して話しあう

　　　——Ⓐを提示。

先生：**江戸時代の百姓一家の夕食はど
んな様子か。**

先生：**絵から気づくことを話しあおう。**

　　　——相談⇒挙手発表へ。

児童：9人家族。父だけ胡坐（家の主人）。
母は幼い2人を抱えながら食事
の世話。長男は食後の煙草を吸
いながら縄づくり。家はボロ…
等。

Ⓐ

（「善助家業を励む図」『万民心之鑑』を模写）

先生：**これは幕府にとって理想的な百姓の姿である。○か×か。**

　　　——全員がどちらかに挙手。答えは○である。なぜか。主人は母を大事にしながら妻と共
に6人の子を育てている。家や着物がボロで食事も粗末なのは、生きる分以外は**年貢**
に出すからだ。死にもせず贅沢もせず、戦国時代とはちがって一家が平和に暮し、つくっ

た米の半分を年貢に出す百姓が幕府にとって理想とされた。家康は、「百姓は死なぬように生きぬように」年貢を取れと言ったそうだ。**板書①**

2　江戸時代の武士の支配を予想

先生：**年貢を取る武士と納める百姓はそれぞれ人口の約何％か？**

──思いつきを発言・理由があれば発表⇒教科書の円グラフで検証。

児童：わー、武士は7％しかいない。

──江戸中期からの人口約3000万人のうち武士階級は子ども・女性・高齢者も含めて約210万人。一方、百姓は85％ですごく多いのになぜ年貢を出すか。一つには逆らっても勝てない。独力で国全体の政治を行う力もない。また、戦国時代は戦に苦しめられて年貢も出したが、幕府は平和な社会をつくったので戦争で苦しむこともない。

先生：**では、百姓が暮らす村は誰が運営するか。**

──予想の後に教科書を見ると、「自分たちの中から**村役人**を選んで村を運営」等と載っている。兵農分離以来、村には武士がいないのだ（時々見回り）。年貢も村ごとにかかり、誰にいくら割り当てるかは村内で決める。百姓は村の運営権を認められる代わりに年貢を出し、武士の支配に従ったのであった。**板書②**

3　再びグラフを見て発表させる

先生：他にはどんな身分があるか。

──再びグラフを見て発表させ、**町人・差別された人々・その他**に大別する。ここで下の絵を配布。

先生：**町人お仕事クイズだ。**

──相談⇒つぶやき発言。
答えはⒶ呉服屋（絹の着物を店売り。暖簾には「かけ袮(ね)〈実際より高い値段〉なし・ごふく物いろいろ・げん銀やす売」と記す）

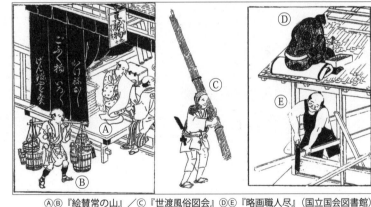

ⒶⒷ『絵賛常の山』／Ⓒ『世渡風俗図会』ⒹⒺ『略画職人尽』（国立国会図書館）

Ⓐは現在でも成人式や七五三の際に繁盛している。Ⓑは桶屋でⒸは竿竹屋。共に行商である。「今も軽トラで来る」その通り。歩きが自動車に代わっただけだ。

先生：**こうして物を売って儲ける町人を何という？**　　児童：**商人**

──一方、Ⓓは屋根屋でⒺは大工。これらも現在見かける仕事だ。

先生：**こうして物をつくってお金をもらう町人を何という？**

──分からなければ**職人**と教える。町人身分は様々な商人と職人から構成された。（家を持たず長屋等に住む貧しい町人は町の運営には参加できないが無税）続いて町人と百姓の姿を比べて違いをいわせる。教科書も読ませ、武士が百姓の自治を認めながら、彼らを支配しようとしたことを最後に押さえたい。**板書③**

キリスト教を禁止せよ　鉛筆から踏絵へ

▶授業のねらい

①鉛筆から踏絵へ学びを広げ、キリスト教や外国への幕府の対応がどう変化したかを理解する。

②島原天草一揆への関心を高め、その事件が幕府の政治に与えた影響を考える。

▶板書例

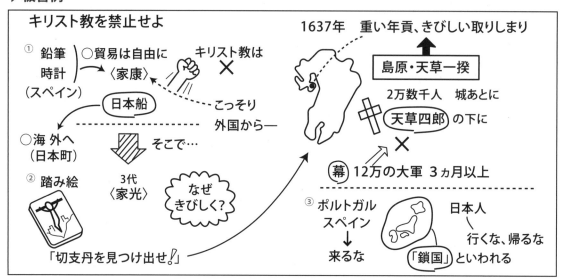

▶授業の展開：家康の鉛筆から朱印船貿易を引き出すと、未知の子も既知の子も身を乗り出す。

1　実物大の下図を提示し、発問

Ⓐ

（実物大）　　　　　　　　　　　　　　　　（久能山東照宮博物館所蔵）

先生：**Ⓐは徳川家康が使ったもの（実物大・11.7cm）だ。これは何か。**

——つぶやき発言。珍答も歓迎する。正解は鉛筆（日本最古・重要文化財）。赤樫の軸木に
　　メキシコ産黒鉛がはめ込んである。戦いのメモにでも使ったのか。スペイン国王から
　　贈られた1581年製の時計も今に残る。家康は、秀吉同様キリスト教は禁じたが貿易
　　には積極的だった。この外国製鉛筆はその証拠である。日本の商人たちもすすんで海
　　外に出かけた。

先生：**日本の貿易船の行き先を教科書の地図から読み取り、気づくことを発表しよう。**

　　　（地図が不掲載の教科書は文章から読み取り）　　　児童：遠くまで行っている。

先生：**どこまで？**（確認）　　　児童：ジャワとか。日本町もできた。

先生：**それなあに？**（問い返し）　　　児童：日本人が住んで町をつくった。

先生：**何カ所あるの？**　　　児童：すごい。7カ所もある。（確認して読み深める）**板書①**

先生：**これで、キリスト教や宣教師が入るのを防げるか。**

児童：無理。船に隠れて来れば見つからない。日本人が外国で教わってくれば防げない。

先生：**どうすれば国内にキリスト教が広がるのを防げるか。**

　　　——予想を発言。

先生：**3代将軍家光のやったことを次に紹介しよう。**

2　教科書を閉じ、Ⓑの絵（児童が模写）またはレプリカを提示。

先生：**分かることや「？」を挙手で発表しよう。**

　　　——博識な子は最後に指名。

児童：十字架だ。キリストだ。なぜ顔がないの？これは踏み絵だ。
　　　踏まないと信者の証拠だから罪になる。大勢で踏んだからすり減った。

先生：**教科書に本物の写真がある。見てみよう。**

先生：**踏み絵を踏むことを「絵ふみ」という。家光がこ
こまで厳しく取り締まったのは、1937年に起き
た事件と関係がある。それを教科書から探そう。**

　　　——確認の挙手・『すごい。この列は全員挙手』等と称揚。

児童：**島原・天草一揆!!**

　　　——16歳の**天草四郎**を先頭に、城跡に立てこもった一揆
　　　勢は、女子ども老人をふくむ2万数千人。12万の幕
　　　府軍を相手に3か月以上戦い、皆殺しとなる。家光は、
　　　これほど民衆を団結させる宗教は根絶やしにすべき
　　　と考えた。（仏教徒のふりをして実は信仰を捨てない
　　　人々は潜伏切支丹と言われた）**板書②**

3　教科書を閉じて、発問と答えを重ねる

先生：**では、君が家光なら、キリスト教が外国から入ってくるのをどう防ぐか。**

　　　——教科書を閉じて相談⇒挙手発表。　　児童：外国の船を入れない。

先生：**な〜るほど、どう思う？**　　——すぐ肯定せず全体に戻す。　　児童：賛成。

先生：**貿易できなくともいいね？**（切り返し①）　　児童：いや、それは…。

先生：**外国船が来なければキリスト教は広まらないね？**（切り返し②）

児童：帰ってきた日本の船から広がるかも…。

先生：**どうすればいい？**　　児童：外国に行かせない。

先生：**日本町の人が帰って広めたら？**（切り返し③）

児童：帰らせない。　　児童：え、ひどいよ。

　　　——一部の子との師問児答ではなく全体と応答する。

先生：**外国との交流や貿易は実際にどうなったか。教科書
で調べよう。調べてない人がいれば指名します。**

　　　——みな、必死に調べる。個の作業⇒指名数人⇒挙手発表。スペイン・ポルトガル船の来航
　　　や日本人の海外渡航・帰国の禁止等を確認する。こうしたやり方を外国人は後に**鎖国**
　　　とよんだ。**板書③**

島原天草一揆とは？

　この地方の領主は幕府の仕事を
実力以上に引き受け、税を重くして
着物・畳・窓・墓・釘等にも課税した。
怒った人々を結びつけたのがキリス
ト教。手を差し伸べれば小鳥が止
まる等のマジックを使い、「神の子」
といわれた四朗の下に人々は600
丁の鉄砲を揃えて立ち上がる。

　攻め寄せる敵を倒すと、「ありが
たの利生（りしょう）や、バテレン（神父）様
のお（ん）かげで寄せ衆の頭をズ
ンと切支丹（きりしたん）（キリスト教徒）」と舞
い踊った。（『島原天草日記』）

　一揆軍は、最後の2日間で幕府
軍にも9000人の死傷者が出るほど
必死に戦った。

授業では…。

　キリスト教徒の子が傷つかな
いように配慮したい。また、上の
踏み絵の模写のように、教材は
必ずしも教師が作る必要はな
い。係の子に伝えておくと、友達と協
力してこころよく作成してくれる。

4つの"窓"から世界の風　どこで誰と貿易を?

▶授業のねらい

　①出島の様子を絵図から読み取り、幕府はなぜそこでオランダとの貿易を許したかを考える。
　②外に開かれた日本の4つの地域について調べ、江戸幕府の対外政策の特色を理解する。

▶板書例

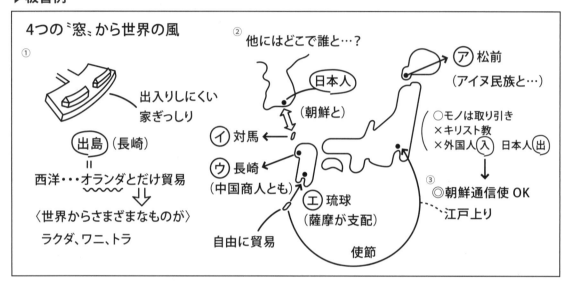

4つの〝窓〟から世界の風
①
出入りしにくい
家ぎっしり
出島（長崎）
＝
西洋・・・オランダとだけ貿易
⇩
〈世界からさまざまなものが〉
ラクダ、ワニ、トラ

② 他にはどこで誰と…?
日本人
（朝鮮と）
イ 対馬 ←
ウ 長崎 ←
（中国商人とも）
自由に貿易
エ 琉球
（薩摩が支配）
使節
ア 松前
（アイヌ民族と…）
○モノは取り引き
×キリスト教
×外国人 入 日本人 出
⇩
③ ◎朝鮮通信使 OK
江戸上り

▶授業の展開：絵図からユニークな情報を引き出す子を評価。略地図の板書は歴史でも重要だ。

1　出島の図から江戸時代の貿易を考えよう

　先生：**キリスト教を入れたくない幕府は誰とどこで貿易したか。図から気づくことを挙げよう。**
　　　　——Ⓐを配布。相談して書き込み⇒つぶやき発言へ。
　児童：海に囲まれて狭い。入口が1つ。建物がぎっしり。旗がある。花や畑も。出島だ。（す
　　　　ぐに肯定しない）武士と外国人が立ち話。女もいる。いやがる牛をひっぱっている。
　　　　ブタ小屋がある。
　　　　——十分イメージ化した後、どこの何というところで誰がいるかを教科書で確認。
　児童：やっぱり出島だ。オランダ人がいる。長崎にある。
　　　　——オランダはⒽやⓈとはキリスト教の宗派が違うので貿易だけを行うと約束した。花は
　　　　外へ出られないオランダ人の楽しみで牛や豚は食用。立ち話は貿易の話かもしれない。
　先生：**なぜ町ではなく島で生活させるの?**
　児童：日本人と交流させない。キリスト教を広められない。
　　　　——出島は長崎商人たちがつくってオランダ人にレンタルされ、活発な貿易が行われた。
　先生：**出島へはどんな動物が輸入されたか。予想を言おう。**
　　　　——1分たったら端からてきぱきと全員を指名。ライオン・トラ・ゾウ・イヌをはじめ、

受けねらいで恐竜まで飛び出す。ここで⑧を配布。

児童：わ〜、ラクダだ。大きい。二匹いる。

——他にも、ワニ・トラ・洋犬・ウマ・ゾウ・インコ・オウム・モルモット・オランウータン・ナマケモノ・ヤマアラシ等が輸入され見世物やペットになった。**板書①**

今各地に生えるツメクサも、荷物のすき間に「詰め」て破損を防いだ草が国中に広まったものだ。出島に吹き込んだ「世界の風」は、こうして日本に強い影響を与えた。

『出嶋阿蘭陀屋舗景図』
（長崎歴史文化博物館所蔵）

2　オランダ以外の国との交流を板書で検証

先生：**㋐㋑㋒㋓では、オランダ以外の何という国・地域の人々と取り引きしたか。**

『駱駝図』（長崎歴史文化博物館所蔵）

——対馬・琉球を入れた日本の略図を板書して㋐〜㋓を記入。**板書②**

教科書を閉じて予想し、理由があれば述べる。教師は『**今の意見をどう思う？**』と必ず全体に戻す。出つくしたら教科書で検証。先ほどの意見が正しかったらここで称揚したい。

《㋐アイヌ民族㋑朝鮮（出島の25倍の敷地に倭館という施設を建て日本人約500人が居住㋒中国商人（唐人屋敷に住む・面積は出島の2.5倍）㋓琉球（中国等からの品を輸入）》

つまり、キリスト教や外国人は入れず倭館以外は日本人も出さないが、4つの地域限定でモノは大いに輸出入する。それが幕府の方針であった。

先生：**でも、ある国の使節は歓迎して江戸に迎えたね。何という使節？**　　児童：朝鮮通信使!!

——幕府は朝鮮と長く友好関係を保った。琉球使節の江戸上りについても補説する。**板書③**

📖　薩摩による琉球征服についてもふれたい。『舶来鳥獣図誌』（八坂書房刊、1992年）には、出島に到来した多くの鳥獣の絵が美しいカラーで多数収録されている。

町人文化の広がり　1枚の絵を読み解いて

▶授業のねらい

①平安貴族の遊びと対比して歌舞伎の絵を読み解き、江戸時代の文化の特色を考える。

②町人文化の広がりや現在との関連に気づき、各分野で活躍した作者やその作品を調べる。

▶板書例

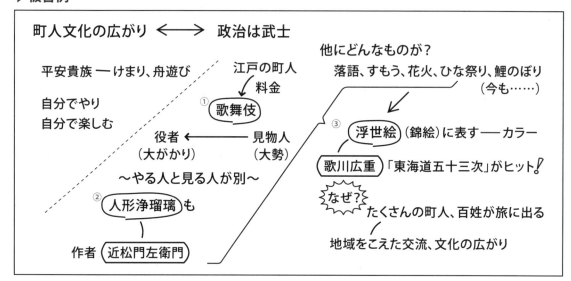

▶授業の展開：時代を越えて資料を対比。江戸文化と現代の共通点を知りさらに関心を高める。

1　板書（または写真）を見て、ペアで考える

先生：**読めるかな？**

——"歌舞伎"と板書。または現代の歌舞伎の写真を提示する。

先生：**知っていることは？**　　児童：昔の劇。おしろいを塗ってやる。

先生：**歌舞伎を楽しむ人々の絵を教科書で探そう。誰が早いか。**

——時代の見当をつけると速い。トップの子にそのページを言わせ、全員に開かせる。

先生：**次は平安時代の貴族の屋敷の絵を探す。どのペアが速いか。**

——発見が速くなる。貴族は蹴鞠や舟遊び等をしている。

先生：**右の人は貴族の屋敷、左の人は歌舞伎の絵を出して遊び方を比べよう。**

——ペアで相談、挙手発表。

児童：平安時代は貴族が遊んで貴族が楽しむ。江戸時代は役者がやる歌舞伎を町人が見物、やる人と楽しむ人が別、歌舞伎は大がかり、無料から有料へ、食事もして大勢で楽しむ、女もいる、老人も、武士は少ない…等。

先生：**武士が政治する時代なのに、歌舞伎を楽しむ中心は？**　　児童：町人！

——江戸時代の社会の特色が遊びの変化を通して理解される。**板書①**

2　江戸の町人文化を次々と予想

先生：**これも劇の1つだよ。何か分かるかな？**

——Ⓐを提示する。

児童：見たことある。人形劇だ。

先生：**何という名か。その台本の作者も教科書で探そう。**

——分かった者は挙手。

児童：人形芝居（**浄瑠璃**）、**近松門左衛門**。

　文楽では3人で1体の人形を動かす。近松（もと武士）は、事件が起きると早駕籠で現場に急行して突撃取材、2週間後にその劇を上演したこともある。

先生：**江戸時代には、他にどんな見るもの・聞くものが流行ったか。予想しよう。**

——「落語」と出れば「漫才」、「相撲」と出れば「柔道」と出るかもしれない。誤答と決めつけず、元となる三河万歳や柔（やわら）はあったと補説したい。

先生：**行事もあるよ。**

児童：ひな祭り（人形が豪華になる）。鯉のぼり（武士は鯉を描いた布をはためかせたが、町人が今のかたちに改良）。節分（寺社で派手に行う）…等。

先生：**生活にもある。**

——金魚を飼ったり朝顔を育てることも広がった。団扇や風鈴・羽子板もみな江戸の町人文化だ。教科書に線を引かせながら、予想を検証したい。**板書②**

3　他の浮世絵を教科書で確認

——カラー版の**浮世絵**（錦絵）も教科書には登場する。先ほどの歌舞伎の絵もその1つだ。大判のものをカラーで提示してもよい。これは現代とどうつながるか。

先生：**好きなタレントやアイドルの写真を持っている人は？**

——何人もがニヤニヤしながら挙手。そのルーツが町人に人気の美人画や役者の浮世絵だ。

先生：**東海道五十三次の浮世絵も教科書で探そう。**　　児童：あったー！

先生：**作者は？**　　児童：**歌川広重**。

——大人気となる。55枚セットのものがポピュラーで、1枚がうどん1杯分の値で買えた。

先生：**東海道を描いた浮世絵を江戸の町人がなぜ多く買ったのか？**

——任意に10名ほど指名すると授業が引き締まる。その後に挙手発言。

児童：行きたかったから。

——今でいえば海外旅行先を調べるようなものだ。

『伊勢参宮名所図会　明星』部分
（三重県総合博物館所蔵）

先生：**では、町人は本当にたくさん旅に出たか。**

——反応を受けてⒷを提示。女、子ども、百姓も旅に出たことが分かる。そのガイド本として『東海道中膝栗毛』（弥次喜多物語）が売れた。伊勢参りはさらに盛んで、1830年には500万人が押し寄せた。当時の人口の6分の1である。〈『江戸の旅』今野信雄 岩波新書〉町人の文化は、人々の地域を超えた移動・交流により地方へも広がった。**板書③**

力をつける商人と百姓　産物は地域を越えて

▶授業のねらい

①便利な農具出現の背景には、江戸時代の農業の多様な発展があったことを学びあう。

②諸国の物産が集まる大阪や将軍の住む江戸で、なぜ商業が栄えて交通が発達したかを理解する。

▶板書例

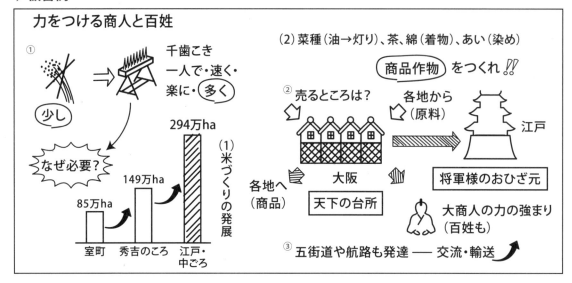

▶授業の展開：略図やグラフの板書で学びを整理。作業の動作化も教室を和ませる。

1　3枚の図を流れにのせて提示

先生：Ⓐは江戸時代はじめの脱穀（稲穂から籾を取る）の様子だ。気づくことは？

児童：箸の間に穂を挟んで引っ張る。女5人でやっている。

　　——座って作業するから大変だ。だが、中ごろには代わりにⒷを使い出す。

先生：**どう使うか？**

　　——前に出してエアでやらせると楽しい。

先生：**使い方はこれでいいね？**

　　——念を押してからⒸを提示。

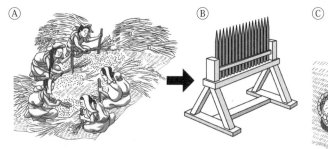

参考：
『農業全書』
宮崎安貞

Ⓐと比べると、一人で・立って（楽に力が入る）・箸より大量に脱穀できることが分かる。からさおや唐箕等の絵も示して使い方を考えさせ、農作業の能率が向上したことを押さえる。（教科書にこれらの絵がある場合は活用）

先生：**江戸時代の中ごろになると、村ではなぜ便利な農具が必要になったか。**

——真剣な口調で問いかけ数名を指名⇒説明へ。

1つには米の生産量が増えたためだ。

室町時代 85万ha、秀吉のころ 149万ha、江戸時代中ごろ 294万ha と板書する。3倍以上に増えたから、能率の悪いやり方では間に合わないのだ。

答えられない子も考える
真剣な口調で問いかけ数名を指名すると答えられない子も考えだし、その後の発言者の意見に耳を傾ける。

もう1つは、他の作物も多くつくり、米づくりだけに人手が割けなくなったためである。

先生：**米以外にどんな作物をつくるか。教科書等で探そう。**

——綿（木綿の着物に）・菜種（油を灯りに）・茶（湯に代えて飲む）・藍（着物を青に染める）等の商品作物を、次々に発表させたい。**板書①**

2　生産量が増えた結果を予想

先生：**君が百姓ならつくった茶を全部飲むか。**　　児童：飲まな〜い。お腹ガボガボ。

先生：**では、どうする？**　　児童：売る〜。

先生：**年貢に出した以外の米は全部食べるか。**

児童：太るから食べな〜い。売る〜。

先生：**君が大名なら百姓から集めた米を全部食べるか。**　　児童：無理〜。家来に分ける。

先生：**それ以外は？**　　児童：売る〜。ええ？

——挙手で賛否を確認した後にⒹを提示。

児童：米俵がいっぱいだ。どこ？

——大坂と書いてある。「もうかりまっか」と挨拶するほど商業が盛んな大阪に運べ

Ⓓ
『摂津名所図会』（大阪市立図書館所蔵）

ば、大商人が買って各地に転売する。大阪には諸国の物産が集まり「**天下の台所**」と言われた。続いて「**将軍様のおひざ元**」の江戸でも人口が増え多くの品が売れる。江戸の越後屋の1日の売り上げは年間23万両余（16文のそばで約17万杯分）。19万石の松江藩の年収10.5万両の倍を超えた。（『**大江戸八百八町**』江戸東京博物館）町人文化の担い手は、こうして豊かになった商人たちだ。立ち並ぶ蔵屋敷や舟運の賑わいを教科書等で読みとらせたい。**板書②**

3　教科書、資料を見て、マーカーを用いて作業

先生：**産業が発達すると交通は？教科書等の図に五街道と航路をマークしよう。**

——マーカーで作業（交通図を載せていない場合は資料集か補充資料で補う）。気づくことを言い、街道名・航路名が分かれば発表する。東海道の江戸＝京都間は歩いて約14日。一方、航路は北海道から沖縄までつながり、昆布等の特産品が沖縄にも大量輸送される。人々は地域を越えてつながり始めた。**板書③**

今、学問の花開く　医者とご隠居の挑戦

▶授業のねらい

①解体新書出版に至るまでの杉田玄白たちの苦心を知り、蘭学への理解を深める。

②伊能忠敬が全国を測量できた理由を考え、本居宣長が発展させた国学の特色を学びあう。

▶板書例

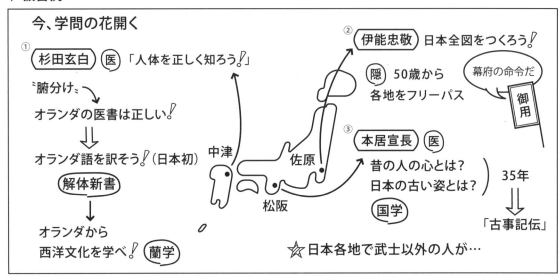

今、学問の花開く

①［杉田玄白］［医］「人体を正しく知ろう♪」

〝腑分け〟
↓
オランダの医書は正しい♪
⇓
オランダ語を訳そう♪（日本初）
［解体新書］
↓
オランダから
西洋文化を学べ♪［蘭学］

中津

松阪

佐原

②［伊能忠敬］日本全図をつくろう♪

［隠］50歳から
各地をフリーパス

幕府の命令だ ↗ ［御用］

③［本居宣長］［医］
昔の人の心とは？
日本の古い姿とは？
［国学］

35年
⇓
「古事記伝」

☆日本各地で武士以外の人が…

▶授業の展開：まず解剖図で関心拡大。人体模型の提示で授業を立体化。

1　鎖国下に出版された本を活用

──Ⓐを提示。

先生：江戸時代出版された本のさし絵である。これは何か。

児童：死体だ!!　やだー。解剖したんだ。

先生：気づくことは？

児童：細かい。骨や筋肉が正確。

先生：その本にはこうした図がいくつあるか。

──思いつきで不規則発言。

**先生：130以上だ。また、1731年と西暦で出版の年が書かれて
いる。この本について知りたいこは？**

──近くの者と相談⇒挙手発表。①本の名・②作者・③出版の
理由・④西暦を使う理由等が出る。

先生：教科書で近くの人と調べよう。（3分間）

──①**解体新書**・②**杉田玄白**（九州・中津藩医）・前野良沢等の名は一斉発言。

③④では挙手発言を生かし、「西洋医学のすすんだ知識紹介のため」「西洋文化にも関

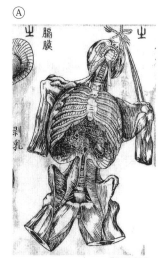

Ⓐ

膈膜

剥皮

『解体新書』
（筑波大学附属図書館所蔵）

心を持たせるため」等と
まとめる。
こうして、西洋のすすん
だ文化をオランダを通し
て学び伝える**蘭学**が日本
ではじめて誕生した。
板書①

2　各地を調べたアウトドアの人は？

先生：**外国ばかりでなく日本のことは調べなくてよいか。**

児童：よくない。

先生：**そこで、各地を歩いて測り正確な日本地図をつくる男が現
　　　われた。それは誰か。**

　　——教科書で確認。

児童：**伊能忠敬‼**

　　——50歳で隠居してからの挑戦だ。

先生：**でも、各大名の領地を調べて、次々通り抜けるのは難しい
　　　はずだ。忠敬はなぜできたのか。**

　　——思いつきを発表。

先生：**教科書の中から手がかりを探そう。**

　　——目的を示せば教科書をよく読む。どの意見にも「なるほど」
　　　と共感した後、『**答えだ**』とⒷを示したい。

先生：御用とは誰の御用か。

Ⓑ

（伊能忠敬記念館所蔵）

　　——教科書「幕府に願い」「幕府の命で」等と記してある。幕府は外国船警備のため日本の
　　　地形を正しく測ろうと考えた。忠敬はその「御用」を務めるので、どこでも通行自由
　　　となったのだ。「四千万歩の男」の地図の正確さは教科書の図で確認させたい。**板書②**

3　インドアで頑張る人は？

先生：**逆に、部屋にこもり35年かけて本を書いた人もいる。**

　　　①人名・②彼が深めた学問の名・③行ったことを教科書で調べて線を引こう。

　　——挙手発表。①では**本居宣長**（町医）の読みが難しい。数人を選び、「もとおりのりなが」
　　　を3回続けて早口で言わせよう。かむと爆笑。他の子も競って言い出す。1分経ったら『**ハ
　　　イ‼**』と合図して終了し、答え合わせに戻る。
　　　②国学〈どこの国かを確認〉③古事記等にみられる古い文化・昔からの日本の人々の
　　　考え方を研究。35年かけて『**古事記伝**』を書く。
　　　まとめでは教科書・ノートを閉じさせて黒板の人名や●学の●の部分を消し、指名し
　　　た子に答えさせて定着を図る。**板書③**

ゆれ動く町や村　新しい時代に向かって

▶授業のねらい

①寺子屋に通う百姓や町人が増え、読み書き算を覚えてさらに賢くなっていくことを理解する。

②力をつけた百姓や町人が、武士の政治に対してどう行動していくかを考え学びあう。

▶板書例

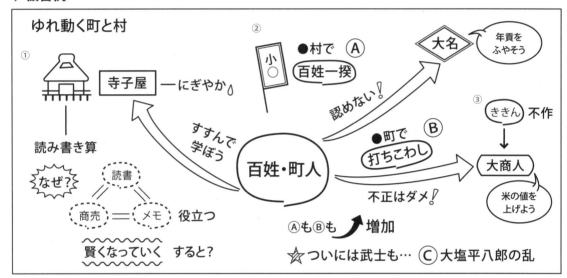

▶授業の展開：「寺子屋崩壊」の絵は子どもの興味を引く。小○の旗の意味はみなで考えたい。

1　「寺子屋」と板書して発問

先生：**読めるかな？　教科書で絵を探そう。気づいたことは？**

　　——悪ガキが騒ぐ「寺小屋崩壊」の情景を多くの教科書が載せている。

先生：**この組はこれを違うよね。（反応は様々）**

　　——個に応じて異年齢の子が読み書き算を学ぶ（はず）のが寺子屋だと押さえる。

先生：必ず行くの？　　児童：違う。

　　——義務はない。希望者だけが月謝を払って通う。江戸時代後期には町や村で平均4人に

　　　　1人が通ったそうだ。(『近世の学校と教育』海原徹 思文閣出版)

　　　　江戸では町人の70～86%が学んだともいう。（寺

　　　　の小屋でなく寺子〈児童〉の部屋の意）

先生：**君なら行く？**　　児童：やだー。

先生：なぜ多くの子が通ったか。**寺子屋で読み書き算を覚**

　　　えると何がよいか。　　　——挙手発言。

児童：本が読める。（知識が増え賢くなる）

児童：手紙を書ける。（遠くの人とも商売可能）

> 📖 **文字は村や町をどう変えるか**
>
> 　経験や知識を文字によって記録すると…いつ種をまき、どんな肥やしをやったらよいか…文字になれば、そうした知識も、うんとむかしの経験も、また行ったことのない土地のことも、仕入れることができる。(『近世に生きる』国立歴史民俗博物館 福武書店)

先生：**口約束だけだと？**　児童：騙される。

先生：**年貢が計算できないと？**　児童：損する。

　——教育を受けた百姓や町人はさらに賢くなり、政治や学問への関心も高めた。**板書①**

2　Ⓐを提示して旗の文字の意味は何？

先生：**ここに飾られているものは何か。**

　——相談⇒挙手発言。

児童：旗が６本。竹がいっぱい。尖ってるから竹槍。一揆に使ったと思う。

先生：**本当にそうか。旗の字が読めれば分かるぞ。**

児童：ショウワ？ショウマル？コマル？そうか！　困るだ‼困ったから一揆を起こす。本当に一揆 の旗だった。

　——正しくは**百姓一揆**。この旗は 1853 年に今の岩手県の百姓たちが起こした南部三閉伊 (さんへいい) 一揆のものだ。この時は、税を増やそうとした領主に対し約１万５千人が立ち上がり、ついに増税を中止させた。

先生：**百姓一揆は増えるか減るか。**

　——教科書のグラフを見せると、次第に増えて特に「ききん」の際に急増していた。「ききん」の意味は博識な子に説明させよう。（教科書にグラフがなければⒷを提示）**板書②**

岩手県・田野畑村民俗資料館－旗をつくって提示しても可
（写真提供：田野畑村教育委員会）

Ⓑ
百姓一揆と打ちこわし

件（10年ごとの合計）

■百姓一揆
■打ちこわし

大ききんが起こる

大ききんが起こる

大ききんが起こる

ペリーが日本に来る（一八五三）

1700　1750　1800　1850　1867 年

3　打ちこわしは誰がどこで？

先生：**一方、ききん等で米が獲れずに値が上がると、貧しい町人は何をするか。**

　——予想を挙手発言。**打ちこわし**が正解で、これも次第に増えていく。Ⓒを提示

先生：**どんなルールがあるの？**

　——武器は使わず火をつけず人も傷つけず、ぶちまけた米は盗まない。天に代わり悪い商人を罰するのだ。

　　村では百姓一揆・町では打ちこわし。町人や百姓だけでなく、ついには武士の大塩平八郎も反乱を起こした。そのなかで幕府の力はおとろえていった。**板書③**

『幕末江戸市中騒動図』より・部分、細谷松茂
（東京国立博物館 Image:TNM Image Archives）

黒船と開国 似顔絵を比べることから

▶授業のねらい

①ペリーの似顔絵２つを対比して、黒船の来航を機にどんな主張が国内に生まれたかを考える。

②幕府の結んだ条約の内容と問題点、庶民生活への影響を考えて倒幕の動きに関心を持つ。

▶板書例

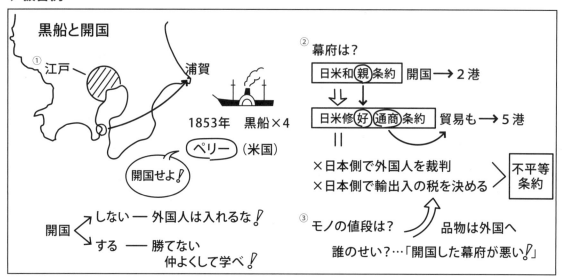

▶授業の展開：ペリーの似顔絵はなぜ２種類？ 背景を探ると幕末の社会と民衆が見えてくる。

1　Ⓐ Ⓑを対比して教室が沸く

先生：**19 世紀日本の似顔絵だ。この人は誰？**

　　──Ⓐを提示。挙手発言。

児童：たれ目のおじさん（笑）。ペルリ。
ペリーのことだ。北アメリカ人物
と書いてある。

先生：**何をした人か。**

　　──つぶやき発言を受け、日本を開国
させるため黒船で浦賀に来て大砲
で脅した人物だと教科書で確認。
ここでⒷを提示したい。

児童：何これー。

　　──驚きと笑いが広がる。これもペリーの似顔絵だ。

先生：**Ⓐ とⒷ では、ペリーの絵はどう違うか**。

　　──ハイハイと手が挙がる。「ⒶはおだやかでⒷは怖い」「Ⓐはたれ目でⒷは吊り目」等。

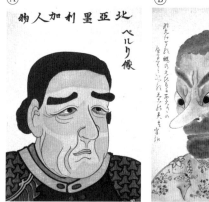

（神奈川県立歴史博物館所蔵）

〝対比〟の技術により、発言が活性化する。

先生：**当時の日本には、外国に対して正反対の考えがあったことが分かるね。外国人は恐ろしい、日本に入れるなと考えたのは？Ⓐ Ⓑのどちら？**　児童：Ⓑ。

先生：**鎖国をやめて仲よくすべきと考えたほうは？**　児童：Ⓐ。

先生：**君ならどちらの考えに賛成するか。**

——全員がⒶ、Ⓑどちらかに挙手⇒個人発言へ。（学習を全体に返した上で個につなぐ）
Ⓑ派の意見は、黒船で江戸の近くへ来てドカンと大砲を放つのだから、たしかに怖いと事実で補う。Ⓐ派は、戦争しても負ける、仲良くしてその文化を学んだ方がよいとの論理的思考に共感する。朝廷＝天皇はⒷだ。さあ、幕府は？　**板書①**

2　幕府の対応は？

先生：**開国を要求された幕府はどうしたか。教科書で探そう。**

——1854 年に**日米和親条約**を結ぶ。鎖国はやめるが、開港するのは函館・下田だけだ。

先生：1858 年には、さらに**日米修好通商条約**を結び貿易を始めた。

——函館・新潟・神戸・長崎・横浜の 5 港を開港。貿易してすすんだ文化も学ぶが、場所は限定して出島なみに監視したい。それが幕府の考えであった。
《覚え方》まずは 親しく なる（和親）。次に 好き になり（修好）、貿易 も始める（通商）。

先生：**通商条約の問題点は？**　児童：外国人の犯罪を日本側で裁判できない。

——外国人は 5 港の居留地だけにいるのでそれでも OK。日本側で決めた罪に外国から文句を言われるのはかえって面倒と幕府は考えた。外国人との交流が全国に及んだ明治時代とは事情が違う。

児童：輸出入の税金を日本側で決められない。

——相手国と相談するのは当然と考えたのは幕府の明らかな認識不足だ。このように、片方の国に不利な条約を**不平等条約**ということを押さえたい。**板書②**

3　貿易が始まる後の世の中は？

先生：**貿易が始まるとモノの値段はどうなるか。当時の浮世絵Ⓒから読み取ろう。**

——ほとんどの子が「上がる」と言う。凧が挙がっているからだという。

先生：では、何の値が上がるか。

——白糸（絹糸）・酒・材木・呉服（絹の着物）、続いて鰹節に蝋燭（絵）に志るこ（お汁粉）、今から上がりそうなのは茶であろう。

先生：『**これは本当か。教科書で確かめよう**』。

——教科書を読むと、多くの品が輸出に回って国内で不足して値段が上がったとある。

先生：**こうなったのは貿易を許した誰のせい？**

児童：幕府!!

——ここから、幕府を倒す運動が力を強めた。**板書③**

『諸色戯場春昇初』（国文学研究資料館所蔵）

幕府を倒せ　手を結ぶ薩摩と長州

▶授業のねらい

①幕末の人物6人をが互いにどう関係して倒幕に至るかを黒板での操作学習をもとに考える。

②天皇が神に誓った新方針を読み、新しい世の中はこれまでと何が変わるか関心を高める。

▶板書例

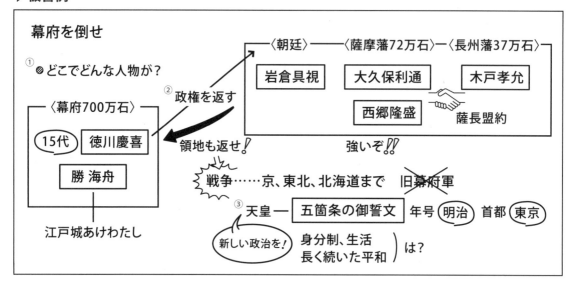

幕府を倒せ

① ✑ どこでどんな人物が？

〈朝廷〉――〈薩摩藩72万石〉―〈長州藩37万石〉―

岩倉具視　　大久保利通　　木戸孝允

西郷隆盛　　薩長盟約

② 政権を返す

〈幕府700万石〉

15代　徳川慶喜

勝 海舟

江戸城あけわたし

領地も返せ！　　　強いぞ‼

戦争……京、東北、北海道まで　旧幕府軍

③ 天皇―　五箇条の御誓文　年号 明治　首都 東京

新しい政治を！　身分制、生活
長く続いた平和 ）は？

▶授業の展開：6人の人物名と相互関係をカードへの記入と配列のくふうで理解させていく。

1　この人だあれ？

先生：**江戸幕府の倒れるころを幕末という。**
　　　その時代に活動したこの人は？

――Ⓐを提示。

児童：西郷隆盛。

先生：**知っていることは？**

児童：薩摩の人。　　児童：幕府を倒した。

――もとは身分の低い武士であった。ここでは幕末ファンの説明に耳
　　を傾けさせたい。

先生：**では、この人は？**

――Ⓑを提示。　　児童：洋服姿だ…？？？

先生：**徳の字がつく。名前を教科書で探そう。**

――見つけたら順次挙手して降ろす。教師はその都度「ハイ」と言って確認⇒多くが探せ
　　たところで一斉発言。

児童：徳川慶喜‼

Ⓐ
（国立国会図書館）

Ⓑ
（茨城県立歴史館所蔵）

——15代将軍の彼は、西欧をモデルとした国づくりを徳川家中心で考えた。洋装はその表れでもある。将軍も倒幕派も国の"近代化"をめざしていた。

先生：**他にどんな人が現われたか。人名カードの〈　〉に漢字を入れよう。**

——西郷隆盛、徳川慶喜も含めて事前に作成しておく。不明であれば教科書を参照。岩倉は下級の公家（貴族）、他の3人もみな下級武士であった。

| 西郷隆盛 | 徳川慶喜 | 勝〈海舟〉 | 木戸〈孝允〉 | **大久保〈利通〉** | **岩倉〈具視〉** |

2　カードを並べ替えて理解を深めよう

先生：**㋐〜㋓のどこに誰のカードを置くか。**

——㋐〜㋓を板書。希望者が前に出てカードを並べ替える。（全員が黒板に集中）
上から注入すれば丸暗記になるが、こうした操作を通せば児童自身の学習となる。

板書①

㋐〈幕府700万石〉　㋑〈京都・朝廷〉　㋒〈薩摩藩72万石〉　㋓〈長州藩37万石〉

| 徳川慶喜 | | 岩倉〈具視〉 | 大久保〈利通〉 | 木戸〈孝允〉 |
| 勝〈海舟〉 | | | 西郷隆盛 | |

先生：**幕府を倒したのはこのうちどの勢力か。**

——相談⇒数人を指名。答えられない場合は挙手発言を募る。

児童：薩摩と長州。おたがいに手を組む。

先生：**薩長盟約（同盟）という。仲立ちは土佐の…。**　　児童：坂本龍馬!!

——薩摩や長州は外国から最新式の武器を輸入して強い武力を持っていた。その両藩が協力したから強大である。

先生：**それだけで十分？**　　児童：朝廷とも協力する。

——つまり、幕府以外の3つの勢力全てが天皇を核に結びついた。

3　長く続いた武家の政治の終わりは？

先生：**これに対して慶喜は1867年に何を行うか？**

児童：政権を朝廷に返す。**板書②**

先生：**翌1868年、天皇が神の前で誓ったものは？**

児童：五か条の御誓文。（教科書参照）

——5人を指名し一条ずつリレー読み。同時に人々に示された「5枚の立札」には、切支丹禁止・集会や一揆の禁止等があらためて記されていた。

先生：**新しい年号は？**　　児童：明治。

先生：**首都は京都からどこへ移るの？**　　児童：**東京。**（当時の読みは「とうけい」）

——ここから始まる一連の政治の変化を明治維新とよぶことを押さえる。

先生：**では、次のことは変わるか変わらないか。**

——最後はこう問いかけて、①これまでの身分制度・②約300年続いた平和・③服装や食べ物の3つを挙げる。自由に予想。紙片を配って各自の意見を記入させ、次時の冒頭等に紹介してもよい。**板書③**

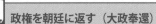
政権を朝廷に返す（大政奉還）
長く続いた武士の政治はこれで終わったが、まだ徳川は800万石の大領主のままだ。「領地等も朝廷に返せ」と言う薩長・朝廷側に旧幕府側が反発して戦争が起き、旧幕府側は敗北した。（徳川方は勝と西郷の交渉で江戸城を平和的に明け渡し、70万石の藩となる）

進む文明開化 新しい生活・新しい考え

▶授業のねらい

①アンパンを糸口に、文明開化によって生活や文化にどんな変化が生じたかを資料から読みとる。

②江戸から明治への教育の変化をつかみ、福沢の新思想を自分なりにとらえようとする。

▶板書例

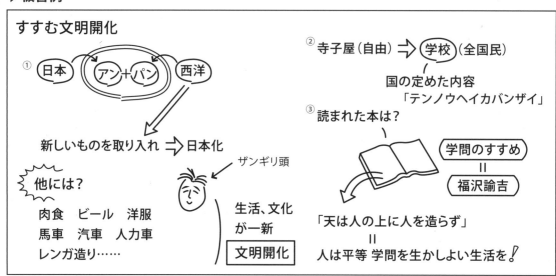

▶授業の展開：提示したアンパンを割ると歓声。食から学校・思想へとつなげたい。

1　文明開化を感じさせるモノを次々紹介

先生：**好きなパンの名を挙げよう。**

——日ごろ学習が苦手な子にも答えを出させる。「アンパン」が出なくとも、教師の好物として 実物 を提示。2つに割るとみな身を乗り出す。

先生：**このアンパンは、①どこの国の ②誰が ③いつ売り出したか。**

児童：え〜？（笑）パンと餡を組み合わせたので国は日本。誰かは知らない。いつかも分からない。

先生：**つくったのは木村・安兵衛。**　　児童：パンの木村屋だ！

先生：その通り。**いつ？**

——思いつきで年代を言わせる。正解は1874（明治7）年。140年以上昔である。安兵衛は、昔からある餡を西洋のパンに入れて売り出し大ヒットさせた。この時代は欧米から次々と新しいモノ・文化を取り入れて日本化した。

先生：**江戸時代にはない新しいモノを**Ⓐ**牛鍋屋の絵から探そう。**

——書き込みながら相談⇒発表。ランプ・蝙蝠傘・洋服・ザ

『安愚楽鍋』仮名垣魯文（国立国会図書館）

ンギリ頭・ランプ・帽子・ビール・サンパン（シャンペン）等が出される。牛鍋も、味噌という日本の味で煮つけた庶民的な洋食だ。壁の文字を消すとより集中力が増す。

先生：**一歩外に出ると街にはどんな変化があるか。**

——今度は相談時間を取らず、教科書にある明治の街の浮世絵から気づきを次々言わせる。鉄道馬車・汽車・人力車・ガス灯・街路樹……こうして欧米文化を取り入れ、生活や社会が一新することを**文明開化**とよぶ。**板書①**

2　寺小屋と学校の違いとは？

先生：**では寺子屋の代わりにつくられるのは？**

児童：学校。

先生：何が違うか。寺子屋の絵と比べよう。

——教科書にある寺子屋と学校の絵を二人で見せ合い、気づくことを話しあう。（Ⓑを配布または投影して対比させてもよい）。個別学習から一斉教育へ、男女別学・畳から椅子へ等の気づきが発表される。ノートや黒板はまだない。

Ⓑ

（東書文庫所蔵）

先生：**寺子屋は行かなくても自由。学校は？**

児童：だめ。　　児童：いやでも行く。

——国民すべてが学ぶ義務教育（4年）は、こうして始まる。その内容は、民間任せの江戸時代と違って国が定めた。**板書②**

> 🌓 **読図に変化を**
> 「読図」という点は同じでも、その形態は変化させたい。「牛鍋屋」は気づきをよく書き込んでから発表。「街」では発見を次々と言わせる。「寺子屋と学校」では2人の対話を生かす。学習のマンネリ化を防ぐ1つのくふうである。

3　3択の質問に答えよう

先生：**当時ベストセラーになった本がある。何の本か3択で手を挙げよう。**

　　　①勉強・②食事・③ファッション

——どれかに挙手。理由を聞いてからⒸを配布して指名読み。

先生：**この考えが書かれた本と作者の名を教科書で探そう。**

——見つけた語句に線を引いてから挙手発表。

児童：**学問のすゝめ。福沢諭吉。**

先生：**この考えをどう思う？**　　児童：いいと思う。

先生：**賛成の人は？**

——挙手で確認・理由も発表。

先生：**少し違うという人は？**

児童：学んでも貧乏な人はいると思う。

——こうして自分の考えを発表できた子・読図で頑張った子を称揚して授業をまとめたい。**板書③**

Ⓒ

> 【学問のすゝめ（要約）】
> 　人の上に人はなく人の下にも人はない。みな平等なのに、なぜ金持ちと貧乏・賢いとおろかの差が生まれるか。それは学ぶか学ばないかによる。今は身分がない社会なので誰でも学問できる。社会で役立つ学問を身につけて、よい生活への道を開こう。

📖 文明開化により生活のすべてが一気に変わったわけではない。「すすんで学ぶ者こそが賢く豊かになれる」という福沢の考えは今も大きな影響力をもつのではないだろうか。

追いつき追いこせ　欧米に学ぶ国づくり

▶授業のねらい

①女子留学生の「？」から学びを拡げ、新政府がなぜ使節団を欧米に派遣したかを考える。

②新政府が欧米に学んでどう国の制度を変えたかを、相互関連的に理解する。

▶板書例

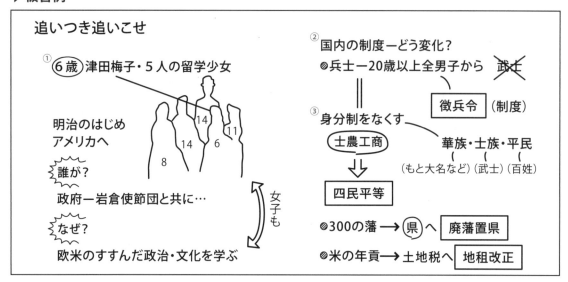

追いつき追いこせ

① ⑥歳 津田梅子・5人の留学少女

明治のはじめ
アメリカへ

14　14　6　11　8

〔誰が？〕

政府ー岩倉使節団と共に…

〔なぜ？〕

欧米のすすんだ政治・文化を学ぶ

女子も

② 国内の制度ーどう変化？

◎兵士ー20歳以上全男子から　~~武士~~

③ 身分制をなくす → 徴兵令 （制度）

士農工商
↓
四民平等

華族・士族・平民
（もと大名など）（武士）（百姓）

◎300の藩 → 県 へ　廃藩置県

◎米の年貢 → 土地税へ　地租改正

▶授業の展開：可憐な少女から汗くさいふんどし男へと学びが進む。近代史学習は難しくない。

1　Ⓐから Ⓑ へ、気づきを広げよう

先生：**140年ほど前、1872（明治5年）に写した7歳の少女の写真がある。どんな服装かな？**

——つぶやきを受けてⒶを提示。

児童：洋服だあ。かわいい。

先生：**津田梅子さんだ。場所は米国のワシントン。実は1人ではない。**

——Ⓑを提示。他の4人は14歳2人に11歳と8歳。アメリカでは、別々にホームステイした。梅子の帰国は10年後である。

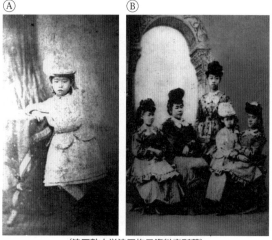

Ⓐ　Ⓑ

（津田塾大学津田梅子資料室所蔵）

先生：**11歳の女子は手を挙げよう。この時代、君なら10年も米国へ留学するか。**

——個別に問う。（否定がほとんど。理由も話させたい）

先生：では、誰が梅子たちを留学させたか。（予想）

先生：**本当はどうか。教科書で調べよう。**

児童：岩倉使節団が連れて行った。政府・親が留学させたんだ。なぜ？

——欧米のすすんだ政治や文化を、政府の指導者や女子にも学ばせるためだったと分かる。母親が賢くなればその子も賢くなる。では、その後の梅子は？（Ⓒの画像を提示）成長した梅子は日本の女子教育の発展に力を尽くし、彼女の始めた塾は今日津田塾大学となっている。**板書①**

2　国内での制度を調べる

先生：**それに対して国内ではどんな制度をつくるか。今度は男たちの絵から考えよう。**

——Ⓓの全体を隠し、右の男から順次見せていく。

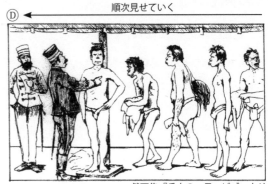

順次見せていく

戯画集『兵士の一日』ビゴーより

児童：裸だあ!! 褌（笑）。身長の測定。兵隊が検査している。みんな大人。これなあに？

先生：**教科書を調べて、これが何か探そう。男はみな 20 歳だ。**

——調査と相談⇒気づいた者が挙手。

児童：徴兵令です。

先生：**それは何？**　　児童：20 歳以上の男子に軍隊に入ることを義務づけ。（記述を丸読み）

——その検査の情景がこの絵である。戦争への動員は武士だけでなく全男子の義務となった。刀を差す武士の特権も消える。子どもの気づきを疑問につなげ、彼ら自身が見つけた答えを教師が補いたい。**板書②**

3　ミニシートを配布して学びを拡充

先生：**他には何を変えるか。ミニシートの〈　　〉には語句を、□には四字熟語を記入しよう。**

——班相談⇒不明の時は教科書を参照。班全員ができたら班長が挙手。最後はノートに糊づけ。

---

① 武士・百姓・町人等の身分をなくし、〈　　　〉〈　　　〉〈　　　〉に分ける。

　　[　　　　　　　　　]　　② 藩（大名の領地）を廃止して〈　　〉をつくり政府が知事を任命。[　　　　　　　　]　　③ 値段の変わる米の年貢をやめ、土地の値段を決めてお金で〈　　　〉を取る。[　　　　　　　　]

——各班の子を平等に指名して答を合わせる。**板書③**

ミニシートの答えと解説

①華族・士族・平民―四民平等（身分ではないので互いの結婚も可能。政府の指導者のように、能力ある者は元の身分に関係なくトップに立てる。差別された人々への偏見は残る）

②（府）県―廃藩置県（藩の政治に将軍は口出しできなかったが、県の政治は国の方針通りになる。）

③（租）税―地租改正（毎年決まった額が国に入り、軍備や近代化のため計画的に使える）

相互の関連を考えさせたい。

できるか？「豊かで強い国」 製糸工女は各地から

▶授業のねらい

①政府が富岡製糸場を建てた理由を考え、工場での少女たちの労働に関心を高める。

②日本の領土の拡大を知り、富国強兵策により日本は欧米に追いつけるかどうかを学びあう。

▶板書例

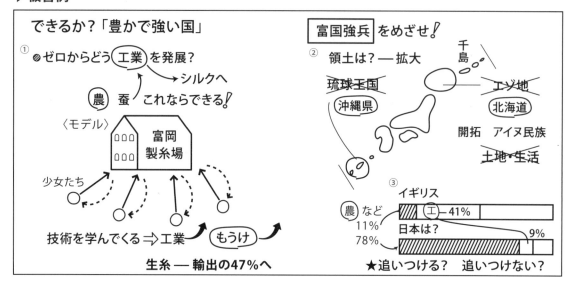

▶授業の展開：話題の世界遺産を導入に、廃藩置県の例外に目を向けて領土の確定にすすみたい。

1 「豊かな国」づくり・はじめの一歩

先生：**制度を変えても、工業を盛んにしなければ国は豊かにならない。でも、日本はまだ農業中心**。ならば、何を原料にして何をつくるか。

——相談⇒とまどい。

先生：つくるものは虫に関係。　　児童：虫〜？

——さらにとまどう。器械を使ってその生産を行った工場は今も残ることを告げ、Ⓐを提示する。

先生：**明治5年に政府が建てたこの工場の絵を教科書で探そう。世界遺産だ。**　　児童：分かった!!

——教科書を見て蚕から生糸（絹糸）をつくる**富岡製糸場**だと確認し、気づきを発表させる。

児童：広い。若い女が多い。

——細い糸を扱うには手先が器用で視力の良い少女が最適だ。繭を湯で煮る鍋や糸を巻き取る装置にも注目させたい。「照明がない」そこで明り取りの窓が大きい。フランス式に7時間半労働だが、密閉した建物に湯気が立ちこめ糸くずが舞うので健康に悪い。

先生：**工場をつくったのは？**　　　児童：政府。

先生：**政府は、なぜこのように近代的な製糸工場をつくったか。**

　　――教科書を閉じて相談⇒挙手発表⇒教科書で検証。

　　　　少女たちがここで新しい技術を覚えて各地に伝え、日本の生糸生産を高める。その輸
　　　　出で得たお金で他の工業を発展させ、外国製の軍艦や武器も買う。（殖産興業）

先生：**明治 5 年に生糸等の製品は日本の輸出の何％か。**

　　――約 48％で 1 位である。明治 6 年の富岡製糸場の工女は 556 人。15 ～ 25 歳との規定
　　　　だが、明治 7 年に北海道から来た少女は 11 歳 1 人・12 歳 3 人・13 歳 2 人。たまの牛
　　　　肉を楽しみに働いた彼女たちが日本の近代工業を出発させ、強い軍隊をもつこと＝**富国
　　　　強兵**が政府の目標となった。(『富岡製糸場の歴史と文化』今井幹夫 みやま文庫) **板書①**

Ⓑ

『首里城』

2　クイズで政府の領土政策を確認

先生：**では、ここでクイズ。廃藩置県の翌年に
　　　つくられた藩がある。ホントかウソか。**

　　――全員どちらかに挙手させる。

先生：**ホントです。それはどこか。**

　　―― 日本大地図 を教室前面に掲示して具体
　　　　的に考えさせる⇒予想を発表。教師は正答にも反応しない。

先生：**どれが正しいか。正解はこれ。**　　　――Ⓑを提示。

児童：首里城だ。沖縄だ。

先生：**昔の名は？**　　　児童：琉球。

　　――それまで一応独立を保っていた琉球王国が琉球藩とされたのだ。その藩も 7 年後に廃
　　　　され、一方的に**沖縄県**が置かれる。（琉球処分）

先生：**大地図で沖縄県の範囲を示そう。**

　　――前に出して指で辿らせると与那国島は台湾のすぐ東。ここまでが新たな領土となった。

先生：**北はどこまでが日本領になる？**

　　――これも大地図で示させる。（領土学習を想起）新領土の千島列島北端はロシアのカム
　　　　チャッカ半島に接していた。

先生：**ここは何とよぶの？**　　　――北海道を指さすとすぐに答えが出る。

先生：**昔の名は？**　　　児童：蝦夷地。

先生：**北海道の開拓はどう行われたか。教科書で探そう。**

　　――線を引きながら相談⇒教師は机間巡視。日ごろ目立たない子に発表準備をさせる⇒指
　　　　名発表と称揚。移住者による開拓が進む一方、先住民・アイヌ民族の多くの権利が奪
　　　　われていったことを教科書の記述で確認したい。**板書②**

3　「富国強兵」は実現できるか

先生：**こうして領土・産業・軍隊が拡大すれば欧米に追いつけるか。1887 ～ 91 年の英国は
　　　農林水産業が人口の 11％で工業は 40％。日本は？**

　　――農林水産が 78％・工業人口は 9％。これで欧米なみになれるであろうか。**板書③**

広がる民権運動　板垣の道・西郷の道

▶授業のねらい

①演説会の絵を読み解いて模擬演説を行い、自由民権運動の主張を体験的に理解する。

②西郷の道を板垣と比べてその得失を考え、国会開設の約束から政党結成までの過程を知る。

▶板書例

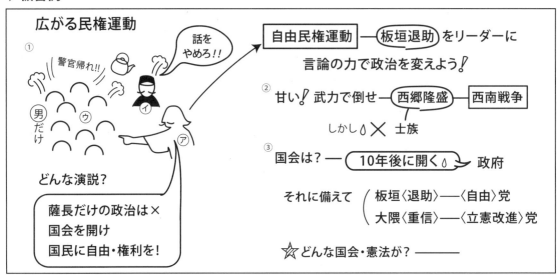

広がる民権運動

①

どんな演説？

薩長だけの政治は×
国会を開け
国民に自由・権利を！

[自由民権運動]—(板垣退助)をリーダーに

言論の力で政治を変えよう！

② 甘い！武力で倒せ—(西郷隆盛)—[西南戦争]

しかし× 士族

③ 国会は？—(10年後に開く) 政府

それに備えて
- 板垣〈退助〉—〈自由〉党
- 大隈〈重信〉—〈立憲改進〉党

☆どんな国会・憲法が？――

▶授業の展開：土瓶を巡ってあれこれ言いあい、模擬演説に沸き立つ中で民権運動に近づく。

Ⓐ

（東京大学法学部付属明治新聞雑誌文庫所蔵）

1　土瓶は誰に投げたのか？

先生：**明治の演説会だ。気づくことは？**

――Ⓐを提示する。髭のおじさんや投げられた土瓶。怒る警官。男だけ。…などの意見が出る。㋐話す人・㋑警官・㋒聞く人に分け問う。

先生：**土瓶は誰が誰に投げたか？**

児童：㋒⇒㋐（それを㋑が止める）

児童：㋒⇒㋑（㋑が㋐の話を止めたので）

――このどちらかだ。中央の警官が㋐に向けて怖い顔しているから㋒⇒㋑であると結論づけたい。

先生：**なぜ男だけか。**　　児童：？？？

――当時は政治の演説会に女の参加は禁止。男と同じに扱われない。

女子児童：むかつく～。

先生：**㋐はどんなことを㋒に話して㋑に止められたか。**　　――相談⇒挙手発表。

児童：㋒に聞かせたくないこと。　先生：**例えば？**　児童：政府の悪口。　先生：**どんな？**

——等と絞り込む。

先生：**演説は例えばこうだ。**

　——Ⓑを提示し、演技力のある子に教壇で演説させる。（アレンジ可。警官役も３名選ぶ。他の子が聴衆役となり「/」の場面で叫ぶ。２度行うと盛り上がってくる）

Ⓑ
演説してみよう！
　Ⓑ今の政治をしているのは、薩長等一部の者でないか。/これでいいか。/国民の声をもっと政治に生かせ。/そのために**国会を開け。**/税金下げろ‼/**自由や権利をもっと認めろ。**/認めない政府はぶっ倒せ‼（拍手）

先生：**こうして言論の力で人を動かし、政治を変えようとする運動を何というか。そのリーダーの名は？**

　——教科書で調べて発表。　　児童：**自由民権運動。板垣退助。板書①**

　——富国強兵で国は強くなっても、国民の自由や権利を拡げなくてはだめだと彼らは主張した。

2　民権運動に傾いたところで別の考えを力説したい

　言論等、そんな生ぬるいやり方ではだめ。口で言っても相手が聞くはずがない。それより、政治に不満を持つ士族を多く集め強い武力で政府を倒すべき。百姓を集めただけの軍隊では士族に勝てない。戦いが広がれば、各地で反乱が起きて政府はきっと倒れる。

先生：**この考えをどう思う？　賛成の人は挙手しよう。**

　——２つの意見の間で思考をゆさぶる訓練である。日常の体験がそこに反映される。

児童：賛成だ。口で言って分からないから喧嘩や戦争になる、実力で倒すのがいちばん。

児童：でも、勝てないかもしれない。人が死なない方がいい。

先生：**実は、士族を集めて本当に政府への戦争を起こす人が出た。その人の名と戦争名を調べよう。**

　——教科書で調査⇒挙手発表。　　児童：**西郷隆盛。西南戦争。**

先生：**結果は？**　　児童：西郷が負けて死んだ

　——近代兵器を持つ徴兵軍に士族はかなわなかった。**板書②**

3　国民の主張はやがて……

先生：では、民権運動の人たちが望むように政府は国会を開くだろうか。

先生：**教科書のどこかに答えがないかな？**

児童：あった。"議会を開くことを国民に約束"と書いてある。

　——ついに国会開設は約束された。だが、憲法をつくる等の準備のため、開くのは10年後と政府は言う。

先生：**今はいろいろな党（政治家のグループ）があるね。どんな党を知ってる？**

児童：自民党。立憲民主党。公明党。日本維新の会。日本共産党…等。

先生：**国会では多数決。意見を通すにはそうした党（政党）にまとまった方がいい。**

　——板垣たちは日本で最初の政党をつくり、他にも政党ができた。

先生：**誰がどんな政党をつくったか教科書を見て記入しよう。**

　——次の事項を板書する。

板垣〈　　　　〉－〈　　　　　　〉党　　大隈〈　　　　　〉－〈　　　　　　〉党

答え合わせ（退助・自由・重信・立憲改進）の後、どんな憲法・国会を政府はつくるだろうかと投げかけておきたい。**板書③**

大日本帝国憲法と国会　国の主人公は誰か

▶授業のねらい

①当時の選挙人の割合を現在と比べ、国会がまだ一部の国民の代表であったことを理解する。

②憲法では、天皇の権限や国民（臣民）の権利がどう定められたかを作業を通して考える。

▶板書例

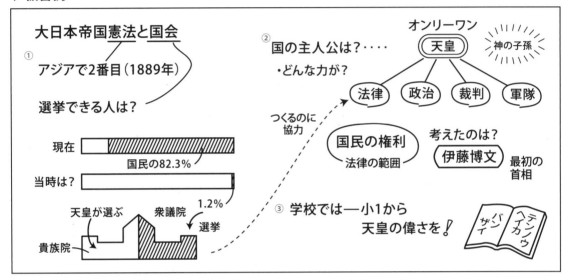

▶授業の展開：漫画から選挙風景を読みとる。有権者数を今と比べて驚き、憲法と教育の学習へ。

Ⓐ

1　日本初の選挙、今との対比を学習

　先生：**1889年、トルコに続きアジアで2番目の憲法が発表された。その名は……。**

　児童：**大日本帝国憲法。**

　先生：翌年国会が開かれた。何と素晴らしいことか。（強調するときは懐疑的に）

　先生：**国会議員選挙の様子だ。4種類の人がここにいる。それぞれどんな人か。**

　　――Ⓐを提示。相談⇒発表。㋐選挙する人・㋑見物人・㋒警官・㋓威張る係りの役人に区分する。

　先生：**㋐は㋑に比べてどこが違うか。**

　　――挙手発言。

　児童：ちょんまげ。立派な身なり（羽織袴、古い家の金持ちであろう）。

　先生：**国会議員を選挙できる人は、現在は国民の82.5%だ。当時は約何%か。**

　　――図示して対比的に問う。思いつき発言でにぎやかになったところで『1.2%』と正解を記す。

　　「えー!!」違いが視覚に鮮やかで子どもは驚く。選挙権をもつのは税を多く納める25歳以

上の金持ちの男だけだ。（投票も警官の監視下）国会が開かれたのはよい。憲法のなかった中国や朝鮮にも、学ぼうとする動きが生まれる。だが、その国会や国会議員選挙は、まだ「はじめの一歩」であった。**板書①**

2　大日本帝国憲法の特徴を予想

先生：**当時の人口は約 4000 万人。大日本帝国憲法で国の主人公（主権者）とされた人は何人か。**

——いろいろ予想させる。

先生：**正解は 1 人。**　　児童：えー？　　児童：やっぱり。

先生：**それは誰か教科書で……。**

——すぐに「天皇」と声が挙がる。**天皇にはどんな力が認められたか、教科書でチェックしよう。**

 補充資料の活用も
　相談し、時間をかけて作業。教師は机間巡視して苦手な子に調べ方を指導。教科書に条文要旨や図解が記載されていない場合は⑧の補充資料を配布したい。

⑧

1 条	大日本帝国は代々ずっと続いている天皇が治める。
3 条	天皇は神のように尊く、けがしてはならない。
4 条	天皇は国の代表であり、憲法の規定に従って国を治める。
5 条	天皇は国会の協力を得て法律を定める。
11 条	天皇は国の役人の給料等を定め、任命したり辞めさせる。
29 条	臣民（天皇の家来としての国民）は法律の範囲で自由に話し、本を書き、集会等を開ける。

発言を生かし、大日本帝国憲法での天皇とは、①尊い神の子孫、②政治や裁判の指導者、③軍隊のトップであるとまとめる。文字通り「国の主人公」である。

先生：**この憲法の案をまとめた人は誰か。**

——挙手発言。　　児童：**伊藤博文。**

——彼は日本初の総理大臣でもあり、強い力をもつ天皇の下にみながまとまって強い国をつくることが国を豊かにすると考えていた。そのためには何が大切だろうか。子どもへの教育であることを押さえたい。**板書②**

3　昔の小学 1 年生の教科書を活用

先生：**これは何か。**

——©を提示⇒挙手発言。

児童：本のページ。　　児童：教科書？

先生：**そうだね。何年生？**

——尋修 1 とあるのは現在の小 1 の修身（道徳）の教科書という意味である。

先生：**なぜ、教科書にこうしたことを載せるか。**

児童：天皇の偉さをみなに知らせる。

児童：小さいころから天皇を尊敬させる。

——その通りである。帝国憲法下の学校では、天皇への忠義が教育の中心に置かれた。**板書③**

©

不平等条約をなくせ　改正はいつ達成できたか

▶授業のねらい

①画像からノルマントン号事件の問題点を読みとり、なぜ条約改正が必要かを考える。

②政府の条約改正への取り組みを知り、改正がどんな流れの中で達成されたかを理解する。

▶板書例

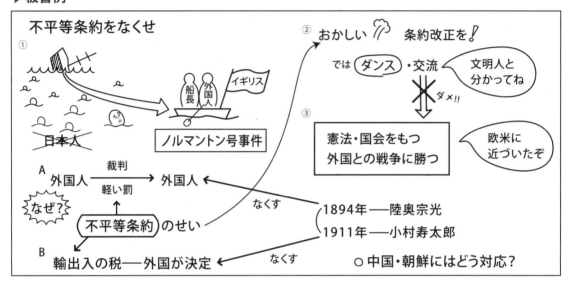

▶授業の展開：風刺画だけに頼らない。条約改正とダンスの意外な関係でゆさぶりたい。

1　船長はなぜ軽い罪？

　　——Ⓐを提示。

先生：わかることを言おう。

児童：嵐で船が沈む。人が柱にしがみつく。溺れそ
　　　うな人も。ノルマントン号だ。

　　——知っている児童がいれば発言を促す。

先生：Aさんの説明よかったね（評価例）ノルマン
　　　トン号沈没で何が問題になったか。さらに教
　　　科書で調べよう。

　　——相談⇒発表

児童：イギリス人船長ら乗組員は助かったけど日本人乗客は全員死んだ。船長は軽い罰で終
　　　わった。

　　——日本人25人への救助義務を怠った船長は裁判で禁固3か月となっただけであった。

先生：誰がそんな裁判をしたの？

児童：イギリス人。日本人が裁判できない。

——江戸時代、外国人は居留地中心に活動した。日本人の犯罪は日本人が裁き外国人の犯

罪は外国人が裁くかたちで済ん
でいた。明治になり外国人の活
動が全国に及ぶと問題は急増。
江戸時代とは変わったのに、政
府は不平等条約を解消できな
かった。

先生：このままでいいの？（投げかけ）

児童：よくな〜い!!（一斉応答）

先生：人々は政府に対して何というか

児童：早く不平等条約を改正しろ!!

2　政府はどんな努力を？

先生：**では、政府は条約改正に努力しなかったと
　　　思う人は？**　　——挙手少数。

先生：**していたと思う人は？**　　——挙手多数。

先生：**その通り。その努力とは「外国人と仲良く
　　　○○スをすること」だ。○にカタカナを書こう。**

　　　——「○○ス」と板書⇒自由に相談⇒つぶやき
　　　発言。「カラス」も出れば「クラス」も出る。
　　　笑いが広がる中、賛否を挙手で確認。鹿鳴
　　　館舞踏会の錦絵を掲載している場合は教科

Ⓑ

『貴顕舞踏の略図』部分、楊洲周延、神戸市立博物館
(Photo：Kobe City Museum / DNPartcom)

書で「ダンス」が正解だと確認する。（Ⓑを提示）欧米人とダンスをして日本人が彼ら
と対等の文明人だと理解してもらい条約改正へ……。それが政府の欧化政策であった。
だが、「欧米のまねばかりするな」と批判が強まり中止された。**板書②**

3　条約改正の流れを確認 しよう

先生：**不平等条約はいつ改正できたか。教科書の年表で見つけ、マークしよう。**

　　　——作業⇒発表。

児童：一部改正は 1894 年（外国人も日本側で裁判・代わりに外国人は日本のどこでも自由
　　　に生活）。完全改正は 1911 年（輸入品への税を日本が決定）。

先生：**帝国憲法発布・中国（清）やロシアとの戦争を他の色でマークしよう。条約改正と比
　　　べて気づくことは？**　　——作業⇒発表。

児童：改正は憲法ができた後。一部改正は日清戦争と同じ年。

児童：全面改正は日露戦争の後。

先生：完全改正は条約締結から 53 年後だ。**そのために働いた２人の人物は？**

児童：陸奥宗光。　　　児童：小村寿太郎。

　　　——憲法をつくり戦争に勝って条約を改正したのである。こうして条約を改正した日本は、
　　　中国・朝鮮にはどう対応するだろうか。**板書③**

中国・ロシアと戦争だ　どこでなぜ戦ったか

▶授業のねらい

①２つの戦争がどの国を相手にどこで戦われたかを漫画や地図から読み取り、その原因を考える。

②２つの戦争の死者数を比べ、主戦・非戦双方の考えをふまえて自分なりの意見を持つ。

▶板書例

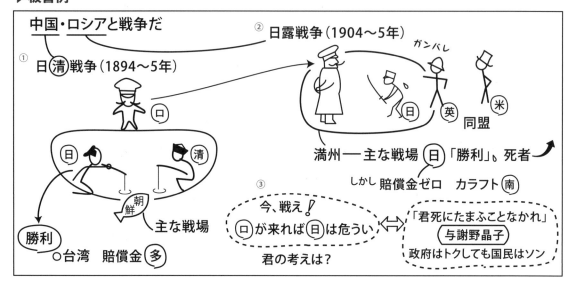

▶授業の展開：大地図を掲示し、漫画と組み合わせて学習を立体化。

1　アジア大地図を前に掲げる

先生：**憲法ができて 5 年後、日本は外国と戦争する時代に入る。最初に戦った国は？**

——東アジア大地図を教室前面に掲げ、『**この中にある**』と言うと身を乗り出す。

　答えは清＝当時の中国だ。この戦争を**日清戦争**とよぶ。

先生：**10 年後に戦った国は？**（これも大地図に記載）　児童：ロシア。

先生：**戦争の名は？**　　児童：**日露戦争!!**

先生：㋐㋑の漫画はどちらが日清戦争？ 日露戦争？

——黒板に貼付・相談⇒発表。全員分を印刷し『**よく見たい人にはあげる**』と言うと自らもらいにくる。㋐が日清戦争という声が多い。なぜそう思うか、㋐から分かることを発表させる。

㋐

㋑

児童：服装を見ると左は日本で右は清。魚は餌をまく清の方を向く。だから日本は怖い顔。釣ろうとして竿を降ろす。魚は何を表すか。後ろの人は誰か。

——声が多く挙がったところで教科書で確認させる。

先生：**では、日清が主に戦った地域は？**

——予想。教科書の地図で見ると朝鮮である。日本の台湾への関心は描かれていないが、ビゴーの漫画は戦争の主因を衝いていた。

先生：**勝った日本は何を清から得たか**。

——教科書で確認・発表。**板書①**

日清戦争の結果は?

台湾・リャオトン半島（ロシア等の抗議で返還）・多くの賠償金を得て、朝鮮から清の勢力を追い出したことを押さえる。清の死傷者は35000人以上、日本は軍人の死者が13488人。看護婦8名・軍夫約7000名も死亡し、続く台湾占領戦でも4806名が死んだ。その家族や戦場となった地域の人々の気持ちも考えたい。

2　風刺画から当時の国々の関係を読む

先生：**では、なぜ㋑が日露戦争だと思ったか**。　——挙手発言。

児童：左は外套を着て寒そうなのでロシア。大きくて貫禄がある。真ん中は日本人。小さいのに戦争をしかける。後ろの２人は誰?右端は洋服が米国旗のデザインだからアメリカ。

先生：**日本をけしかけている国は?**

——思いつきで発言。答えはイギリス。日本はこの国と同盟し、米国にも応援されてロシアに挑んだことを教科書を補説してつかませたい。

先生：**ならば、日露の戦場となったのはどこか**。

——これも教科書の地図で確認。主に満州であった。

先生：**一応戦争には勝った**。**死者の数を日清戦争に比べると？**

児童：増えた。（教科書のグラフを読むと６倍以上・約９万人に増えている）

日露戦争の戦場は?

主戦場は、ロシアが勢力を広げた清の東北部（満州）やリャオトン半島に移っている。（朝鮮はその出撃地）日露は、それらの地域の支配を巡って戦ったのであった。

先生：**これだけ犠牲を払って賠償金はいくら？**　——思いつきで発言。

先生：**ゼロです**。　児童：えー!!

——ロシア側の死者は日本より少なく、42628人との説もある。本国も無傷で、日本軍はそこまで攻め込めない。だから、賠償金はゼロ。『日本は何を得たか』。教科書を見ると、満州にロシアが持っていた権利と樺太の南半を得ていた。

国民はこの戦争をどう思っただろう。**板書②**

3　主戦論と非戦論・あなたはどちら？

先生：今、ロシアを止めないといずれ日本を攻める。戦争はよくないが、手遅れになるより今戦う方がよい。（主戦論）⇔勝っても苦しむのは結局国民。税も増えた。負けたらもっと悲惨。

——２つの考えを紹介し、**与謝野晶子**の詩も読ませる。

先生：**君たちはどう考えるか**。

——意見発表。紙片にも書かせて提出させたい。**板書③**

是非は決めない

主戦・非戦の是非は決めず、今後歴史学習をすすめる中でさらに考えさせたい。

学習課題 No.58 「朝鮮を植民地にする」に対応

消えた大韓帝国　少年と老人の運命は？

▶授業のねらい

①一枚の写真の謎を読み解き、日韓双方の人物を通して韓国併合への関心を高める。
②併合後の朝鮮で起きたことを調べ、明治期の日本の領土拡張を地図作業からとらえる。

▶板書例

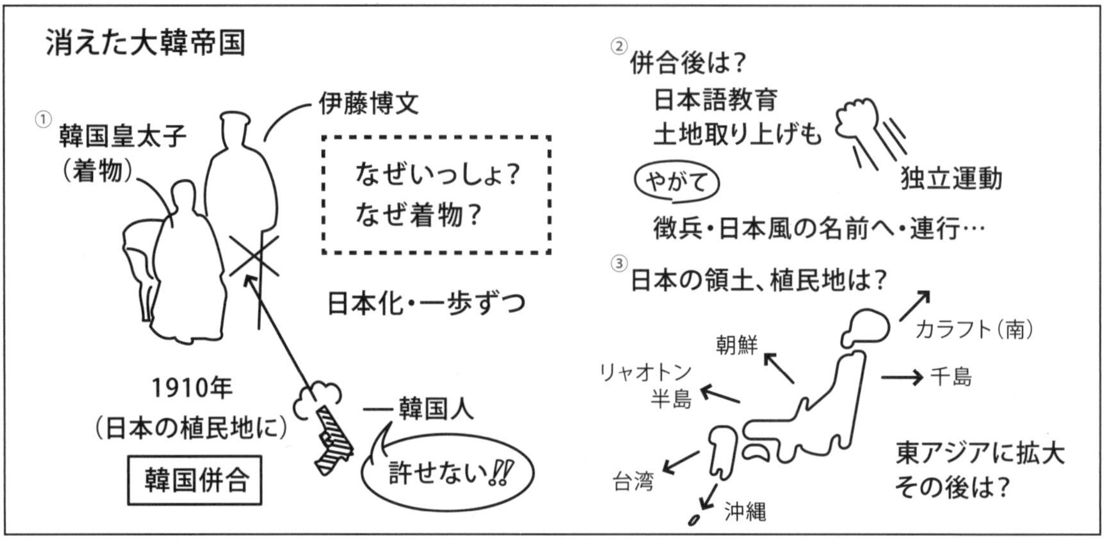

消えた大韓帝国
① 韓国皇太子
（着物）
伊藤博文
なぜいっしょ？
なぜ着物？
日本化・一歩ずつ
1910年
（日本の植民地に）
韓国併合
韓国人
許せない!!
② 併合後は？
日本語教育
土地取り上げも
独立運動
やがて
徴兵・日本風の名前へ・連行…
③ 日本の領土、植民地は？
カラフト（南）
朝鮮
リャオトン
半島
千島
台湾
沖縄
東アジアに拡大
その後は？

▶授業の展開：日韓の問題を２人の人物に置きかえる。資料はその一部を隠すと効果的。

1　一部を隠したⒶを大きく黒板に貼付。

先生：**㋐㋑のどちらが日本人で、どちらが韓国人か？**

――つぶやき発言⇒全員が挙手で㋐か㋑かを表明。正答を言わず、順に紙を外していくと㋐は伊藤博文、つまり日本人であると分かる。

ならば着物姿の㋑こそが韓国人だ。その驚きから謎が生まれる。

児童：①なぜ着物姿？　②なぜ伊藤博文と一緒？　③この少年は誰？

――③は韓国皇太子の李垠（りぎん）である。その彼がなぜ着物を着て伊藤博文と写真を撮ったか。謎を解くため、1900年代の日韓に何が起きた

Ⓐ

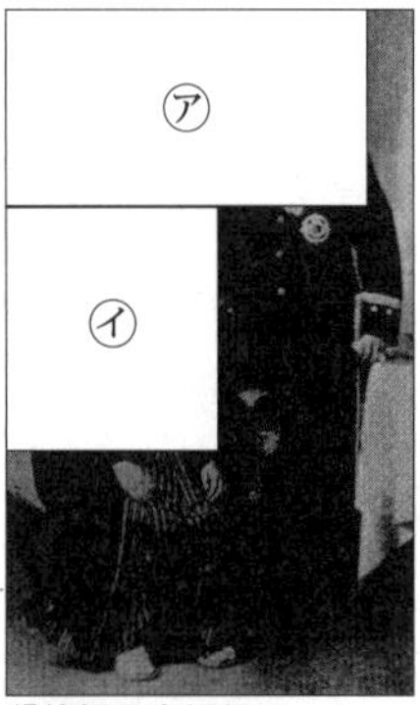

㋐
㋑

（『英親王李垠伝』（共栄書房）より）

⇒

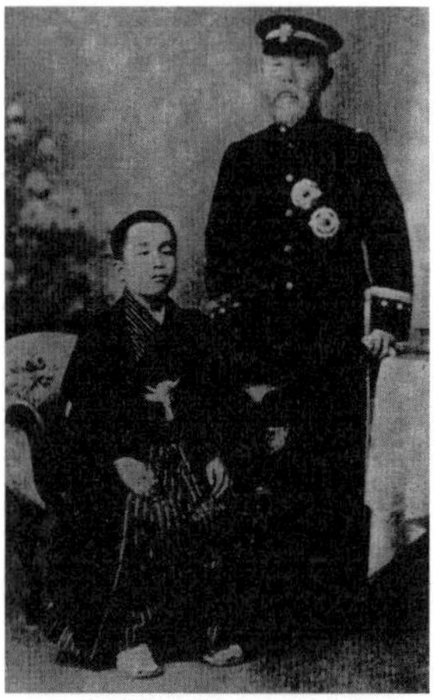

２人の運命は？

李垠は後に日本で李王家の当主となり日本の華族の娘と結婚。伊藤は、併合直前の1909年に韓国人・安重根に暗殺された。（68歳）伊藤の暗殺を機に韓国併合が行われ朝鮮の日本植民地化は完成した。内容が難しい韓国併合は、人物に置きかえて学ばせたい。

か教科書で調べさせる。相談⇒挙手発言。

児童：韓国併合。日本の植民地にされた。

先生：**すると、この皇太子はどこの国の人になるの？**

児童：日本。それで着物姿で写ったのか。（この写真自体は併合前に撮影）

先生：**その併合を日本側ですすめた人が？**

児童：伊藤博文。　　児童：だから一緒に写真を撮った。

　　——謎はこうして解けていく。**板書①**

2　今では見慣れない教科書を提示

先生：Ⓑはどこで使われた教科書か？

児童：着物の人がいてカタカナで書いてある
　　　から日本。子どもの服が日本じゃない。
　　　この字は韓国の字だ。

先生：では、なぜ日本語もあるの？

　　——予想。教科書で検証すると、日本語や
　　　日本の歴史が教えられたと書いてあ
　　　る。つまりこれは、日本に併合された
　　　朝鮮＝韓国の小１修身（「道徳科」）教科書であった。

先生：**教えているのはどこの子？**　　児童：朝鮮。韓国。

先生：**教わっているのは？**　　児童：日本の人。

　　——朝鮮に来た日本人に道を教えることが小１の教科書に載っていた。

先生：**朝鮮ではどんなことが起きたか。教科書に線を引こう。**

　　——作業⇒相談⇒発言。土地調査や取上げ・仕事を求めての日本への移住・独立運動等を
　　　読み取らせる。太平洋戦争期の日本への連行や創氏改名・徴兵等には多くの教科書が
　　　ふれている。**板書②**

3　韓国併合の２年後、45年続いた明治時代が終わることを解説

先生：**日本の領土・植民地はその間にどう広がったか。**

　　——Ⓒを配布し、沖縄・千島・台湾・リャオトン半島・
　　　朝鮮に着色させ、気づきの発表へ。

児童：日本のまわりへどんどん広がる。

　　——**『領土の拡大や外国との戦争はこれで終わる
　　　か』**と投げかけて授業をまとめたい。

　📖欧米の植民地になるのではなく欧米に続く強国に
なることをめざした日本は日清・日露戦争の勝利で勢力
を拡大した。植民地にした側だけでなく、された側の痛
みにも気づいて多面的に考えられるように配慮したい。

板書③

産業の発展と鉱毒事件　2台の機関車を比べて

▶授業のねらい

①新旧の機関車を対比し、その変化の背景には産業や輸送の急速な発展があることを理解する。

②足尾鉱毒事件と田中正造の主張を知り、産業の発展を双方向から考える。

▶板書例

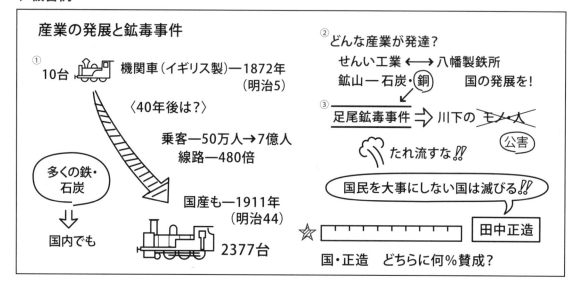

▶授業の展開：懐かしい絵本の話で活性化。機関車の対比から日本の産業革命が見えてくる。

1 『きかんしゃ トーマス』『きかんしゃ やえもん』等の絵本を示し知っていることを聞く

先生：**日本でＳＬが走ったのはいつ？**

——つぶやき発言。Ⓐを提示。1872（明治5）年新橋＝横浜間23.8㎞を時速約40㎞で35分かけて走った（『汽車誕生』原田勝正 らくだ出版）。本体も線路も鉄で、石炭を焚き蒸気の力で走る。（スティーム・ロコモーション略してＳＬ）機関車はイギリス製（全長7.4m）が10台で年間旅客数は495078人（『鉄道の語る日本の近代』原田勝正 そしFて）。駅での立小便は罰金、後に客車でのおならも罰金となった。続いて39年後の国産6700形機関車（全長15.9m・1911年製造）Ⓑの姿を提示。

児童：大きくなった。力が強く速そう。

先生：**予想しよう。1911（明治44）年の機関車数は何台に？　線路のキロ数は何倍に？**

——2377台（国産162台）で237倍。キロ数は11425.1㎞で480倍強となり各地を結ぶ。年間旅客数も7億人に到達。貨物輸送量は0から3887万tに激増した。

明治5年1号機関車（イギリス製・全長7.4m）
（鉄道博物館所蔵）

先生：なぜ、こんなに人や物の輸送が増えたか。

　　　——挙手発言。

児童：遠くに行く人や運ぶものが増えた。

　　　用事や仕事で旅行。

先生：**つまり、国内の仕事や物の生産が？**

児童：すごく増えた。

先生：**すると S L が使う石炭の量は？**　　児童：増える。

先生：**S L や線路に使う鉄の量は？**　　児童：増える。

先生：全部輸入？

児童：国内でも生産。**板書①**

先生：その中で日本の産業にどんな変化が起きたか。**教科書で調べよう。**

　　　——調査⇒発表。繊維工業の発達が八幡製鉄所建設等重工業の発展につながり、鉄道の発達でさらに多くの産業が発展したことを教科書の写真を活かして確認する。**板書②**

明治44年6700形機関車（国産・全長15.9m）
（鉄道博物館所蔵）

2　石炭の他に何を多く掘ったのか

先生：**鉱山では石炭の他に何を多く掘るか。**

　　　——間をおいて10円玉を提示。

児童：分かった、銅です。

先生：銅は、錆びると緑色になる。緑青（ろくしょう）という猛毒だ。

　　　ある銅山では鉱石から銅を取り出した残りかすが洪水で大量に下流に流れた。その結果を読もう。

　　　——下の資料を配布し、〈A〉を指名読み。

先生：**なぜこんなことが起きたか。（意見を聞いて補説）**

> **銅の生産はなぜ増えた？**
>
> 　当時、なぜ銅の生産が増えたか。1つは電線だ。電線でつなぐ電灯で工女の夜間長時間労働が可能となり繊維工業が発展。電話や電信にも使われ軍艦内も明るくなった。また、輸出されて国に利益をもたらす。さらに銅は武器や機関車の一部にも使われ、富国強兵には不可欠となった。

〈A〉1878（明治11）年の秋、はんらんして一夜が明けた渡良瀬川の水面は、白い腹を見せて浮かび上がった魚で埋まった。食べた者は激しい腹痛。水が引いた田畑では作物が育たず、岸に根を張る竹まで枯れた。被害は洪水のたびに発生し、日清戦争の年には井戸水まで汚染。母乳が出ずに死ぬ赤ん坊もあった。

〈B〉武器や産業に使う大切な銅の生産を増やそう。それが国を発展させ国民を幸福にすると政府は言う。それに対し田中正造は、対策を立てずに国民を見捨てるのは国を滅亡させることだと訴えた。「鉱毒をたれ流させ……、人民を殺し、法律を守らないで、これで国が滅びたといわないで何といえますか」

先生：こうして工場等が有害なものを捨てて、㊝共の利益を㊊することを公害という。**この事件名と、解決に力を尽くした人の名を教科書で調べよう。**

　　　——確認⇒発表。政府が十分な対策を立てない中、国会議員であった田中正造はその地位と財産を投げ出し被害農民のため命がけで働いた。〈B〉を指名読み。

3　国が発展するとはどういうことか？

先生：**政府と田中正造の言い分のどちらに何％くらい賛成か？**

　　　——帯グラフをノートに写させ、どちらに何％賛成かを記入。それをもとに話し合いたい。

　　　板書③

国境を越えて人々のために　科学と文化の新しい動き

▶授業のねらい

①切手や紙幣を活用して、野口英世等明治の文化人の業績への関心を高める。

②欧米で学んだ日本人科学者の活動が、国際社会へさらに広がったことを理解する。

▶板書例

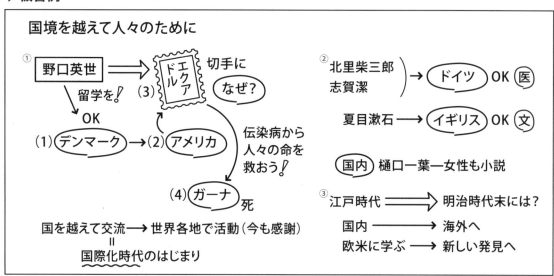

国境を越えて人々のために

① 野口英世 ⟹ ドエクア 切手に

留学を♪ (3) なぜ？

OK

(1) デンマーク → (2) アメリカ 伝染病から人々の命を救おう♪

(4) ガーナ 死

国を越えて交流 → 世界各地で活動（今も感謝）

＝

国際化時代のはじまり

② 北里柴三郎 志賀潔 ⟩→ ドイツ OK 医

夏目漱石 → イギリス OK 文

国内 樋口一葉―女性も小説

③ 江戸時代 ⟹ 明治時代末には？

国内 → 海外へ

欧米に学ぶ → 新しい発見へ

▶授業の展開：切手や紙幣から学びを育てる。英世と玄白の対比は復習も兼ねる。

1　こんなところにも日本人

——Ⓐを提示。

先生：**9.5cm×11.4cmの外国切手だ。分かることは？**

児童：日本人だ。ヒデヨ ノグチ。あっ**野口英世**だ。

先生：どこの国の切手？

——標題からエクアドルであることを読み解き、地図帳「世界の国々」で探す。

児童：南アメリカだ。すごく遠い。

　1876－1976との表記は、英世生誕百年の記念であることを示す。

Ⓐ

先生：なぜエクアドルが日本人の切手を発行するの？　**教科書で野口英世の活動を調べよう。**

——調査⇒発表。感染症の研究・治療に一生を捧げた科学者であることが分かる。彼は①デンマークや②アメリカに留学して研究を深め、③エクアドルや④ガーナに渡って人々の命を救い深く感謝される。記念切手の発行は、彼の行いを外国の人々が今も忘れていない証明だ。野口が死んだガーナの首都アクラにも銅像が建っている。

地図帳で①②③④の国もマークさせ、教室前面にも世界大地図を掲げて①〜④の国々に付せんを貼らせたい。欧米では人種の壁を越えて英世を受け入れ、英世もまた欧米以外の国に行って研究や医療をすすめたことが分かる。自国だけにとらわれない人々が、国境を越え世界各地で活動する国際化の時代が始まろうとしていた。野口英世の肖像が描かれた千円札を提示すると、さらに関心が高まる。**板書①**

2　国境を越えて行きかう人々

先生：欧米に留学した人は野口英世だけか。　　児童：違う。他にもいた。

先生：**では、他の科学者の名とその研究成果を教科書で調べよう。**

　　――調査⇒相互確認⇒挙手発表。　　児童：**北里柴三郎**です。ペスト菌を発見。

児童：**志賀潔**です。赤痢菌を発見。（教科書にない場合は省略可）

先生：**彼らの留学を受け入れた国は？**

児童：ドイツ。（教科書が北里のドイツ留学にふれていない場合は、自由に予想させ教師が正答を発表。"科学に国境はない"とはこのことであった）

先生：**科学者ではないが、この人は誰？**

　　――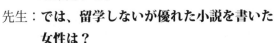旧千円札の画像を提示・知っている子が挙手発表。　　児童：夏目漱石。小説家。

　　1906（明治39）年発表の『坊ちゃん』は今も読まれる。『吾輩ハ猫デアル』も有名だ。

先生：**漱石の留学を受け入れた国は？**

　　――思いつきを発言。正解はイギリス。彼は英文学と漢学を深く学んで小説を書いた国際人でもあった。以上の人物の共通点を尋ね、「留学」と「男性」であることを確認する。

先生：**では、留学しないが優れた小説を書いた女性は？**

　　――五千円札を提示。　　児童：知ってる。樋口一葉！

　　――お金とはあまり縁のなかった貧乏暮らしの彼女だが、明治の下町に育つ少年少女の姿を生き生きと書いたことを知らせたい。**板書②**

3　時代を超えて比べよう

先生：**野口英世と、その200年前に生きた杉田玄白の共通点や違いを比べよう。**

　　――一方が野口の、他方が杉田の掲載ページを開いてペア相談⇒挙手発表。

共通点：日本人、男、医者（科学者）、西洋から学ぶ、

違　い：学ぶ場所が国内から国外へ、西洋に学ぶだけでなく新しい研究をする、解剖で人体を知ることから体内で病気を起こす菌の発見へ。

　　国内で杉田が始めた仕事を、野口が国外で発展させたことが分かる。江戸時代中ごろから明治時代末までの200年間に、大きな科学の進歩があったことも分かる。

　　時代を超えて比べると新しい発見があることに気づかせ、授業をまとめたい。**板書③**

高まる民衆の力　大正時代の生活と社会

▶授業のねらい

　①今も身近なお菓子や料理が大正時代に広く普及したことを知り、生活の新しい変化に気づく。

　②社会でも、古いしくみに挑む多様な運動が始まり民衆の力が高まったことを理解する。

▶板書例

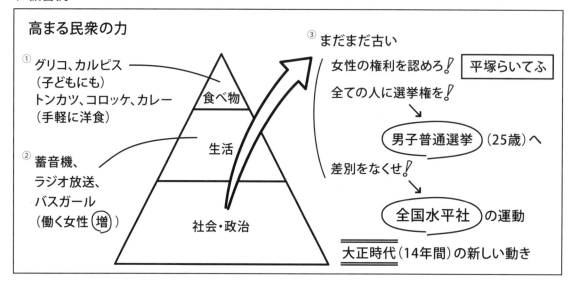

高まる民衆の力

① グリコ、カルピス
　（子どもにも）
　トンカツ、コロッケ、カレー
　（手軽に洋食）

② 蓄音機、
　ラジオ放送、
　バスガール
　（働く女性 増）

食べ物
生活
社会・政治

③ まだまだ古い

女性の権利を認めろ！　┃平塚らいてふ┃

全ての人に選挙権を！

→ ┃男子普通選挙┃（25歳）へ

差別をなくせ！

→ ┃全国水平社┃の運動

大正時代（14年間）の新しい動き

▶授業の展開：グリコやカルピス等で実物の提示が大切。身の上相談で女子を引き込む。

1　グリコからつくる学びとは？

　先生：**どんなキャラメルが好き？**

　　——口々につぶやいたところで Ⓐ を提示する。

　児童：グリコだ。古そう。

　　——発売は 1922（大正 11）年。栄養不足の時代に、栄養ある
　　　　グリコーゲンを子どもに届けることが創業者の願いであった。
　　　　認知度をあげるために考えたキャッチコピーが「一粒三百米
　　　　突」（m）。おもちゃをおまけにつけると爆発的にヒットした。

　先生：**買うのは子ども？　大人？**　　児童：子ども。

　　——貧乏な家もまだ多いが、お菓子を買える子が増えたのも
　　　　大正時代だ。森永ミルクキャラメル（ケース入り）の発
　　　　売は 1913 年。カルピスは 1919 年の七夕に発売したの
　　　　で天の川を表すパッケージとした。

　先生：**この時代に人々の間に広まった洋食とは？　　○にカタカナを入れよう。**

　　——ト○○○・コ○○○・カ○○○○ス　　相談⇒一斉応答へ。**板書①**

Ⓐ

技攷學大科醫
奬推士博瀬片

文化的滋養菓子

滋養價……一粒三百米突

グリコ

写真提供：江崎グリコ

正解はトンカツ・コロッケ・カレーライス。子どもの日常の中に「大正時代」を発見させたい。

2 生活の変化を図で確認

先生：**新しい食べ物が広がると、生活は？** 　児童：やっぱり新しくなる。

先生：**生活にはどんな新しいものが登場したか。次の３つを説明しよう。**

――⑧を配布してペア相談・記入⇒挙手発表へ。

⑧ 　㋐  　㋑ 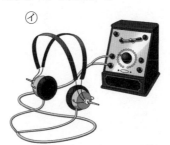 　㋒

――㋐は蓄音機（手動レコードプレーヤー）で、
流行歌の誕生につながった。㋑は個人用ラ
ジオ受信機で、ニュースはすぐ全国に伝わ
るようになる。㋒は女車掌（バスガール）で、
ドアの開閉や切符売り等を行う。働く女性
（職業婦人）はこうして増加した。（当時の
宝塚少女歌劇の写真を見せても盛り上がる）**板書②**

 子どもがのってきた時は？
　電気・ガスを使いバスや私鉄に乗って洋
風住宅からデパートに行く生活を記す教科
書もある。ラジオ放送や洋装の写真を入れ
た教科書もある。時間があれば読んで気づ
くことを発表させる。掲載写真を生かして
教師が補足してもよい。

〔幼い子が二人います。夫の母（同居）にいじめられ、夫は『俺が食わせてやっているんだ』と言って、話を
聞いてくれません。子どもがかわいそう。どうすればいいの?〕

3 社会を変える動きを知ろう

先生：**身の上相談は1914（大正3）年から新聞に登場。次の相談に君はどうこたえるか。**

児童：すぐ家を出ろ。離婚して金をとれ。

――女子から勇ましい発言も出るが、新聞の回答は〈がまんしなさい。日本の女はみなそ
うしてきた。やがて自由になれます〉であった。

児童：えー!!何、それ。　先生：我慢できる？　児童：できなーい（女子）

――生活に新しいものが登場しても、まだまだ社会は古い。

先生：**こうしたことを乗り越えて女性の権利を伸ばそうとした人は？**

――教科書参照⇒一斉発言。　児童：平塚らいてう。

――本名は明子（はるこ）・厳しい雪山に生きる雷鳥の姿に自分を重ねてこう名のった。

先生：**立ち上がったのは女性だけ？**　児童：違う。他にも。

先生：**社会や政治での新しい動きを探そう。**

――黙読チェック⇒相談⇒挙手発表へ。差別をなくす全国水平社の運動・普通選挙権を求め
る運動（25歳以上の男子に実現）等に気づかせ、発表を生かして授業をまとめたい。米
騒動も３社が絵入りで紹介している。**板書③**

村を襲った大地震　地域からとらえる災害の歴史

▶授業のねらい
①村を襲った大地震の被害をマンガから読み取り、どんな災害が派生したかをたどる。
②都市部である東京の被害がなぜ多いかを考え、被災時の行動の光と陰を学ぶ。

▶板書例

村を襲った大地震

① こわれる家　津波　逃げる人
　　　　　　　関東大震災
　　１９２３（大正12）年９月１日　昼
　地震 → 津波・火災などの災害　多

② 死者１０万以上 ── なぜ東京が多い?
　人口多　　◯ ── 避難場所　小
　　　　　　家ぎっしり　　道せまい

③ 人々はその時?
　ガンバレ!　小屋で生活　不安
　ボランティア　食べもの　着物
　多くの朝鮮人を ✕　デマ

◯ 学ぶことは? ── 助けあい　信頼
＜では、日本の景気は?＞

▶授業の展開：村の大震災をマンガから学習。さて、東京の被害は?　日本の景気は?

1　小さな村の大きな被害を読み取ろう

先生：百年前のマンガから何が分かるか。
　──Ⓐをを B ５に拡大。２人に１枚配布で対話が必ず活性化⇒書き込み⇒発表。最初は日頃目立たない子から指名。
児童：家がつぶれた。海に流された。電線が切れている。窓が壊れた。人がにげる。津波が来る。震災という字がある。なぜ小学校の名前があるの?
　──宇佐美小学校（静岡県伊東市）で関東大震災直後につくられた文集の表紙であった。
先生：このことわざを知っている?地震・雷・…。
児童：火事・おやじ!!
先生：地震とおやじはどちらが怖い?理由も言おう。
児童：地震だ。防げない。予知できない。被害が大きい。
先生：地震からどんな問題が生まれるか?シートの裏に

Ⓐ

つなげて書いてみよう。

——⑧のようにペアでウェビング作業を行わせて発表へ。教師は机間巡視。次のいずれか
　を評価。

　　㋐8個以上書けた。（量を評価）
　　㋑発想がユニーク。（動物被害・募金等）
　　㋒出来事を3つ以上につなげた。（関連）
　　こうして地震をもとに起きる多くの災害
　　をまとめて震災という。

先生：関東大震災について知っていることは？

——挙手した数人を指名。

先生：亡くなった人の数は？

——自由に予想。東京中心に死者10万人以上。大火災から21万軒以上の家が焼けた。
　　板書①

⑧
×救急車　家なし　流される
　　火事　死
×道　　　　　　　津波
　　地震
×橋　　　がけくずれ

2　東京ではなぜ多くの死者が？

先生：宇佐美村の死者はゼロ。東京だけで6千以上。なぜ東京は死者が多いか。

——人口の多さ・家の密集と大火災・狭い道・避難地の少なさ等が挙げられる。教科書等
　の被害写真から考えさせたい。**板書②**

3　被害を受けた人々は？

——予想後に⑧を提示して音
　読。小屋掛けで生活した
　と分かる。続いて⑩を提
　示。

先生：良いと思うことは？

児童：ボランティアが来た。み
　　な並んでいる。

先生：フェイクニュース（嘘）は？

児童：朝鮮人が2千人来る。

——あり得ない襲来デマを信じた人々に
　　より、逆に多数の朝鮮人・中国人等
　　が殺された。

　　最後は震災について思ったことを発
　　表させ、日本の景気がその後どうな
　　るか予測させたい。**板書③**

ⓒ
コマヲカケテ　ヨル
ヒトヤスミシテ　サルト
「タイヘンデスヨ、
チャウセン人ガ　ニセン
ニンキマシタ」
ヤア　ソレハ　タイヘン

ⓓ
（ガ）ウメボシ、
カミオホミノ　セイネン
ガ　デシンガ　シテ
五ツカメニ　ウメ
ボシ　マタル
キモノ　フタツリ
モッテキテ
クレマシタ、　ツレカラ
ミ・ヤ・ガハ・ヤ・ナカガハヘ
ヘシ幼カケテ・クレマシタ。
カンシンナ　セイネンデハ　アリマセンカ。　ナント

中国との戦いの広がり　誰が戦争を始めたか

▶授業のねらい

①芸能人をも巻き込んだ中国との戦いが、どのように始まり全面戦争に発展したかを理解する。

②戦争の経緯を地図作業等を通してつかみ、中国に攻めこんでも勝てない理由を考える。

▶板書例

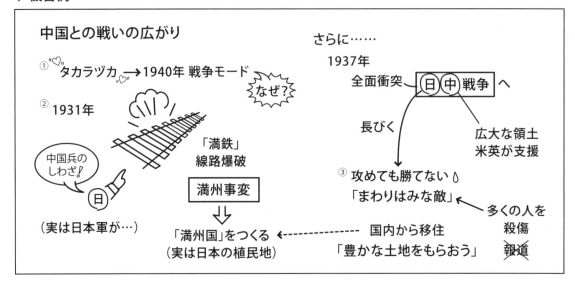

中国との戦いの広がり

① "♡"タカラヅカ"♡" → 1940年 戦争モード　なぜ？

さらに……

1937年

全面衝突 日中戦争 へ

② 1931年

中国兵のしわざ！

日

（実は日本軍が…）

「満鉄」線路爆破

満州事変
⇓
「満州国」をつくる
（実は日本の植民地）

長びく

広大な領土
米英が支援

③ 攻めても勝てない
「まわりはみな敵」

国内から移住
「豊かな土地をもらおう」

多くの人を
殺傷

報道

▶授業の展開：宝塚スターの写真に熱狂する女子も。まさか、そこから戦争学習が始まるとは。

1　現在も続く人気の歌劇団は？（スターの写真を見せると活性化）

先生：**宝塚といえば？**

——女子の様々な発表に頷く。

先生：**80年前、1940（昭和15）年の舞台はどんな様子か**

——予想後にⒶを提示。

児童：えー!!

——爆撃機の前に軍服でずらりと並び、直立不動で敬礼していた。「なぜこんなスタイルなの？」子どもの側から疑問が出る。「戦争中ではないか」との意見をふまえ、当時の日本は中国と長い戦争をしたことを教科書で確認。その戦いに勝つため政府は国内の全ての人やモノを動員。宝塚歌劇団もその方針に協力させられたのであった。**板書①**

Ⓐ

2　当時の新聞記事から国民の気持ちを予想

先生：**中国との戦争はいつどのように始まったか。1931年の新聞記事を読もう。**

　　——Ⓑを提示・指名読み。

先生：**この事件をどう思う？**

児童：中国はおかしい。

児童：やられたら日本が反撃するのは当たり前。

先生：**本当はどうか？教科書で確かめよう。**

児童：エーッ！！日本軍が中国軍を攻撃と書いてある。

児童：新聞の方がウソだった。

　　——教科書には「日本軍は、南満州鉄道の線路を爆破し、これを中国軍のしわざであるとして、攻撃を始めました」等と、その事情を記述してある。だが、真実を知らない国民の多くは中国を批判し、この戦争に協力していった。（批判すれば取り締まり）

Ⓑ

> **日中 ついに交戦す**
>
> 中国兵　南満州鉄道の線路を爆破
> わが守備隊　戦闘開始
>
> 九月十八日午後十時半、満州の中国軍基地の近くで乱暴な中国兵が日本の管理する鉄道線路を爆破しわが守備隊はすぐに反撃し、大砲を使って基地の一部を占領した。

先生：**この戦争の名は？**

児童：**満州事変。**

先生：**翌年、日本が満州につくった植民地の「国」の名は？**

児童：**満州国。**

先生：**そうした行動が、世界の国が集まる国際連盟から批判されると？**

児童：抜ける。

　　——日本の行動に賛成したのは44カ国中で日本1国であった。

先生：**1937年、さらに日本が中国と全面的に戦った戦争は？**

児童：**日中戦争。**

先生：**米英は日中どちらに味方すると思う？**　　児童：中国。**板書②**

　　——日露戦争では日英同盟等米英に支援されて強大なロシアと戦った。今度は米英と対立しながら広大な領土をもつ中国と戦う。テンポよく応答・板書をすすめたい。

3　教科書の地図で戦争の展開を確認

先生：**では、その戦争はどうすすんだか。まず、教科書の地図の「満州国」に着色しよう。日本軍の侵攻⇒や占領地域にも色を塗ろう。**

　　——一問一答学習を作業に変え、多くの子の参画を図る。作業中の気づき・つぶやきに耳を傾け、黙って板書していく。

　　「どんどん攻めている」「でも、全部は占領できない」もし中国の半分を占領したとしても、日本兵90万人は10平方㎞に3人の割合でしか配置できない。毎年約4万5千人が死に約10万人が傷つくので、補充しなければ6年で兵力がゼロとなる。

　　戦争の経緯は教科書を読んでつかませ、不景気に苦しむ人々が日本から満州に渡ったことも押さえたい。**板書③**

さらに米英との戦争へ　戦場はどこへ広がったか

▶授業のねらい

①日本が日独伊三国同盟を結び米英との対立を深めて戦争に突入する経緯をつかむ。

②戦争が太平洋や東南アジア等に広がった理由を考え、戦争の推移への関心を高める。

▶板書例

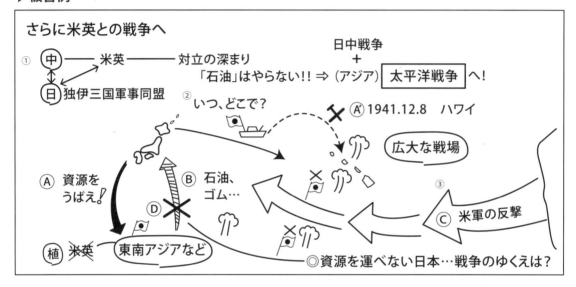

さらに米英との戦争へ

① 中 ── 米英 ──── 対立の深まり

日 独伊三国軍事同盟　「石油」はやらない!! ⇒（アジア）太平洋戦争へ！

日中戦争＋

② いつ、どこで？　Ⓐ' 1941.12.8　ハワイ

広大な戦場

Ⓐ 資源をうばえ！　Ⓑ 石油、ゴム…　Ⓓ✕

③ Ⓒ 米軍の反撃

植 米英✕　東南アジアなど

◎資源を運べない日本…戦争のゆくえは？

▶授業の展開：戦争がどれだけ人を狂わせるか。親しみやすい漫画やビラから深く考えさせる。

1　選択肢を２回設定。歴史の岐路で考える。

先生：中国は米英の応援をもらい日本と戦い続けた。日本はどの国と手を結ぶか。

──予想⇒Ⓐを提示。

児童：外国の子とダンス。ヒトラーがいる。ドイツと仲よし。もう一つの国は？

──イタリアだ。日本は1940年に日独伊三国軍事同盟を結んだ。

先生：ヒトラーについて知っていることは？

児童：ユダヤ人を殺した。戦争を起こした。

──ヒトラーはイギリス等と第二次世界大戦を行っていた。日本はそのドイツと同盟したので、自動的にイギリス等との対立を深めた。

先生：この同盟は日本にとって良かったか？

板書①

Ⓐ

2　戦争と分かれ道

先生：日本がさらに今のベトナムに軍を送ると米英は？

児童：怒る。調子に乗るな。

　――怒ったアメリカは日本への石油輸出をストップ。石油がなければ軍艦も飛行機も動かない。アメリカは中国・満州から日本軍を引きあげれば考え直すという。

先生：㋐侵略をやめて中国やアメリカと仲直りするか。

　㋑ため込んだ石油があるうちに中国プラスアメリカ等とも戦争するか。

　君ならどうする？

　――㋐㋑のどちらかに挙手させ意見を聞く。

先生：日本の指導者はアメリカとの戦争についてどう考えていたか。

　――Ⓑを指名読み⇒感じたことを発表。日本は中国に勝てないまま、さらに米英とも戦う道を選んでいった。**板書②**

Ⓑ

アメリカとの戦争について（要旨）

◆私にやれと言われれば１年や１年半は存分に暴れてごらんにいれます。しかしその先の事は全く保障出来ません。

このような勝つ見込みのない戦争はやるべきではありません。

（連合艦隊司令官・山本五十六）

◆絶対に勝つとは申し上げられません。しかし勝てる見込みのあることだけは申し上げられます。必ず勝つとは申し上げられません。

（陸軍・杉山元参謀総長）

3　日本軍はどこを占領するか

先生：1941 年 12 月 8 日、米英と戦争を始めた日本はどこを攻めるか。

児童：ハワイ。

先生：その他には？

　――予想を発表。

先生：実は、その１時間前にマレー半島を攻めていた。教科書の戦争地図を見て日本の最大勢力図範囲の線をマークしよう。気づくことは？

児童：アメリカを攻めていない。太平洋やアジアを攻めている。なぜ？

　――意見を出して教科書で確認。石油等の資源を得て日本に運び、燃料や製品に変えて戦争を続けるためだと分かる。（日本にはアメリカ本土を攻める意思も力もなかった）

先生：この作戦はうまくいくか。

児童：いかない。

　――意見があれば発表。

Ⓒ

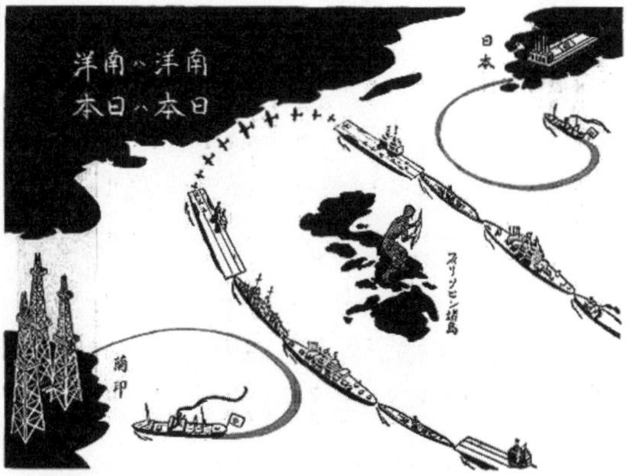

先生：アメリカ軍が撒いたⒸを見て、アメリカの軍艦に色をぬろう。分かることは？

児童：アメリカの軍艦が邪魔して資源が日本に運べない。

先生：日本とアメリカでは、石油が１：686・飛行機が１：43・砲弾が１：524 と生産力に大差がある。戦争はどうなっていくか。**板書③**

学習課題 No.65 「子どもたちと戦争」に対応

子どもたちの戦争 「ほしがりません 勝つまでは」

▶授業のねらい

①公園やその周辺を描いた漫画から戦時の子ども生活を読みとり、なぜそうなったのかを考える。
②子どもはどんな教育を受けどう戦争に関わったかを調べて、その概要を理解する。

▶板書例

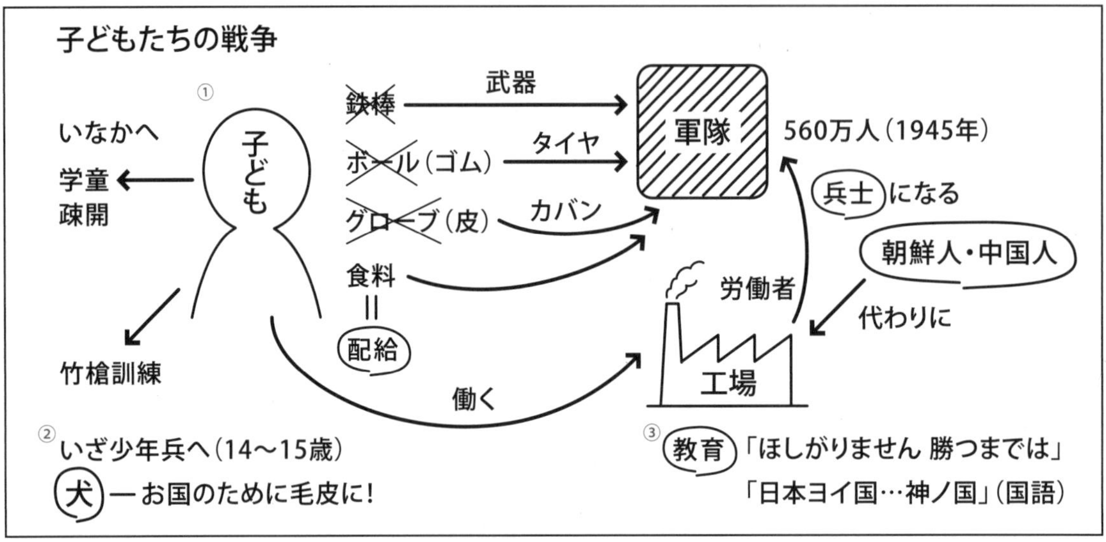

▶授業の展開：戦時中の子どもの生活から学習を自分事に近づける。戦争には犬も動員!

1　戦時中の公園のありさまは？

先生：Ⓐ**は戦争中の公園だ。気づくことを書きこみ発表しよう。**

児童：㋐ブランコの鎖や鉄棒がない。㋑遊びがつまらなそう。㋒元気がない。㋓何か置いてある。㋔工場から煙。

——まずは意見を全て出させ黒板の右手に列挙。その上で以下の順に入れ替え、気づきの背景に何があるかを探りたい。

先生：㋐**なぜ鉄がないの？**　　児童：戦争に使う。

先生：㋑**なぜ野球しないの？**　　児童：道具がない。

——ボールやグローブの原料のゴムや皮は、飛行機のタイヤや兵隊の装備品等に使う。遊ぶのは紙のメンコやガラスのおはじきがせいぜいだ。

Ⓐ

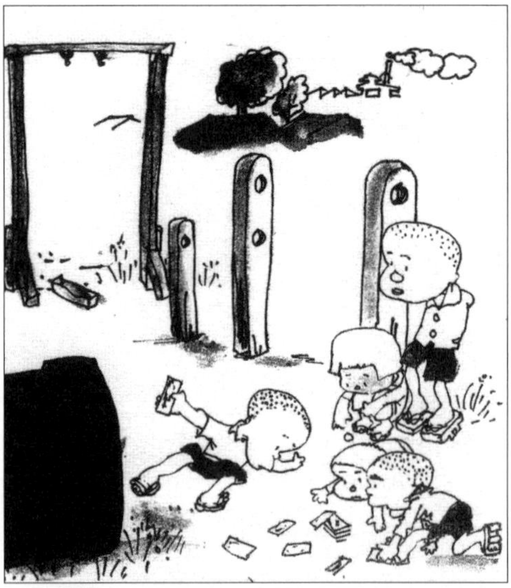

『糸井ちゃん せんそうのお話してあげる』八木義之介（蒼海出版） 一部改変

先生：㋒**食べ物はどうなったの？**

——教科書を見れば、配給制で自由に買えないことが分かる。兵隊優先のため量も減った。1945 年 8 月の兵士数は約 550 万人。多くの男子が戦場に行った。

先生：㋓**これは下水等に使う土管だ。なぜ放ってあるの？**　　児童：下水工事は後回し。

先生：㋔**男が減ったはずの工場から煙が出ている。働くのは誰？**

——教科書等で調べると、中学生や女学生、さらには強制連行された朝鮮人・中国人も働かされていた。**板書①**

Ⓑ

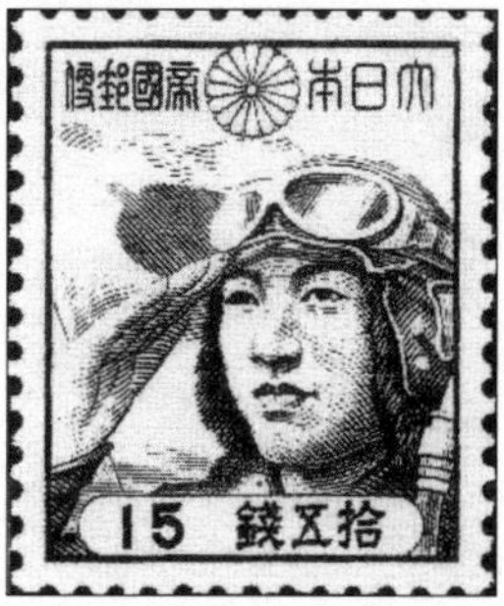

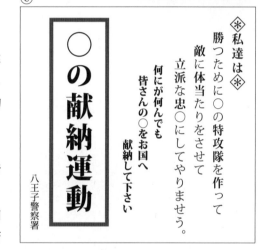

2　戦争への子どもたちの協力は？

先生：**他に、どんなことで子どもは戦争と関わったか**。

——予想⇒教科書等で調査。薙刀や竹槍等戦争の訓練・農家の手伝い・学童疎開、さらにはどんぐり拾いまで載せた教科書もある。補説を加えたい。

先生：他には？　　児童：？？？

——Ⓑを提示。　　児童：パイロットだ。

——少年航空兵は 15 歳から、少年戦車兵は 14 歳から応募可能。そのカッコよさはこうして宣伝された。海軍特攻戦死者の約 43％は 20 歳以下。16 歳も 1 名いる。

先生：他には？　　児童：……。

——チラシⒸを提示。○に入る漢字 1 字を考えさせる。

正解は「犬」だ。狂犬病防止・毛皮や肉の利用・食料節約等を理由に犬猫の飼育も不自由になった。今、犬を飼う子はどう思うだろうか。**板書②**

Ⓒ

※私達は※
勝つために○の特攻隊を作って
敵に体当たりをさせて
立派な忠○にしてやりませう。
何にが何んでも
皆さんの○をお国へ
献納して下さい

○の献納運動

八王子警察署

3　子どもにはどんな教育を？

先生：**文句を言わず戦争に協力する子をつくるには、どんな教育をすればよいか**。

——相談⇒挙手発表。

児童：苦しいことも我慢させる教育。（「ほしがりません 勝つまでは」）
すすんで戦争へ行く教育。日本の正しさを教える教育。

先生：**実際はどうか教科書等で調べよう**。

——調査と相談⇒挙手発表。戦時中の教科書の紹介もある。「日本ヨイ国、清イ国、世界ニヒトツノ神ノ国」とは、当時の教科書の一節である。音読させてもよい。学校の奉安殿の前に整列し捧げ筒をする子どもたちの写真が載る教科書もある。ネットからも探して活用したい。では、戦争が進むにつれ、子どもをふくむ国民はどんな被害を受けるのであろうか。**板書③**

📖 関心を持ったことは、さらに調べるようよびかけたい。

広がる戦争被害　町も村も戦場に

▶授業のねらい

①「火たたき」を導入に、街を焼き尽くす米軍機の攻撃が東京等に大被害を与えたことを学ぶ。
②沖縄戦で住民が多く死亡した理由を考え、人々をまきこむ近代戦の悲惨さを理解する。

▶板書例

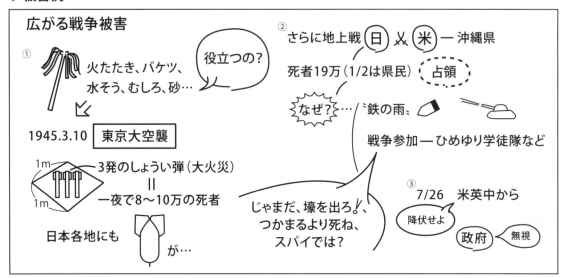

広がる戦争被害

① 火たたき、バケツ、水そう、むしろ、砂…　役立つの？

1945.3.10　東京大空襲

1m　3発のしょうい弾（大火災）
1m　＝
　　一夜で8〜10万の死者

日本各地にも　が…

② さらに地上戦　日 × 米 ― 沖縄県

死者19万（1/2は県民）　占領

なぜ？…〝鉄の雨〟

戦争参加―ひめゆり学徒隊など

じゃまだ、壕を出ろ！、つかまるより死ね、スパイでは？

③ 7/26　米英中から
降伏せよ
政府　無視

▶授業の展開：火たたきの時代錯誤を笑う子も、民衆の被害を事実で知ると表情を変える。

1　この棒は何に使うの？

　　——写真Ⓐを提示。

先生：**戦争中、都市部の家にあった。人の背より少し長い。これは何か？**

児童：踊りで振る？ほこりを取る。

　　——どれも違う。ここでⒷを提示。ああだこうだの末、水槽の水をかけて火を消す「火たたき」だと分かる。バケツ・むしろ（濡らして火を覆う）・砂袋（油性の薬剤を燃やす焼夷弾に砂をかけて消す）も常備されたことを補説する。

先生：**なぜこうした消火セットを置くか。**

　　——挙手発言。

児童：敵の飛行機が爆弾を落とすから。

　　——つまり空襲対策だ。街は戦場となり罪もない多くの住民の上に無差別に爆弾が落されて死傷した。

Ⓐ

Ⓑ

（写真協力・提供：昭和館）

先生：**誰が火事を消すの？**　　児童：街の人

——江戸時代であれば火事は火消しに任せて住民は逃げた。だが、戦時中は『防空法』によって逃げずに消火する義務があった。（逃げれば罪になる）

先生：**空襲や空襲後の街の様子を教科書で見よう。**

——各社は、爆弾の雨を降らす米軍機・その爆弾が炸裂する市街地・焼け野原となった都市の写真等を空襲地図と併せて載せる。読みとったことを発表させたい。消火セットは役に立たず、かえって逃げ遅れて焼死する人を増やす。1945 年 3 月 10 日の東京大空襲では数時間のうちに 8 ～ 10 万人が死亡した。**板書①**

📖 **とても消せない爆弾の火の雨**

「投下された爆弾は一〇〇キロ級六発、油脂焼夷弾は四五キロ級八五四五発、同二・八キロ級十八万三〇五発、エレクトロン焼夷弾一・七キロ級七四〇発（消防庁資料）、中心地では一平方メートルあたり、少なくとも三発」（『東京大空襲』早乙女勝元 岩波新書）

2　グラフから住民を巻き込む地上戦の悲惨さを理解

先生：**では、空襲後に米軍が上陸して日本軍と戦った県は？** ©

——予想⇒教科書で確認。　　児童：沖縄県。

先生：**戦没した「一般住民」に着色して気づくことを言おう。**

——©のグラフ〈沖縄県援護課調べ〉を配布。

児童：死者が一番多い。全戦没者の半分に近い。

——当時の県民は約 59 万人であるから、6 人に 1 人が死亡した。クラスの 6 人に 1 人を立たせイメージしたい。

先生：**住民の犠牲はなぜそれほど多いか。**　　——挙手発言。

児童：戦争に参加した。巻き込まれた。兵隊と間違われた。

——ひめゆり学徒隊（女学生）や鉄血勤皇隊（男子中学生）の犠牲・学童疎開船対馬丸撃沈、さらには軍によるガマ（壕）からの追い出しや集団自決への軍の関与等も教科書を補うかたちでふれたい。**板書②**

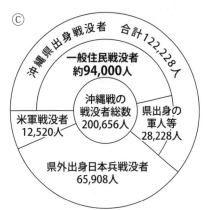

沖縄県出身戦没者　合計122,228人

一般住民戦没者 約94,000人

米軍戦没者 12,520人

沖縄戦の戦没者総数 200,656人

県出身の軍人等 28,228人

県外出身日本兵戦没者 65,908人

3　37 年前の日露戦争と比べると？

先生：**日露戦争の日本側戦没者数は？**

——約 8 万 5 千人だ。沖縄では約 3 カ月でそれ以上の住民が死んだことが分かる。

先生：**東京大空襲では？**

——わずか数時間内に日露戦争以上の死者が出たので子どもは驚く。みな一般住民である。これが近代戦だ。太平洋戦争では街も村も文字通りの戦場となった。

先生：**沖縄占領後の 7 月 26 日、米英中は日本の降伏を求める文書を発表した。政府はどうするか。**

——相談⇒意見表明。

児童：降伏する。戦争を続ける。

先生：**戦争はその後どうなるだろうか。板書③**

📖 **被害の実態をイメージ**

地域の被害の実態を入れて授業したい。事後の発展として、不要な新聞・雑誌等を各班で持ち寄り50 人の顔写真を切り抜き画用紙に貼らせたい。全班分を集め、その何倍の人が死んだかイメージさせると被害の規模が少しは実感できる。

大日本帝国の降伏 　19日間に何が起きたか

▶授業のねらい

①被爆前後の建物を比べて原爆の惨禍を知り、ソ連参戦を機に政府がついに降伏したことを知る。

②国内外の戦没死者数をグラフ化して比べ、戦争の被害と加害について考える。

▶板書例

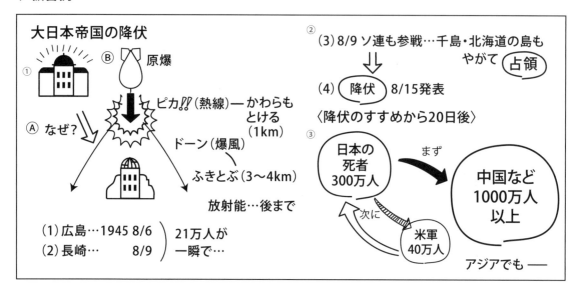

▶授業の展開：写真は④⇒Ⓑの順で示すと衝撃を生む。死者数は過去や他国と対比。

1　2枚の写真を比べると？

先生：**このビルを知っているか？**　　　――④を提示。　　　児童：何これ？

先生：**本当に知らない？**

　　　――表情を引きしめてⒷを提示。

児童：あー、分かった！原爆ドームだ。

　　　――アメリカは異議を唱えたが、今は世界文
　　　　　化遺産に登録。比べて違いを発表させる。

児童：**原子爆弾**で半分吹き飛んだ。崩れそう。

先生：**人間は？**（イメージ化）

　　　――応答の後に教科書の写真を見せる。

児童：街もめちゃめちゃ。人がいない。

先生：**世界初の原爆を受けた国民として、そ
　　　の怖さをできるだけ挙げよう。**

　　　――真剣に相談⇒挙手発表。一瞬のうちに、
　　　　　無差別に熱線で焼き、爆風で建物も人

上下2枚の写真は、『母と子でみる広島・長崎』（草土文化）より

も吹き飛ばし、あちこちに火災を起こす。その後も放射能で人体を壊し影響は子孫に及ぶこともある。意見は例えばこうしてまとめたい。

2　原爆について具体的に解説

先生：**原爆は誰がいつどこに投下し、何人死亡したか？**

——教科書調査⇒挙手発表。

児童：米軍が**8月6日広島に投下、約14万人死亡、8月9日は長崎**、約7万人死亡…等。

——日露戦争戦死者の2.5倍。21万人の市民が今度は一瞬で命を奪われた。

先生：**広島への投下時刻は？**　　児童：？？？

先生：**8時15分。なぜ？**

児童：人が外へ出て働く時間だ。（長崎は、北九州への投下予定変更のため11時2分）

——7月26日の降伏のすすめを政府が無視すると、まず2発の原爆が投下された。**板書①**

先生：**では、長崎原爆投下と同じ8月9日には満州や樺太で何が起きたか？**

——教科書でソ連の侵攻を確認する。これがとどめとなって日本政府は無条件降伏し、8月15日には天皇が国民にラジオで放送した。米英中が降伏を要求してから20日目であり、その間に以上のことが起きた。（ソ連はその後も攻撃を続け、北海道に属する歯舞諸島・色丹島まで占領）**板書②**

3　グラフに記入する作業で、戦争を理解

先生：**こうして終わった太平洋戦争での死者はどれくらいか。グラフに記入しよう。**

——配布⇒作業。（教科書等を参照）中国の死亡者は1000万人以上だとされる。

先生：**記入して気づくことは？**

児童：日本の死者はすごく多くなった。中国はその3倍以上だ。

——「ぎせい者は、東アジア・東南アジア（ベトナム・フィリピン等）だけで2000万人以上」と記す教科書もある。ここで満州事変以来のページをもう一度たどらせ、「中国軍のしわざにしてまで戦争をおこして、『満州』を手に入れようとした」行動が結局何につながったのかを考えさせ、意見を交換させたい。**板書③**

📖　2007年、当時の安倍晋三首相は全国戦没者追悼式において「アジア諸国の人々に多大の損害と苦痛を与え、深い反省と追悼の意を表する」と述べた。子どもは、15年近い戦争の時代を振り返って何を感じるだろうか。

焼けあとの中から　生活や学校はどう変わる?

▶授業のねらい

①１枚の漫画から敗戦後の生活を読み解き、当時の日本に米兵が多い理由を理解する。

②戦後の学校生活の変化を今日と対比し、改革の中で当時の人が何を望んだか考えあう。

▶板書例

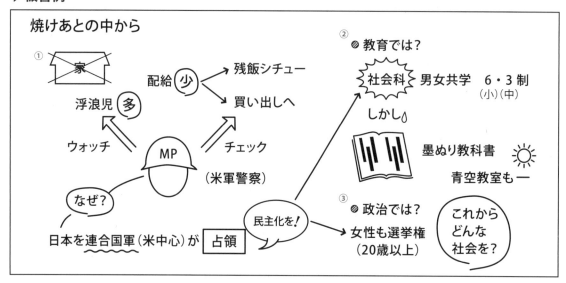

▶授業の展開：漫画の読み取りや「墨塗り」作業から戦後社会の変化をイメージ化する。

1　年表からマンガへ学びをつなげる

先生：**教科書の年表を開き、江戸〜昭和時代にあった外国との戦争に線を引こう。**

──相談・作業⇒気づきの発表。

児童：江戸時代にはない。太平洋戦争の後も起きない。全部明治から。

──江戸時代は武士が治める時代だが、300年近く平和が続いた。明治から敗戦までの56年間は、文化や産業が発展したが戦争の連続であった。

先生：**では、敗戦後はどんな社会・生活になるか?**　──予想を発表。

児童：平和な社会。生活は苦しい。

──Ⓐを提示。

先生：**人を見て気づくことは?**

左図を見た児童のつぶやき
㋐金庫から出てくる
㋑何か食べている
㋒子どもが貧しそう
㋓重い荷物を運ぶ
㋔警官?、外国人みたい、ＭＰって何?

資料から気づくこと

㋐は家がなく焼け残った金庫に住む人だ。㋑の人は市場で売られた米軍残飯シチューを食べている。㋒は親を失った戦争孤児である。㋓の男女は配給食糧が少なくて生活できず、田舎に食べ物を買い出しに行って運んできた。㋔はミリタリーポリスの略でＭＰ、米軍警察のことだ。罪を犯した米兵は日本の法律ではなく、米軍が裁判する。それを捕まえるのがＭＰで、関係する日本人も逮捕された。

先生：**なぜ米軍が日本にいるの？**

——教科書で調べると、降伏した日本はアメリカ等の連合国軍に占領されたことが分かる。その下で国の制度や教育はどう変わるのか。**板書①**

2　学校教育で変わったことは？

先生：**教育で、戦後新しく始まったことを今の教室から探そう。**

——相談⇒各自発表。当たり前すぎて見つからない。

Ⓑ

Ⓐと Ⓑの図には参考資料が存在する。著作権者不明のため、イラスト化して掲載。

先生：**今、教室にいるのは男と…。**

児童：女、当たり前。

——いや、男女共学や男女共習の家庭科は戦前にはない。

先生：**今、学んでいる教科は？**　　児童：社会科。

——平和で民主的な国や社会をつくる目的で始まった新教科である。全員学校給食も、来年全員が行く中学校も戦後の制度だ。逆に、今は見られない青空教室の情景も示したい。Ⓑを提示。

先生：困ることは？　　児童：雨。

先生：**なぜ外で勉強するの？**

児童：校舎が足りない。

先生：**では、墨ぬり教科書とは？**

児童：？？？

——民主教育のための教科書が間に合わないので、これまでの教科書の戦争に関する文章に墨を塗らせて使うのだ。

Ⓒ

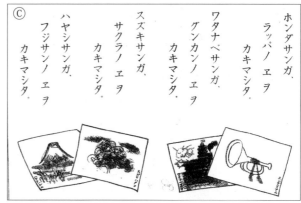

ホンダサンガ、
ラッパノ ヱヲ
カキマシタ。
ワタナベサンガ、
グンカンノ ヱヲ
カキマシタ。
スズキサンガ、
サクラノ ヱヲ
カキマシタ。
ハヤシサンガ、
フジサンノ ヱヲ
カキマシタ。

『ヨミカタ―』文部省　昭和 16 年より

先生：**1 年生は右のページのどこに墨をぬらされたか。線を引こう。**

——正解は右半分の全て。子どもはどんな気持ちになっただろうか。**板書②**

3　女性の権利は

先生：**選挙権はどう変わる？**

児童：女性にも。20 歳以上の男女。

——男女平等と女性の地位の向上も、戦後新たに始まった。

先生：**こうした中で、今度はどんな社会にしたいと人々は思っただろうか？**

——最後はこう投げかけて次時につなげたい。**板書③**

新憲法の特色は？　二度と戦争はしない

▶**授業のねらい**

①敗戦後の人々がどんな世の中を望んだか考え、新憲法の特色である平和主義への理解を深める。

②日本をふくむ東アジアの国々がどう変わったかを、地図帳による作業を通してつかむ。

▶**板書例**

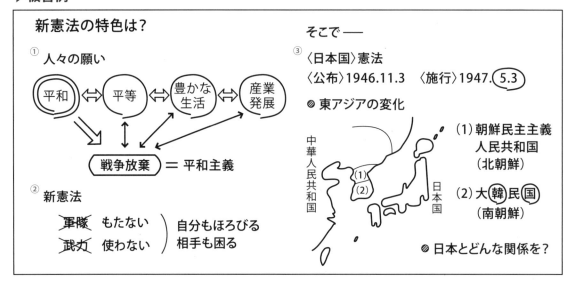

新憲法の特色は？

① 人々の願い

平和 ⇔ 平等 ⇔ 豊かな生活 ⇔ 産業発展

戦争放棄 ＝ 平和主義

② 新憲法

軍隊 もたない
武力 使わない
} 自分もほろびる
相手も困る

そこで ――

③〈日本国〉憲法

〈公布〉1946.11.3　〈施行〉1947.5.3

◎ 東アジアの変化

中華人民共和国　日本国

(1) 朝鮮民主主義人民共和国（北朝鮮）

(2) 大韓民国（南朝鮮）

◎ 日本とどんな関係を？

▶**授業の展開：当時の教材を再学習し、戦後日本への人々の思いと重ねて平和主義を受け止める。**

1　今度はどんな世の中に？

先生：**敗戦後、国民はどんな世の中を望んだか。君の予想は？**

　　――相談⇒挙手発表。

児童：戦争のない平和な世の中。

先生：**それなら江戸時代と同じだね？**

児童：違う。武士等はいないでみんな平等。

先生：**軍隊は持つの？**　　児童：持たない。守るくらいは持つ。

先生：その他は？　児童：食べ物や住む家がほしい。豊かな世の中にしたい。産業を発達させる…等。

先生：**日本が植民地にしたところは？**

児童：元に戻すと思う。

　　――これは米英中等との約束ですぐに実行された。それにともない満州をふくむ広大な地域から、多数の国民が苦労して引き上げてきたことにもふれる。**板書①**

Ⓐ

2 『あたらしい憲法のはなし』を学ぶ

先生：**人々の願いをふまえてどんな憲法がつくられたか。この図を覚えている？**

——前ページ④を提示⇒相談・気づきを発表。

児童：戦車や飛行機を鍋の中に入れる。電車や船・自動車になって出てくる。

先生：**この絵にはどんな意味があるの？**

児童：二度と戦争しない。

　　——その通り。放棄とは捨て去ることだ。武器をなくす代わりに、産業発展に役立つ平和の道具で国を豊かにするのだ。

先生：『あたらしい憲法のはなし』⑧を読み日本がなくすものを挙げてみよう。

児童：兵隊・軍艦・飛行機。陸軍・海軍・空軍。

先生：**戦力の放棄だ。**まだある。

児童：戦争。

先生：**それが戦争の放棄だね。**

　　——この２つは政府と国民の約束であるが、同時に世界に向けた日本の約束でもあった。

　　⑧の中に「いいな!!」と思う文やことばがあれば発表させたい。**板書②**

⑧

こんどの憲法では、日本の國が、けっして二度と戦争をしないように、二つのことをきめました。その一つは、兵隊も軍隊も飛行機も、およそ戦争をするためのものは、いっさいもたないということです。これからさき日本には、陸軍も海軍も空軍もないのです。これを戦力の放棄といいます。「放棄」とは「すててしまう」ということです。しかしみなさんは、けっして心ぼそく思うことはありません。日本は正しいことを、ほかの國よりさきに行ったのです。世の中に、正しいことぐらい強いものはないのです。

もう一つは、よその國と争いごとがおこったとき、けっして戦争によって、相手をまかして、じぶんのいいぶんをとおそうとしないということをきめたのです。おだやかにそうだんをして、きまりをつけようというのです。なぜならば、いくさをしかけることは、けっきょく、じぶんの國をほろぼすようなはめになるからです。また、戦争とはゆかずとも、國の力で、相手をおどすようなことは、いっさいしないことにきめたのです。これを戦争の放棄というのです。そしてよその國となかよくして、世界中の國が、よい友だちになってくれるようにすれば、日本の國はさかえてゆけるのです。

みなさん、あのおそろしい戦争が、二度とおこらないように、また戦争を二度とおこさないようにいたしましょう。

3 戦後の東アジアの国々は？

先生：**新しい憲法の名とつくられた日時を調べよう。**

　　——教科書で調査⇒指名⇒板書の空欄に記入⇒答え合わせ。

　　〈**日本国**〉憲法　〈公布〉＝ **1946・11・3**　〈施行〉＝ **1947・5・3**

　　——施行までに PR する期間は６カ月あった。

先生：**そこで、５月３日は何という祝日？**

　　——憲法記念日であることは意外に気づいていない。

先生：**大日本帝国に代わって何という国になったの？**　　児童：**日本国。**（一斉に発表）

先生：**周りにはどんな国ができたか？**　　児童：韓国。北朝鮮。中国。

先生：**正しい名は？**　　児童：???。分かった!!

　　略地図を板書し、地図帳を参照させて正しい国名を記入させたい。

　　——作業⇒挙手発表⇒教師が記入。敗戦後、朝鮮は連合国軍の統治下に入る（北緯38度線以北をソビエト連邦軍が、同以南をアメリカ軍が管轄）。この後、日本とこれらの国々・中国・アメリカとの関係はどうなるであろうか。**板書③**

📖 ここでは、平和主義がなぜ生まれたかを歴史をふまえて理解させたい。④図の「戦争放棄」の語句はカードで隠し、図の読み取りの後にはずすとさらに印象が深まる。

日本の独立と沖縄　ゴジラは何に怒ったか

▶授業のねらい

①ゴジラのポスターを導入に、なぜ水爆が開発されたかを米ソの対立と関わって理解する。

②日本が米側の国々との平和条約により独立を回復したことを知り、その後の課題を考える。

▶板書例

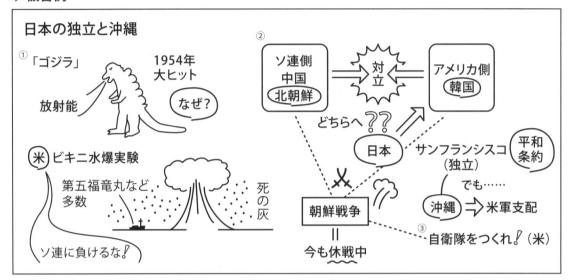

▶授業の展開：驚きをもってゴジラと出あわせ戦後の課題の学習につなげる。

1　これなあに？

先生：**1954年にできた映画のポスターだ。恐怖の目線の先にあるものは？**

——Ⓐを提示⇒自由に発言⇒隠していた紙を外す。（Ⓑになる）

児童：お〜、ゴジラだ!!

児童：すご〜い。

——文や語句を読む。

先生：**疑問は？**

児童：水爆って何？　なぜ火（放射能）を吐くの？

——水爆とは原爆より千倍も強力な**水素爆弾**のことだ。当時アメリカは太平洋の**ビキニ環礁**でその実験を繰り返していた。これに出会った静岡県の漁船第五福竜丸は「死の灰」（放射能をふくむ有害な降下物）をあび、船員1人はやがて死亡。他

にも漁船 800 隻以上が被害を受けマグロは全く売れない。放射能を吐くゴジラの映画は、その状況にマッチして大ヒットした。**板書①**

> 📖 **水爆大怪獣『ゴジラ』とは?**
> 「ゴジラは死んだ・・・だが、もし水爆実験が続けて行われるとしたら、あのゴジラの同類が、また世界のどこかに現れてくる」〈『ゴジラ』海原俊平 講談社Ｘ文庫 より〉

2 日本とアメリカとの関係は？

先生：**アメリカはどの国に対抗して水爆の開発を急いだか。**

児童：中国。ロシア。

——アメリカは当時のソ連と対立し、世界の多くの国も 2 つに分かれたことを教科書で確認する。

先生：**韓国は米側、中国はソ連側、インドは中立…日本政府はどちら側に？**

——どれかに挙手。米側が多い⇒意見発表。

児童：米側・今もそうだから。ソ連よりいい。最強の国と組む。

先生：**では、連合国軍の占領が終わって独立する時、日本が米国側の国と結んだ条約は？**

——調査⇒発表。

児童：**サンフランシスコ平和条約。（講和条約）**

——日本はこの条約を 48 カ国と結んで独立を認められ国際社会に復帰した。

先生：**米側以外の国とは？**

——中国等は招かれずソ連は条約を結ばなかったとある。仲直りしなかったのだ。

先生：**沖縄県はどうなったか？**   ——予想。

先生：**当時の沖縄の切手を見せよう。**   ——ⓒを提示・相談⇒挙手発表。

児童：琉球とある。昔の名前だ。3 ¢とは何？　セントだ。　アメリカのお金だ。

ⓒ

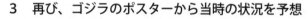

先生：**ということは？**　児童：アメリカが占領したまま。

——サ条約で日米はそう決めた。日本へ来るにはパスポート。米兵の犯罪や事故は多発。教師たちは必死に日本語教育を守る。沖縄は 1972 年まで米軍が統治した。

先生：**独立して、日本にある米軍基地はどうなる？**

児童：なくなる。そのまま。

——サ条約と同時に結んだ日米安全保障条約により、そのまま使用された。**板書②**

3 再び、ゴジラのポスターから当時の状況を予想

先生：**もう一度ゴジラのポスターを見よう。飛行機から気づくことは？**

児童：ジェット機もある。やられている。日の丸がある。日本のものだ。
　　　軍隊のない日本になぜ武器があるの？、**自衛隊**だ!!

——自衛隊ができたのは 1954 年で、ゴジラと同い年である。これはその戦闘機であった。

先生：**自衛隊のもとの組織をアメリカがつくらせたのは 1950 年。日本の近くで何という戦争が起きた年か？**

児童：**朝鮮戦争。**

——韓国をアメリカが支援し北朝鮮を中ソが助け、ゴジラ上映の 1 年前まで激しい戦いが続いた。人々は、どんな思いでゴジラの怒りを見つめただろうか。**板書③**

161

オリンピックと新幹線　男たちはなぜ集まった?

▶授業のねらい

①「男たちはなぜ集まったか」を考え、普及した電化製品を調べて生活や社会の変化をつかむ。

②再び怪獣キャラに注目し、経済発展からどんな問題が生まれたかに気づく。

▶板書例

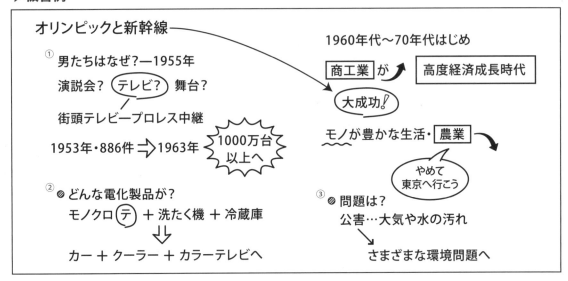

オリンピックと新幹線

① 男たちはなぜ?―1955年

演説会? テレビ? 舞台?

街頭テレビープロレス中継

1953年・886件 ⇒ 1963年　1000万台以上へ

② どんな電化製品が?

モノクロ テ ＋ 洗たく機 ＋ 冷蔵庫
↓
カー ＋ クーラー ＋ カラーテレビへ

1960年代〜70年代はじめ

商工業 が → 高度経済成長時代

大成功!

モノが豊かな生活・農業

やめて東京へ行こう

③ 問題は?

公害…大気や水の汚れ
→ さまざまな環境問題へ

▶授業の展開：1枚の写真の「?」から、生活の変化の背後にある社会の変化を見通す。

1　写真を2人に1枚配布して、活性化

——Ⓐを A4 に拡大。2人に1枚配布するとペアで対話が始まる。3分後に気づきを発表。

児童：みな前向き。男がほとんど。夜。仕事帰り?　何かを見ている。1955年、…等。

先生：**男たちはなぜ集まったか?**

——相談⇒挙手発言。

児童：テレビ?

児童：演説会、歌の舞台。

——正答が出ても表情を変えず全意見を同列に板書。

Ⓐ

毎日新聞社提供

互いに質問させて疑問を深めあわせる。

児童：このころ大きなテレビはないはず。なぜ男中心？　なぜ、みな同じ方向をみるの？

先生：**どの意見に賛成か？（演説会・舞台・テレビ・…等）**

——挙手で確認。続いてⒷを黒板等に提示。

児童：テレビだ!!　小さい。プロレスだ。力道山。だから男が集まった。

——テレビ放送開始は1953年。大卒給料7000円の時代に1台18万円もしたので庶民は街頭テレビに群がる。同年、新宿西口広場には1万2千人が集まり外国人レスラーを倒す力道山に熱狂した。

Ⓑ

先生：**1953年のテレビ契約は886件。10年後の1963年は何件になるか。**

——思いつき発言歓迎。正解は1000万件以上。受信数の急増に伴い、

毎日新聞社提供

毎日新聞社提供

1958年には世界一の電波塔・東京タワーがつくられた。**板書①**

2　電化製品を予想

先生：**広まった電化製品はテレビだけ？**　　児童：違う。

先生：**では、他にどんな製品が登場したか？**

——予想⇒教科書で検証。

——テレビ・洗濯機・冷蔵庫（「三種の神器」）やカー・クーラー・カラーテレビ（3C）等を確認する。1960～70年代にかけては平和の中で商工業が急成長し、生活が便利になった（高度経済成長）。

先生：**1964年、交通やスポーツの分野で起きたことは？**

児童：東海道新幹線開通。東京オリンピック。

——東京—大阪は3時間半でむすばれ、首都にも高速道路が建設された。

先生：**1950年に商工業で働く人は全体の52％、1970年には？**（80.6％）

——反対に農林水産人口は48％から19.4％に激減し、社会は大きく変化した。**板書②**

> **当時の生活を聞く**
> 祖父母等から当時の生活を聞き取りさせたい。こうしたインタビューも、すばらしい調べ学習である。

3　おどろおどろしい絵を提示して、それは何か予想

先生：**これは何か。気づくことは？**

——Ⓒを提示。自由に発言。

先生：**1971年の映画「ゴジラ対ヘドラ」に登場するヘドラだ。この怪獣は何から生まれたか？**

——正解は「汚れた海のヘドロ」。そこで、当時何が社会問題になったか予想し教科書で検証させる。答えは「公害」。工業発展の中、対策が不十分なため各地でどんな公害・環境問題が生じたかを調べ、経済成長の光と影を考えさせる。**板書③**

Ⓒ

現代日本の課題とは？ "命"から見直す歴史と社会

▶授業のねらい

①平均寿命が30歳延びた背景には日本の平和的発展があったことを理解し、他の良さも知る。

②沖縄の基地問題等、日本と他国の間に生まれた課題を調べ、世界学習への意欲を高める。

▶板書例

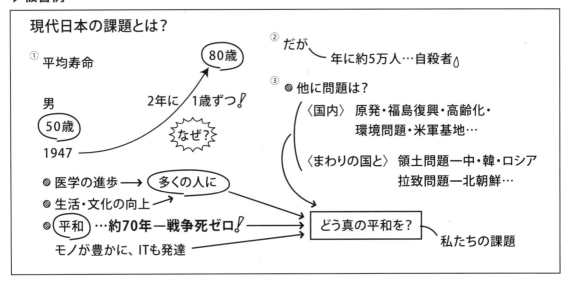

現代日本の課題とは？

① 平均寿命　　　　　　　　　80歳

男　　　　　2年に　1歳ずつ

50歳　　　　　　　なぜ？

1947

◎ 医学の進歩 → 多くの人に

◎ 生活・文化の向上

◎ 平和 …約70年－戦争死ゼロ

モノが豊かに、ITも発達

② だが　　年に約5万人…自殺者

③ ◎ 他に問題は？

〈国内〉　原発・福島復興・高齢化・

環境問題・米軍基地…

〈まわりの国と〉　領土問題－中・韓・ロシア

拉致問題－北朝鮮…

どう真の平和を？

私たちの課題

▶授業の展開：寿命の延びや沖縄の現実にまず「目」で驚き、調べ学習の起爆剤とする。

1　こんなに増えた理由とは？

先生：**グラフの㋐㋑は何を示すか？**

——Ⓐを提示。つぶやき発言から始
め、相談を発表につなぐか。正
解は日本の平均寿命で、㋐は女
性・㋑は男性である。

先生：気づくことは？

児童：女の方が長生き。

児童：1947年から30歳以上も延びた。

——2年間で約1歳の伸びは驚異
的。2019年を見ると女性は世界
2位で男性は3位である。（百歳
以上の人は1963年に153人。
2013年には69785人に増加）

元気な祖父母がいれば年齢を発表させたい。

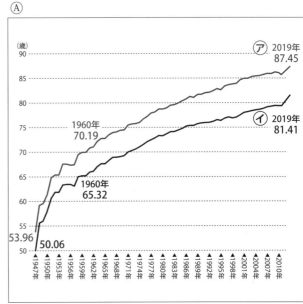

Ⓐ

（歳）
90

㋐ 2019年
87.45

85

80

㋑ 2019年
81.41

1960年
70.19

75

70

1960年
65.32

65

60

53.96

55

50　50.06

1947年　1950年　1953年　1956年　1959年　1962年　1965年　1968年　1971年　1974年　1977年　1980年　1983年　1986年　1989年　1992年　1995年　1998年　2001年　2004年　2007年　2010年

（厚生労働省）

先生：戦後日本の平均寿命はなぜ延びたか？

児童：医学が進歩。平和なので戦争で死なない。食べ物が豊か。栄養もよくなった。

　　　――戦争せず、軍備に多くのお金を使わずに商工業や文化を発達させた結果である。

2　日本とアメリカの間には？

　　　――上半分を隠して⑧を提示。

　　　　つぶやき⇒発問へ。

先生：上には何があるの？

　　　――予想の後に覆いを取ると騒
　　　　然。

先生：子どもの様子は？

児童：普通に遊んでいる。

　　　沖縄の学校？

　　　――普天間第二小である。フェ
　　　　ンスの隣は米軍基地。世界一基地に近い学校と言う。

先生：**米軍ヘリの部品が運動場に落ちた後は？**

　　　――⑥を提示。

児童：避難している。危ないからだ。

　　　――２０１８年は３か月間に３６７回避難。
　　　　多い時は１日２９回。当時の首相と沖
　　　　縄県知事の応答を紹介したい。

> 首相：日本の安全のため米軍基地は必要だ。
> 知事：その日本の中に沖縄は入っているか。

先生：**地図帳の沖縄県の基地を赤く塗ろう。**

　　　――作業を通して多くの質問・疑問を出さ
　　　　せたい。

3　調べ学習と世界学習につなぐ

先生：**アメリカ以外に、日本はどの国との間に問題を抱えているか。**

児童：中国（賛成者に挙手させ他の児童を巻きこむ）　韓国　北朝鮮（同様）　ロシア

先生：**どんな問題か後で調べよう。（次時を充当）**

　　　では、世界の人々と共に解決したい問題は？

児童：地球温暖化。温室効果ガス。コロナ問題。廃プラ問題。

先生：協力するにはお互いに相手を知らないとダメだね。そこで次に学ぶのは？

児童：世界‼（歴史学習を世界学習につなぎたい）

国旗から世界を知ろう　国際交流のために

▶授業のねらい

① 10の国名コードをあて、似た国旗を探す中で世界の国々への関心を広げる。

②国旗の仲間分けを通して、宗教や自然、歴史と世界の国々との関係を学びあう。

▶板書例

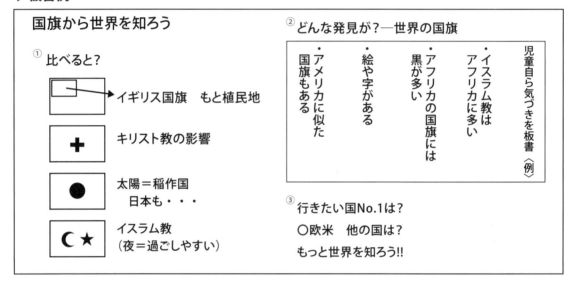

▶授業の展開：クイズに熱中。作業に集中。さまざまな「？」と気づきを出しあいたい。

1　国名と国旗・分かるかな？

先生：オリンピック参加国のコードが分かるかな？Ⓐ
　　　のクイズをやろう。5分間!!

　　──相談⇒記入⇒答えあわせ（地図帳参照可）誤答・
　　　珍答はみなに返して双方向で進める。（オース
　　　トラリア・バングラデシュ・カナダ・チリ・デ
　　　ンマーク・ラオス・マレーシア・ニュージーラ
　　　ンド・パキスタン・スイス）

先生：これらの国々の国旗は知っている？（反応に頷
　　　く）地図帳の①「世界の国々」でマークしよう。

児童：似た国旗がある。

先生：いい発見だ。（評価）

Ⓐオリンピック・国名コードクイズ		
1	AUS	
2	BAN	
3	CAN	
4	CHI	
5	DEN	
6	LAO	
7	MAS	
8	NZL	
9	PAC	
10	SUI	

　　──1と8には英国旗が入る。もともとは共に英国の植民地であった。5と10は十字でキ
　　　リスト教の影響。2と6は太陽を示し、日本等アジアの稲作国に多い。7と9は月と
　　　星でイスラム教国を示す。

2　地図帳で次々国旗を仲間分け

先生：地図帳の①「世界の国々」を開き、月と星のある国旗に印をつけよう。その国名を世界地図で探して○で囲もう。

——班ごとに作業。深い思考が不要のため教えあいが活発化する。その表れをすかさず褒める。

児童：アフリカ州に多い。近くのアジア州にも。

先生：イスラム教の広がりが分かるね。気づいたことを黒板に書こう。

——作業を中断せずに一つの発見がみなに共有される。

先生：終わった班は、他の国旗を比べて分かることをノートに書こう。時間は15分。

例えばこんな気づきが…
①英国旗が入る国旗はオセアニア州に多い。
②黒色の入る国旗・緑・黄色・赤セットの国旗はアフリカ州に多い。
③鳥や動物・植物の入る国旗もある。
④米国旗に似た赤白ストライプの国旗もある。（関係が深いか修正度をもつ）
⑤ニカラグア等中米3国は上と下の横しまが青。（太平洋・大西洋を表す）

——教師は机間を巡りながら児童のノートをチェック。よい意見があれば指名して板書させる。国旗ガイドブックや情報機器も用意して、必要な場合は活用させたい。

先生：はい、やめ。地図帳を閉じてください。（動作と一体化して指示を徹底）

気づいたことを発表しよう。

——多くの国旗は国家的であると同時に国際的であることも分かる。

先生：Ⓑの旗を知っているかな？

——韓国・北朝鮮合同チームがオリンピックで使った南北統一旗である。世界には国を超えて使われる旗も存在する。

Ⓑ

朝鮮の統一旗

3　広く世界に関心を

先生：世界で一番行きたい国は？

——端から逐次指名。（理由があれば発表）教師は、教室前面に大世界地図を展張し、付せんを国別に貼っていく。または、「正」の字を板書して集計。多くの場合は欧米諸国が多い。

先生：みんなが行きたい国が分かったね。次からは持って来てもよい外国土産や本を紹介しあって世界をさらに深く知ろう。

日本とつながる世界 「食」は国境を越えて

▶授業のねらい

①世界の伝統衣装を比べ、人々の生活は各地で大きく異なることを実感する。

②世界の「食」を身近に見つけ、日本と世界が様々な分野でつながっていることを理解する。

▶板書例

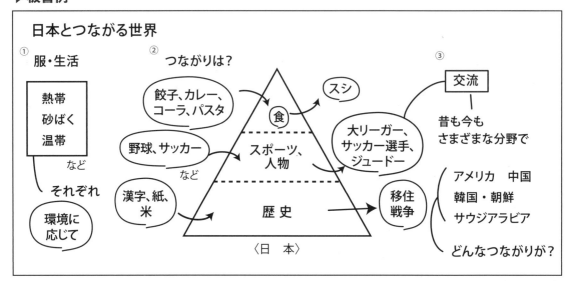

▶授業の展開：衣装・スポーツ・食べ物・人物等から学習を展開。世界への関心を高める。

1 世界各地の伝統衣装を見る

先生：**世界の伝統衣装の番号を（ ）に記入しよう。**

——Ⓐを配布⇒相談・作業⇒答え合わせ。（地図帳参照可）

（正解：1③、2①、3④、4⑤、5②）

Ⓐ

1 サウジアラビア―西アジア（ ） 2 韓国・朝鮮―東アジア（ ）

3 ロシア―ヨーロッパ・アジア（ ） 4 タヒチ―オセアニア（ ） 5 インド―南アジア（ ）

先生：**比べて気づくことは？**

児童：みんな違う。気候に合った服装だと思う。

——これほど違っている国々と日本をつなぐものは何かと投げかけておく。**板書①**

2 教室前面の世界大地図に付せんを貼ろう。

先生：**次の国のどんな食べ物・飲み物を知っているか？（国名だけを仮に板書）**

　　　——相談⇒にぎやかになったところで発表。

> アメリカ—ホットドッグ・ハンバーガー（日本で多様化）・コーラ・ステーキ
> 中　国—餃子・ラーメン（中国麺をもとに日本で創案）・マーボ豆腐・チャーハン
> 韓　国—キムチ・焼肉
> その他—パスタ（イタリア）・ビール（ドイツ等）・ワイン（フランス等）・カレー（インド・日本風カレー
> 　　　　はイギリスより伝来）etc

　　　——付せんに品名をサインペンで書かせ、大地図中の該当国に貼らせて視覚化する。

先生：**この中にある君の好きなものは？**

　　　——児童騒然。

先生：**ここまでから分かることは？**

児童：私たちは日本に居ながら、世界の様々なものを食べたり飲んだりしている。

児童：国や生活は違っても食べ物でつながっている。

先生：**では、反対に外国で人気の日本食は？**

児童：スシ。

先生：その通り。ヘルシーな食品として海外でも食べる人が増えている。日本と世界は「食」
　　　を通してお互いに結びついている。**板書②**

3 世界とのさまざまなつながりに目をひらく

先生：**食の他にどんなことで日本と世界は結びついているか？**

　　　——挙手発言・意見が出なければ以下の補助発問を行う。

先生：**人物・歴史・スポーツ等の面からも考えよう。**

　　　——大リーグで活躍する日本選手の名も出る。野球・サッカー等日本で盛んな多くのスポー
　　　　ツが外国生まれであることも再認識できる。

先生：**古くから歴史でつながる国もある。例えば、今、君の机の上にある中国の発明品は？**

児童：？？？

先生：漢字や紙がそうだ。

先生：昔、中国等から伝わり、ほぼ毎日食べるものは？

　　　——答えは米。昔も今も日本は様々な分野で世界と結びついていた。

先生：**ならば教科書では、日本とつながりの深い国としてどの国を学ぶか？**

　　　——教科書でチェック⇒挙手発言。

児童：アメリカ。中国。韓国。サウジアラビア。

　　　——次からは、まずアメリカについて学んでいくことを確認して授業をまとめたい。**板書③**

　📖　児童が持参した外国のグッズは、朝の会や授業のはじめに、世界地図と対照して1～2分
で紹介させると互いの関心が高まる。

アメリカを知ろう　日本と比べて考えよう

▶授業のねらい

①地図帳にある数値を読み比べ、アメリカの面積や人口が世界3位であることをつかむ。

②多様な人種からなるアメリカの小学校生活を日本と対比し、異文化理解の大切さに気づく。

▶板書例

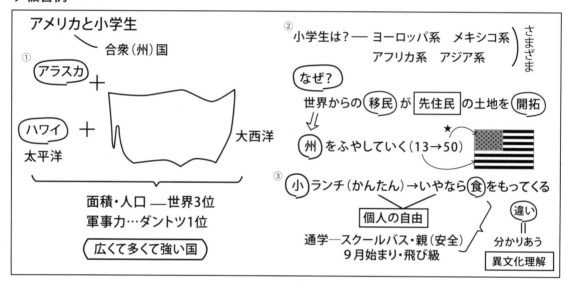

▶授業の展開：地図帳を作業に生かし、"給食比べ"で盛り上げて異文化理解に至る。

1　マーカーでアメリカ合衆国を縁取り

先生：**地図帳で「世界の国々」を開き、「アメリカ合衆国」の海岸線や国境をマーカーで縁取りしよう。日本と比べて分かることは？**

児童：とても広い。離れてアラスカがある。ハワイも国の一部。太平洋と大西洋の両方につながる。カナダとの国境が直線。

先生：**面積と人口は世界で何番目か？**

——つぶやき⇒正解は告げずに地図帳で検証・数値の読み方を確認したい。

面積はロシア・カナダに続いて世界3位で日本の25倍以上。人口も中国・インドに次ぐ世界3位で日本の3倍弱。

先生：**比べて分かることは？**

児童：面積も人口も世界3位以内はアメリカだけ。

児童：広くて強い国。

——軍事費は1国で世界の40％以上を占める。**板書①**

> 📖 **統計欄活用の技能を養おう**
>
> 地図帳統計欄の該当箇所にマーカーでどんどん線を引かせていく。人口は、その単位が（万人）である一方、その数値が「133210」「115019」「30406」となっているのでとまどう。互いに練習させた後、数人を指名し読み取り方を確かめ正しく読む力を養いたい。

2　アメリカ国民の人種は？

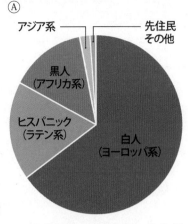

Ⓐ

先生：**教科書の写真で、アメリカの子どもの姿を探そう。**
　　　気づくことは？

児童：白人の子も黒人の子もいる。

児童：グループで勉強している。

児童：教室の人数が日本より少ない。

先生：アメリカ人とはどんな人のこと？

　　　——間を置いて考えさせる。

先生：**同じアメリカ人なのに、なぜ色々な人種の子がいるの？**

　　　——ここでⒶを提示。分かることを発表させる。アメリカ
　　　は様々な国・地域からの移民（連れてこられたアフリカの黒人をふくむ）が、先住民
　　　の土地を開拓してつくった国なのだ。したがって、「アメリカ人」（アメリカ国民）と
　　　は人種や出身国に関係なく「アメリカ市民権」を持った人を指す。
　　　そんな彼らがしばしば国旗や国歌を持ち出すのは、国民としての一体感を強めるため
　　　である。**板書②**

3　学校生活を比べると？

先生：アメリカの小学生の昼食を予想しよう。

　　　——児童が自由につぶやく。Ⓑを提示。

先生：これがアメリカの小学校のランチです。

　　　——活発な反応。品名をつぶやかせる。

先生：君たちの給食とどう違うか。

児童：温かい汁物がない。栄養が偏らない？

先生：嫌なら家から好きなものを持ってくる。
　　　同じものを全員同時に食べなくていい。君なら、食堂で自由に食べるアメリカのラン
　　　チと日本の給食どっちがいい？

　　　——ランチ派と給食派に双方の良さを言わせて盛り上げたい。給食派が強い時は『宗教上
　　　豚肉がダメな子は？』『食物アレルギーの子は？』等とランチ派を支援。逆の場合は『家
　　　の食事が不十分な子はどちら？』と給食派を支援。

先生：どちらかが間違っているの？

児童：そうじゃない。それぞれよいところがある。

先生：お互いの良さを認め合いたいね。では、アメリカの小学校は他にどこが日本と違うか。
　　　教科書で調べよう。

　　　——相談しながら教科書にラインを引いて発表。板書した事項だけノートさせたい。９月
　　　入学・飛び級・スクールバス通学や親の送迎が一般的（安全）・少人数学級・討論中心
　　　の授業等の違いを押さえる。

先生：小学校を何年間にするか等は州ごとに違う。死刑だってあるかないか州ごとに違う。違っ
　　　た州の集合がアメリカという国（ＵＳＡ）だと知っておこう。

アメリカと日本　産業と文化のつながりは？

▶授業のねらい

①なぜ畑のかたちが円形かを考え、アメリカの大規模機械化農業の一端をイメージする。

②日本とアメリカの輸出入の関係をつかみ、自分とアメリカ文化とのつながりを探る。

▶板書例

アメリカと日本

① 円形の畑ぎっしり——半径400m

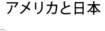

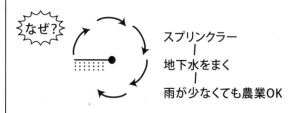

スプリンクラー
｜
地下水をまく
｜
雨が少なくても農業OK

大きぼ・機械化 ⇒ 大量生産 へ

●産物は？　輸出 ——世界一 ！

② ●どこへ？

トップは…日本　（トウモロコシ、大豆、小麦、牛肉……

〈パソコン、ジェット機などの製品も…〉

③ ●生活・文化のつながりは？

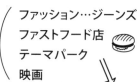

ファッション…ジーンズ
ファストフード店
テーマパーク
映画

日本中・世界中へ ！

▶授業の展開：畑が丸い理由を追うと米国農業の特色が見え、日本とのつながりにも気づく。

1　農業の「？」から「な〜るほど」へ

——Ⓐを提示。

先生：アメリカの畑である。気づくことや疑問は？

——センターピボットの画像を検索し、カラーで
　　投影しても効果的。

児童：畑が○のかたち。なぜ？

——色は緑。円の半径は平均 400 m・最大 1000 m
　　でトウモロコシやジャガイモ等を育てている。
　　予想を出させⒷを提示。　**板書①**

> 大量にくみ上げた深層地下水を、この
> 長く伸びた散水管を動かしてコンパスで円
> を描くように撒くので作物が丸く育つのだ。
> 雨の少ないオレゴンやカンサス等でも、こ
> の方法によって農作物の大量生産が可能と
> なり輸出を増やした。

Ⓐ

写真：B Brown/ Shutterstock.com

Ⓑ

写真：Jim Parkin/ Shutterstock.com

2 輸出と輸入を比べよう

先生：**では、©®どちらが「アメリカから日本への輸出」だろうか？**

——©® 〈2018年・外務省資料〉を
提示⇒相談の後、予想を挙手で確
認。簡単な対立問題であるため、
理由を発表できる子がふえる。
いつもは考えを言えない子を指
名したい。

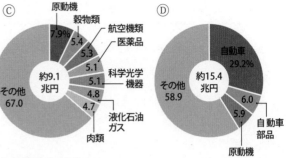

児童：©だ。アメリカの食料を日本が
たくさん輸入している代わりに日本が自動車を輸出。

先生：**9.1兆円の5.4%が穀物、4.7%が肉類。併せて11.1%で、年に約1兆円も買うんだね？**
©でいいと思う人は？

——再び挙手で確認。正解だと告げ、発表者を称揚して自信を持たせる。
大がかりな機械化農業を行うアメリカは、世界一の農産物輸出国だ。それを最も多く
買う国が日本であった。
®は「日本からアメリカへの輸出」であることも教え、両者の違いを読みとらせたい。
アメリカは多くの工業製品（電子機器をふくむ）をも日本に輸出していることが分か
るであろう。**板書②**

先生：**地図帳のどこかに日本の食糧輸入の図が載っているよ。**

——教師が示さず、子どもに探させる。

児童：あった〜！

——何ページにあるかを言わせ、トウモロコシ・大豆・小麦・牛肉等をアメリカから大量
輸入していることを確認する。

3 見慣れたものを提示

先生：**ならば、産業以外では米⇒日の間にどんなつながりが**
あるか。

——ここで**ジーンズの実物**を提示すると、みなの目を引
く。なければ画像を提示。

> ☀ **ありふれたものを実物教材に**
> 発言に応じ、ディズニーのキャ
> ラクター・ハンバーガーの包み紙
> 等を提示すれば関心はさらに触
> 発される。何気ないものも、実は
> すばらしい実物教材なのである。

児童：ジーンズだ!!

——西部開拓の幌馬車から古い幌を外し、その布でつくったのが始まりだという。

先生：**農業や工業以外でも、君たちはアメリカとつながっているね。お店・テーマパーク・**
映画等、身近な暮らしとアメリカとのつながりを探そう。

——相談⇒挙手発表。
セブンイレブンやマクド・スタバ・フライドチキンからディズニー・映画の最新作まで、
日本は多様なアメリカ文化の影響を受けていることが分かる。スタバは約60カ国に
18000店、マクドナルドは121カ国に約30000の店を出す等、アメリカの食や文化
は世界中に広がっている。調べ学習につなげ、日常の中にあるアメリカ文化を探求さ
せたい。**板書③**

中国を知ろう　食とお札と一人っ子

▶授業のねらい

①「一人っ子」や紙幣の「？」から学びを深め、中国が人口世界一の多民族国家であると知る。

②さまざまな中華料理の特色は、各地方の自然や産物と深く関わっていることに気づく。

▶板書例

中国を知ろう

①  歓迎!!
〝一人っ子政策〟

 なぜ？
人口世界1（13億6千万人）
（人類の5人に1人は中国人）

さらにふえると？
×食料　×資源‥‥

② 5つの民族のことば？　なぜ？
1元
お札
56の民族がいる
多民族国家

③ その中華料理の〝故郷〟は？

○マーボー豆腐 ― 大豆 畑 ― 四川地方 (スーチョワン)
○餃子 ― 小麦 畑 ― 東北・華北
○チャーハン ― 米 水田 ― 華中・華南

各地方の自然・産物を生かして

▶授業の展開：クラスの一人っ子を挙げて導入に活かし、お札や料理につなげると誰もが喜ぶ。

1　子どもたちの名前を教材に!!

——はじめに、何人かの名前を次々とよぶ。なぜそんなことを？　という表情が広がる。

先生：**この人たちは2015年までは中国では歓迎されました。その理由は？**

——共通点に着目させる。　児童：分かった。一人っ子だから！

先生：**ほおー、なぜ一人っ子が歓迎されるの？**（全体に戻す）　——相談⇒挙手発言。

児童：子どもが一人だと将来の人口が減る。　児童：今は人口が多すぎ。

先生：何人くらいかな。中国の人口を地図帳で調べよう。

——調べると、13億6千万人で世界一。世界の人口は約72億人なので20％弱。人類の約5人に1人は中国人だ。面積は世界4位。地図帳「世界の国々」にある「**中華人民共和国**」の海岸線や国境をマーカーで縁取りし、日本と比べさせたい。この大国が日本のすぐ西隣にあり、陸上でも多くの国（14カ国・世界最多）と国境を接している。**板書①**

2　子どもの興味をひく実物のお札を提示

先生：**では、これは何？**

——実物も提示したい。（コピーⒶを配っても可）

児童：お金、中国のお札、中国人民銀行と読める、この人は誰？、…等。

　　——この人物は、今の中華人民共和国をつくる中心となった毛沢東だ。

児童：左上のマークは？

　　——中国の国章。

児童：1圓とは？（百合の花の上の文字）

　　——1元と読み約12〜17円にあたる。

先生：**裏も見て「？」を見つけよう。**

　　——Ⓑを提示。

　　　　西湖という名所の景色がある。

児童：色々な文字がある。

　　——上段は中国漢字の発音・2段目左上から
　　　　3段目右下までモンゴル語・チベット語・
　　　　ウイグル語・チョワン語の文字が続く。

児童：なぜ、色々な文字で書くの？

先生：なぜだと思う？（戻す）

児童：その字を使う人々も中国に住む。

　　——中国国民の92％は漢族（いわゆる中国人）だが、他に55の民族があり人数も多い。
　　　　そこで、その人たちにも読めるよう紙幣には様々な文字が使われる。中国のように、
　　　　多くの民族がつくる国を多民族国家という。そこで起きている問題についても発表さ
　　　　せたい。**板書②**

3　中華料理クイズにチャレンジ

　　——下のシートを配布。カラーだとさらによい。すぐに答えが返る。
　　　　（Ⓐマーボ豆腐〈大豆〉Ⓑ餃子〈皮は小麦〉Ⓒチャーハン〈米〉）

先生：**①四川（スーチョワン）・東北・華北・華中・華南を地図帳の「中国」から探して○を
　　　つけよう。②シートの□に、これらの地方名を入れよう。**

　　——相談・作業。気づきを生かしてまとめ、補説を加えたい。**板書③**

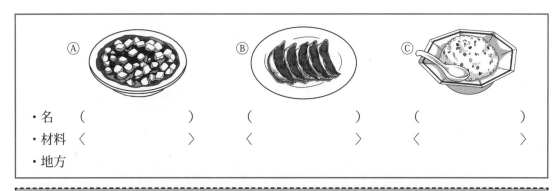

シートの答え　Ⓐは四川（内陸・寒暖の差が大─畑作─大豆）。Ⓑは東北・華北（冷涼
─畑作─小麦）Ⓒは華中・華南（温暖─水田─米）。中国の食と各地方の関係をこのよ
うに押さえ、さらに調べようとの意欲を育てる。

中国の成長と日本　お菓子の「変身」を糸口に

▶授業のねらい

①中国で販売されている日本のお菓子を導入に、日中間の輸出入の特色をとらえる。

②中国の輸出急増の背景には国内工業の急成長があったことを理解し、その問題点にも気づく。

▶板書例―輸出入の数値や順位は年度により変更したい。

中国の成長と日本

①
百奇・小熊餅……ポッキー、コアラのマーチ

　　　　　自動車、ICなども……

中国　　　　　　　　　　　　　日本
　　　　　輸出No.1の〝お得意〟

　　　食品、衣類、コンピューターも
　　　　　　　＝深いつながり＝

②
中国からは

　　アメリカ――輸出No.1（20%）

　　日　本　――No.2（8.8%）

③
　　中国　　いつから輸出増？

　　　02年　輸出額世界4位

　　　　09年トップへ

　　シェンチェン、シャンハイなど

　　海ぞいの都市で工業が急成長
　　　　　「世界の工場」

　　問題は？
　　　　　　大気汚染、
　　　　　　スモッグも‥‥

▶授業の展開：お菓子の名前の意外な変身から、日中の強い結びつきが見えて学習が広がる。

1　この漢字読めるかな？

　　――**百奇・百力滋**と静かに板書する。

先生：**中国で売っているお菓子の名だ。どんなお菓子か？**

　　――正解がなければ、「もとは日本製」とヒントを出す。「？」がさらに高まったところで右の画像を提示。子どもは驚く。（他の例：小熊餅＝コアラのマーチ）

先生：**気づくことは？**　　　児童：全部、漢字に変換。

児童：日本のお菓子も中国に広がる。

　　――これらは現地生産されるが、機械や IC 等日本から輸出されるものも多い。

先生：**日本の輸出 No.1 の国はアメリカ？中国？**

　　――どちらかに挙手させる。2018 年の貿易統計によれば、日本の輸出額 1 位は中国・2 位がアメリカだが翌 2019 年には逆転。中国は日本の〝お得意さん〟No.1 の座をアメリカと争っていた。**板書①**

2 日本が輸入している中国のものを予想

先生：**日本の輸入国№1は中国。何を輸入しているか。**

——班相談⇒小黒板か画用紙に記入して提出。相談と記入の時間は5分間。1つの班で挙げた品目は少数でも、他の班と併せれば多くなる。それも学びあいの一形態である。（時間が足りない場合は個人発表）日常をふりかえり、うなぎ等の魚介類・各種野菜等が多く挙げられる。また、日本の輸入衣料の約75％は中国製品だ。（2013年）大豆・トウモロコシ・コンピュータ・精密機械も輸入する等、ここでも日中の結びつきは強い。

先生：**では、中国にとって日本は何番目の輸出国？**

——2017年はアメリカ（19.0％）香港（12.4％）に次ぐ第3位。しかし、6.0％とかなり少ない。（ワールドファクトブック）中国から見れば、アメリカこそが"お得意さん"№1であった。**板書②**

3 中国での産業の発達と問題点に気づく

先生：**中国は昔から輸出が盛んなのか？**　　児童：そんなことはない。

先生：**ⓒの中の「中国」を赤マルで囲み気づくことを発表しよう。**

児童：はじめは5位より下。

児童：だんだん上に行く。

児童：2019年にはトップになっている。

——中国は次第に工業を発達させて輸出世界一となり、「世界の工場」と言われるまでになった。

ⓒ世界の総輸出額・上位5カ国の変化

	2000年	2004年	2008年		2019年
1位	アメリカ	ドイツ	ドイツ		中国
2位	ドイツ	アメリカ	中国		アメリカ
3位	日本	中国	アメリカ		ドイツ
4位	フランス	日本	日本		オランダ
5位	イギリス	フランス	フランス		日本

先生：どの都市で工業が盛んになった？

地図帳を開き、シャンハイ・シェンチェンに○をつけて共通点を挙げよう。

——この時とばかり張り切る子が「あったー!!」とさけぶ。すかさず称揚する。

児童：共通点は海の近く。

先生：**なぜ？**

児童：船で製品を輸出。　原料も船で輸入。

——とくにシェンチェンは、外国企業を呼んで生産を高める経済特区として発展した。

先生：**工業が急成長すると、どんな問題が起きるか？**

——予想の後にⒹを提示。

先生：コロナの流行する前の様子です。以前の日本のように大気汚染によるスモッグの発生で健康被害が増大し、他国への影響も生じている。**板書③**最後は中国についてさらに知りたいことを出させて調べ学習につなげたい。

首都ペキンで体調を崩し病院に向かう子供。毎日新聞社提供

隣の国とその生活　南と北に分かれても

▶授業のねらい

①統一旗の地図が朝鮮半島を表すことを知り、韓国・北朝鮮の地理的関係をつかむ。

②キムチと白菜漬けを比べて日韓の共通点と違いに関心を高め、韓国の生活をさらに調べる。

▶板書例

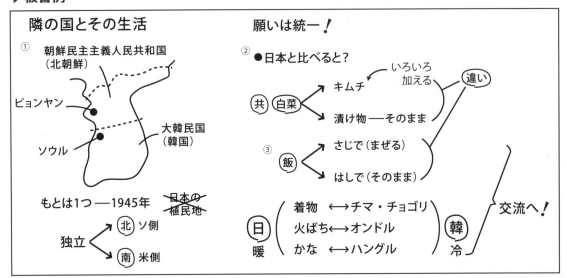

▶授業の展開：キムチと白菜漬けの 実物教材 で全員を引きつけ、シートでの学習につなげたい。

1　"指示"ではなく"発見"へ

先生：**前に勉強したこの旗にある地形はどこか。地図帳で探そう。**

——Ⓐを提示。教師はあえて教えず発見する子を待つ。

児童：あった‼ 朝鮮半島だ。

——何ページにあるかを言わせて確認。東アジア大地図を教室前面に掲げる。

先生：**この半島にある国2つと首都の名を言おう。**

児童：朝鮮民主主義人民共和国・ピョンヤン。

児童：大韓民国・ソウル。

朝鮮の統一旗

——大地図で児童に確認させ、両国の略称が北朝鮮（北韓）・韓国（南朝鮮）であると押さえる。1945年に日本の植民地から脱した後、米国側（南）・旧ソ連側（北）に分かれたが、スポーツ大会等ではこの「統一旗」を掲げて互いに応援し共に行進することもあった。この韓国・朝鮮の生活は日本と何が同じで何が違うか。**板書①**

2　漬物だって教材化

——ポリ袋に入ったキムチ（㋐）を取り出し、[実物教材]として黒板に吊り下げる。全員が集中。

先生：**好きな人は？**

——何人かが反応。続いてポリ袋入りの日本の白菜漬け（㋑）を提示する。

先生：**違いと共通点を挙げよう。**　　——相談⇒挙手発言。

児童：㋐は赤で㋑は白、㋐は辛くて㋑は塩味、㋐は色々入って㋑は漬けただけ、…等。

——つまり、「白菜」という原料は同じでもつくり方が違う。㋐はニンニク・唐辛子はもちろん、時には魚介類や海藻に至るまで加えて各家庭の味を出す。また、食べる際には洗わない。一方、㋑は糠につけるが食べる前には洗い、白菜自体の味を引き出す。こうして日本と韓国・朝鮮は共通点のある食や生活を違う方向に発展させた。

先生：**では、今の日本で生産１位の漬物とは？**

——答えはキムチである。国内の漬物生産量は約 71 万 t だが、キムチはその約 25％を占めて堂々の１位。（2016 年・食品需給センター調べ）違いを越えて、日韓の食文化交流がすすんでいることが分かる。**板書②**

3　韓国・朝鮮の伝統的生活を調べよう

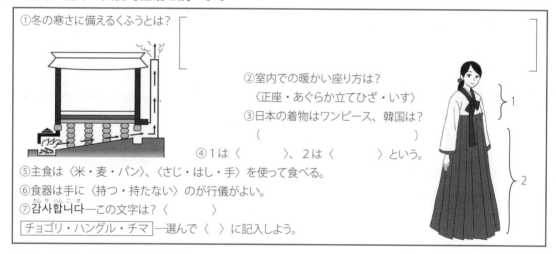

①冬の寒さに備えるくふうとは？〔　　　　　　　　　　〕

②室内での暖かい座り方は？
〈正座・あぐらか立てひざ・いす〉

③日本の着物はワンピース、韓国は？
（　　　　　　　　　　）

④１は〈　　　　〉、２は〈　　　　〉という。

⑤主食は〈米・麦・パン〉、〈さじ・はし・手〉を使って食べる。

⑥食器は手に〈持つ・持たない〉のが行儀がよい。

⑦감사합니다（カムサハムニダ）—この文字は？〈　　　　〉

[チョゴリ・ハングル・チマ]—選んで〈　〉に記入しよう。

先生：**韓国・朝鮮の伝統的生活をさらに知ろう。**

——シート配布⇒相談・作業⇒発表と確認。早く終われば色塗りも可。

シートの答え　①薪を使う煮炊き兼用の床暖房（オンドル）・石油を使わず格安 ②あぐらか立てひざ—尻を直接床につけるから温かさが体に伝わる。③着物のワンピースに対してツーピース—おしゃれな組み合わせを考える。④１チマ・２チョゴリ ⑤米・さじ ⑥持たない。⑦ハングル—日本の「かな」に相当。「カムサ」は漢字の「感謝」で、日本では「かんしゃ」と発音

補説を加えて、日本との共通点や違い・その背景を理解させたい。

先生：**いいなと思うものは？**　　児童：オンドル。

——例えばこうして異文化に学ぶ姿勢を育て、在日コリアンの子も日本の子も共に前を向く授業をめざしたい。なお、韓国・北朝鮮は共に国連加盟国である。**板書③**

韓国と日本　交流はどこまですすんだか

▶授業のねらい

①日本と韓国が互いに近い隣国であることを再認識し、その往来や交流・貿易の現状を知る。

②日本と韓国・北朝鮮の間にあるさまざまな課題を知り、調べ学習の意欲をさらに高める。

▶板書例

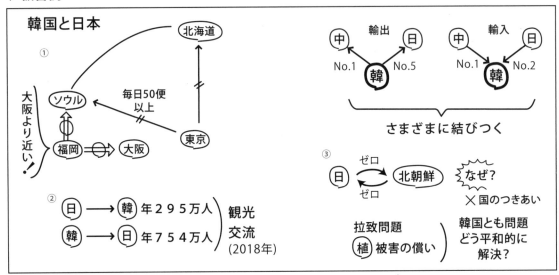

▶授業の展開：コンパスでの作業とチラシの活用で学習を活性化して課題につなぐ。

1　事前にコンパスを用意

先生：①韓国は赤で、北朝鮮は赤斜線で塗ろう。②東京からソウルまでを半径にして円を描こう。気づくことは？

——Ⓐを配布⇒作業。

児童：日本列島の南の端までと同じ。

児童：沖縄よりも近い。

先生：**次は、福岡からソウルを半径にして円を描こう。気づくことは？**

児童：福岡から大阪と同じ距離。

——東アジア大地図を教室前面に掲示し確認。空路では羽田（東京）—金浦（ソウル）間は日に50便以上が就航し、下関—釜山間は460〜560人乗りフェリーが毎日往来している。**板書①**

2　韓国激安ツアーのチラシを、価格の部分を隠して投影

```
┌────────────────────────────────────────────────────────────┐
│ 韓国ソウル 18,700円〈大人1名〉 人気ホテルから楽しくお出かけ │
│ 激安‼３日間   成田⇔インチョン　１日目午前出発　３日目夜帰着 │
│ ◆１度は食べたいビビンバ　◆韓国料理サムゲタン　◆日帰り観光の水原 │
└────────────────────────────────────────────────────────────┘
```

　　——18,700円を紙で隠し、内容ＰＲの後に価格の部分を明らかにする。

児童：安——い。　　　児童：国内旅行より安いかも…。

先生：**逆に、日本に来る韓国人もいるよ。では、年に何人くらいが日本から韓国へ、韓国か**
　　　ら日本へ行くか？

　　——表を提示⇒予想⇒解答記入。この年、
　　　日本から韓国へは295万人、韓国か
　　　ら日本へは754万人が訪れている。

2018年	人　口	出かけた人
日　本	１億2644万人	人
韓　国	5164万人	人

(nippon.com)

児童：韓国から日本へ来る人が倍以上多い。

先生：**韓国のどんなタレントを知っている？**

　　——詳しい子が教えてくれるはずだ。両国の交流が文化面でも密なことが分かる。ならば、
　　　輸出入ではどんな特色があるか。

先生：**韓国の輸出額第１位の国は？**　　　児童：日本、中国、アメリカ、…等。

　　——じつは中国が１位（24％）、アメリカが２位（11.5％）、日本（4.7％）はベトナム・
　　　香港に次ぐ５位。

先生：**韓国の輸入額第１位の国は？**

　　——１位は中国で（20.5％）、日本の割合は減ってきているが、日本は２位（11.5％）に入っ
　　　ている。（2017年・日本貿易会）**板書②**

先生：分かることは？　　　児童：韓国は中国と貿易の結びつきが深い。日本からの輸入も多い。

3　北朝鮮との関係は？

先生：**ならば、日本から北朝鮮に直接行く人は何人か？**

　　——予想を聞いた後、黙ってゼロと板書。

　　　日本と北朝鮮は互いに相手を「国」として認めず、
　　　政府は北朝鮮との直接の往来を許可していない。
　　　ここで、右の資料（2002年 日本と北朝鮮の共
　　　同宣言）を提示して音読させる。

先生：**どう思う？**　　　児童：いいと思う。

先生：**でも、未解決の問題もあるね。**　　　児童：拉致問題。

　　——核開発の問題もある。一方、北朝鮮側は日本に
　　　対し植民地被害の償いを求めている。**板書③**

先生：韓国との問題は？

　　——テレビやネットで知る様々な問題が出されるであろう。

先生：では、どうすればよいか。それを考えるためにも韓国・北朝鮮のことをもっと知ろう。

　　——本時を契機にさらに関心を高めて調べ学習につなげたい。

> **2002年日本と北朝鮮の共同宣言**
> ・日本は過去に北朝鮮を植民地にし
> て多くの被害と苦しみを与えたこと
> を反省し、心からお詫びする。国の
> 付き合いが始まったら一定の期間日
> 本は支援や援助を行う。
> ・北朝鮮は、日本国民に対して起こし
> た命と安全に関わる問題を二度と起
> こさない。

サウジアラビアの生活と宗教　イスラム教との出会い

▶授業のねらい

①サウジの伝統服への気づきや「？」から学びを拡げ、日本とは違う砂漠気候の過酷さを知る。

②イスラム教のきまりを双方向からみつめ、その世界への広がりを国旗の国探しでとらえる。

▶板書例

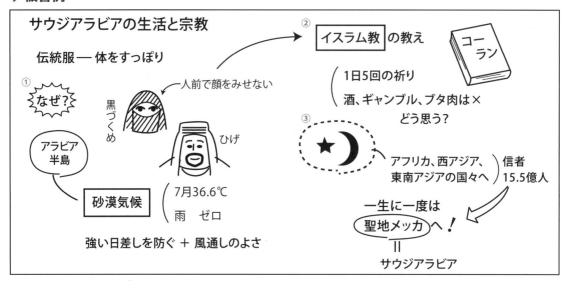

サウジアラビアの生活と宗教

伝統服 ― 体をすっぽり

① なぜ？

黒づくめ

人前で顔をみせない

ひげ

アラビア半島

砂漠気候

7月36.6℃

雨　ゼロ

強い日差しを防ぐ ＋ 風通しのよさ

② イスラム教 の教え

コーラン

1日5回の祈り

酒、ギャンブル、ブタ肉は×

どう思う？

③ ★☾

アフリカ、西アジア、東南アジアの国々へ

信者15.5億人

一生に一度は 聖地メッカ へ！

＝

サウジアラビア

▶授業の展開：伝統服にはびっくり。国旗の国探しには誰もがはまり1国から世界へ視野を広げる。

1　男女のファッションを比べよう

先生：**Ⓐはサウジアラビアの伝統服である。気づくことや「？」を出そう。**

——相談の様子を観察⇒日ごろ目立たないが、話しあう中で答えを得たと思える子をまず指名⇒続いて挙手発言へ。

児童：布をかぶる、女は黒、女は顔を隠す、男はひげ、なぜこうした服装？、…等。

先生：**なぜだと思う？**

——切り返して意見を引き出す。

児童：暑いので日差しを防ぐ。

児童：女は人に顔を見せないきまりがある。

先生：**気候と宗教が関係しているね。**
地図帳でサウジアラビアを探し、分かることを発表しよう。

児童：砂漠だらけ、緑が少ない、ラクダがいる、広いけど川がない、…等。

先生：**どんな気候かな？**

Ⓐ

――予想の後に⑧を提示。

児童：7月はすごく暑い、でも雨はゼロ、平
　　　均気温は東京より10度高い、降水量
　　　は10分の1以下、…等。

先生：砂漠気候で、夏は日向の車のボンネッ
　　　トでは卵焼きができます。

気　　　温 降水量	首都　東京 （日本）	首都　リヤド （サウジアラビア）
7月平均	25.8度・135.5mm	36.6度・0.0mm
全年平均	16.3度・1528.8mm	26.6度・139.5mm

――これでは、体を日光にさらせない。頭や首すじも布で覆い、砂漠で砂嵐に合えばその
　　布を顔に巻き付ける。服はワンピースなので、下から風が通る。サウジアラビアの伝
　　統服には、砂漠気候に対応するくふうがいっぱいあった。（ひげも日光から顔を保護⇒
　　やがて男らしさのシンボルへ）

先生：「すばらしいお天気ですね」とはどんなときの挨拶か？

――答えは、"たまに雨が降ってホッとした時"である。日本との違いに気づかせたい。**板書①**

2　イスラム教・当たり前だよ⇔おかしいよ

先生：**外出する女性が顔を隠すのは何という宗教のきまりか？**

――教科書等で確認。

児童：**イスラム教。**

先生：その教えを書いた本がコーランだ。**他にどんなきまりがあるか？**

　　①1日5回の祈り　②酒やギャンブルの禁止　③豚肉禁止等が挙げられる。

先生：**どう思う？**

児童：いやだ、おかしい、きびしすぎる…等。

――ここで①②③についてイスラム側の考えを紹介する。

---
①仕事中のよい気分転換で、ストレッチにもなる。仕事に没頭するのもほどほどに。

②酒酔い運転での悲惨な事故やアルコール・ギャンブル依存症の悲劇をみろ。有害なものを許して、
　後で必死に取り締まるくらいなら、最初からやめた方が賢い。

③要するに習慣の違いだよ。昔、ブタから悪い病気が流行ったことがあったのだ。欧米ではタコやイ
　ルカを食べず、日本だってネコや蛇を食べないではないか。

こうした考えをどう思うか。再び問いかけ、イスラム教を双方向でとらえさせる。**板書②**

3　国旗からイスラム教の広がりを知る

――現在、キリスト教徒は22.8億人、イスラム教徒は15.5億人である。（『世界国勢図絵』2012/13）
　　イスラム教徒はどこに多いか。知る手がかりの1つは「月と星が共にある国旗」の国だ。

先生：月と星が一緒の国旗はイスラム教国のものだ。地図帳の世界の国々で国名をマークしよう。

――復習であるが、子どもは意欲的に探す。5分経ったらページごとに国名をみなで言う。

先生：分かることは？

――アフリカ・西アジアから東南アジアにも多いことが分かる。こうして世界各地に広がっ
　　たイスラム教徒は、一生に一度は聖地のメッカにお参りしなくてはいけない。

先生：**メッカを地図帳で探そう。**　　　児童：メッカったー!!（笑）

――場所はサウジ。イスラム教にとって重要な国であることを確認したい。**板書③**

183

運ばれる豊かな資源　サウジアラビアから日本へ

▶授業のねらい

①サウジアラビアの国民福祉の一端を知り、その財源が世界一の石油輸出にあることに気づく。

②日本とサウジが石油を運ぶ海上ルートで結ばれていることを地図作業の中で実感する。

▶板書例

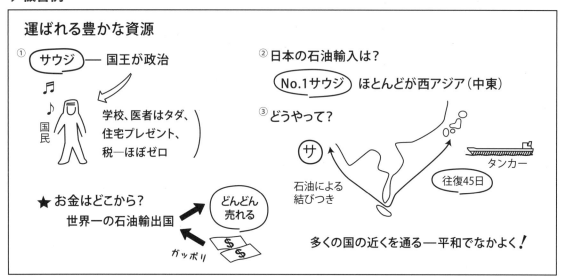

運ばれる豊かな資源

① サウジ — 国王が政治

国民
学校、医者はタダ、
住宅プレゼント、
税―ほぼゼロ

★ お金はどこから？
世界一の石油輸出国

どんどん
売れる

ガッポリ

② 日本の石油輸入は？

No.1サウジ　ほとんどが西アジア（中東）

③ どうやって？

サ

石油による
結びつき

タンカー

往復45日

多くの国の近くを通る―平和でなかよく！

▶授業の展開：「夢のような話」で引きつけて「石油」につなげ、地図作業に全員を参加させる。

1　どうしてそこまでできるの？

——面積は日本の5.7倍で人口は2920万人。世界で数少ない王国で女性の選挙権はない。

先生：**サウジの福祉や教育はすすんでいるか遅れているか？** Ⓐ

——直感でどちらかに挙手⇒Ⓐを提示。1項目1人ずつ
　　読ませていくと、「いいなあー」と感嘆の声が広がる。

先生：**普通の国では、とてもできないよね。砂漠の国・**
　　サウジアラビアでなぜこれらが実行できるのか？

——相談⇒予想発表⇒教科書で検証。

児童：石油がたくさん採れるから。

先生：だから？（発言を拡げる）

児童：外国へ売ってもうける。（国の名をさらに問う）

> ・国立病院の医療費や福祉サービスはすべて無料。国民の住宅も国がただで提供。
> ・小学校はもちろん、大学・大学院まで教育費や学用品は無料。
> ・税金はほとんどない。場合によっては国がお金を支給。
> ・国民1984万人のうち12%は仕事をもたない。その一方、雇われて働いている外国人は936万人もいる。（2012年）

——サウジアラビアは、世界一石油が採れる国でその
　　大半を輸出する。2018年の石油収入は推定で、
　　年間約13.1兆円（1ドル100円としてサウジアラビア日本大使館）。その膨大な利益
　　の一部が、国王によって国民に配分されるのであった。**板書①**

2　グラフから予想し、地図で確認

先生：**では、日本はどの国から多く石油を輸入しているか？**

──２、３予想を出させた後に⑧を提示。

児童：やっぱりサウジが一番だ。

先生：**これらの国々はどこにあるか。地図帳「世界の国々」で探し、斜線を引こう。**

先生：**気づくことは？**

児童：ほとんどサウジの近く。

先生：このあたりが石油の産地で、西アジア（中東）という。石油を輸出の中心とするこれらの国々を産油国とよぶ。**板書②**

──アラブ首長国連邦とは、首の長い人の国ではなく、王族（首長）が治めるアブダビ・ドバイ等７つの国のまとまりである。

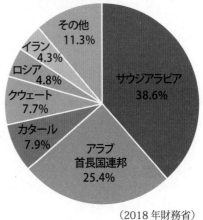

⑧日本の石油の輸入先

- その他 11.3%
- イラン 4.3%
- ロシア 4.8%
- クウェート 7.7%
- カタール 7.9%
- サウジアラビア 38.6%
- アラブ首長国連邦 25.4%

（2018年財務省）

3　日本とのつながりは？

先生：**これらの国の石油は日本までどうやって運ぶの？**

児童：船に積む。タンカー。

先生：**どんなかたち？長さは？**

──反応を受けて©を提示⇒つぶやきを拾う。

児童：新幹線と同じくらい長い。320mだ。

児童：高さが75m。

──標準的な23万t級タンカーの大きさである。

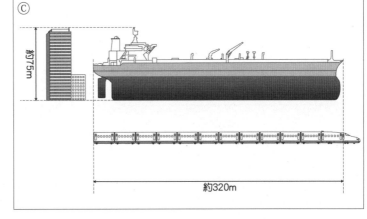

甲板ではテニスコートが約60面とれる。では、1日平均5億8000万ℓを運ぶこれらの船はどこを通って日本まで来るのか。

先生：**地図帳「世界の国々」をもう一度開き、サウジから日本までのルートを記入しよう。**

──相談・作業。教師は、以下のルートを指示。（時間節約のため前もって画用紙に書いて提示）教師も地図帳に正しいルートを記入して教卓に置き、分からない子には参照させる。

> サウジアラビア⇒スリランカと赤道の間⇒マレーシアとスマトラ島の間（マラッカ海峡）⇒台湾とルソン島の間⇒東京

先生：**気づくことは？**　児童：遠い。色々な国の近くを通る。

──毎年、延べ何百隻ものタンカーが地球4分の1周の長さのこのルートを通り、約45日かけて往復する。日本とサウジはこうした「オイルロード」（石油の道）で結びついていた。途中の国々との平和な関係がないとこの海の道は通れず、石油に支えられた私たちの生活は成り立たないことに気づかせたい。**板書③**

国を越えた課題　地球温暖化から考える

▶授業のねらい

①日本の猛暑日の実感を導入に、地球温暖化によりどんな問題が生じるかを学びあう。

②地球温暖化が国を越えた課題であり、その解決には国際的協力が必要であることを知る。

▶板書例

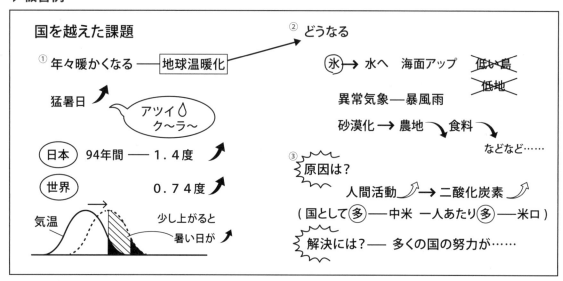

▶授業の展開：笑いから入り、日本と世界の現実を知り、自分ごととして深めあう。

1　猛暑日はなぜ増えた？

────黙って Ⓐを投影。笑いとつぶやきを受け
応答で気づきを広げ「地球温暖化」とく
くる。続いて無言で「猛暑日」と板書。

先生：意味の分かる人は？（挙手⇒指名）

児童：すごく暑い日。

先生：気温３５度以上の日だ。東京の猛暑日は
　　　2000─09 年までは 35 日。2010 − 19
　　　年までは 79 日。

児童：倍以上になった。

先生：2020 年に熱中症で救急搬送された人は
　　　8 月 10 日から 1 週間で何人か。

────間を置き反応を受けて告げる。1 万 2804 人。死者は 30 人。日本の気温は昭和の初め
　　　から 2019 年までの 94 年間で 1.4 度上昇した。

先生：その間、世界の気温上昇は 0.74 度。少し気温が上がっただけでなぜ猛暑日が増えるのか。

——予想の後に⑧を配布。黒板にも大きく貼付して解説する。**板書①**

2 温暖化でどうなる？

先生：おかしくなるのは気温だけ？

児童：違う。他にもたくさん。（的
確な答えが出てもここでは
乗らない。我慢）

先生：温暖化の影響で、世界には
どんな問題が起きるだろう
か。

——班等で相談⇒挙手発表また
は短冊に書かせて黒板に貼付。

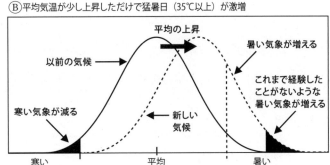

⑧平均気温が少し上昇しただけで猛暑日（35℃以上）が激増

日照りの広がりと砂漠化の進行・水質の悪化・農地の減少や凶作地の増大（8000万
人の食糧不足も）・暴風雨等の異常気象・熱帯動物や病原菌を媒介する昆虫の広がり（3
億人にマラリア感染の可能性も）・環境変化による絶滅生物の増大・干拓地や島国の水
没・低地への洪水増加の危険、対策のための膨大なお金の支出等が予測できる。
子どもの発言は、これらのことと関係させて意味づけたい。**板書②**

3 温暖化の原因をなくすには？

先生：では、地球温暖化の原因は？

——てきぱき進む。個の発言を生かし、生活
や産業活動が排出する二酸化炭素等（温
室効果ガス）の増加が原因だと確認する。
そのガスが大気中に増えると熱が大気圏
外に放出されにくくなり、温暖化が進む。

先生：量や割合の多い３つの国に○をつけ、気
づくことを言おう。

——作業⇒全体で確認⇒気づきの発表

先生：１つの国が減らせば解決するか。

児童：全部の国の協力が必要。

——国を越えた課題には国を越えた取り組み
が必要なことを押さえる。2015年のパ
リ協定では、21世紀後半に世界の温室
効果ガスをゼロとすることに約200か国
が合意した。

各国の二酸化炭素排出量（（2019年・グローバルノート）

国　　名	1人当たり量	国別割合
中　　国	6.8t/人	28.4%
アメリカ	15.0 t/人	14.7%
イ ン ド	1.7 t/人	6.9%
ロ シ ア	11.0 t/人	4.7%
日　　本	8.5 t/人	3.2%
ド イ ツ	8.4 t/人	2.1%
韓　　国	11.7t/人	1.8%
アフリカ諸国 （2017年）	0.95 t/人	1.0%

先生：世界では持続可能な社会に向けてどう取り組んでいるか調べよう。

——教科書で簡単に調べさせるか、次時に時間をとってまとめさせる。**板書③**

国を越えた協力　2枚の切手から考える

▶授業のねらい

①2枚の切手のデザインに着目し、ユニセフの活動内容や国連の目標を読み取る。

②国連が進めるさまざまな活動を調べ、今後は何に力を入れるべきかを考えあう。

▶板書例

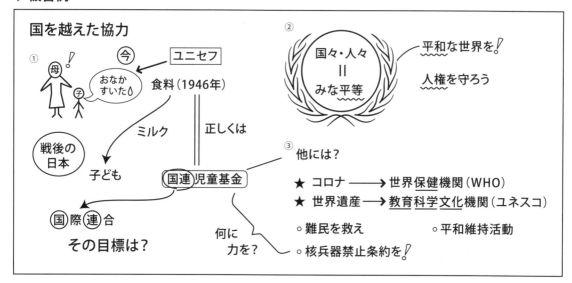

▶授業の展開：切手で引きこんで学びを広げる。国連活動は日本の事例とむすびつける。

1　助けられたり助けたり

——黙ってⒶを投影。間をおいて気づきを出させる。子どもへの食料支援に母が喜んでいることが分かる。

先生：行っている組織の名前や役割・できた年を読みとろう。

児童：ユニセフ。マークを見ると子どもを守ること？
　　　1996—50 = 1946 年にできた。

先生：日本はユニセフに支援されたことかあるか。（ある・ないに挙手）では、教科書で調べよう。

児童：あった〜!!　戦後、給食の食料をもらっていた。

先生：ユニセフの正しい名前は？

児童：国連児童基金

先生：国連の正しい名前は？・・・国際連合だ。
　　　こうした活動を行う国連の目標は何だろう。

2　切手から分かることは？

　　——Ⓑを投影。気づきや疑問を出させる。

児童：世界地図がへんなかたち。

　　——北極から見るので中心の国がない。国々や
　　　　人々はみな平等なのだ。

児童：周りの葉は？

　　——平和を表すオリーブの枝である。

先生：つまり、国連が達成したい目標は？

児童：世界の平等と平和

先生：日本が国連加盟を認められた1956年とユニセフに支援された年を比べると？

児童：ユニセフの方が前だ。　国連に入っていなくても助けてくれた。

　　——人権重視の国連の精神が分かる。2019年の加盟国数は193である。

3　調べたい気持ちを高めるには？

先生：2020年の数字だ。これなあに？（板書）

児童：分かった。新型コロナで死んだ人!!

先生：大正解。㋐その対策を行う国連の機関は？

　　——後で調べることを告げ、次に移る。

3月10日	4,012人
4月11日	102,774人
9月13日	917,417人

先生：富士山・ピラミッド・自由の女神・・・共通点は？（各画像の貼付も可）

児童：？？？

先生：どれも世界遺産だ。㋑国連のどの機関がそれを決めるか。教科書にあるよ。
　　　　でも、国連の活動はこれだけ？

児童：他にもある。はやく調べたい。

先生：では、㋐㋑やそれ以外の国連の活動を教科書や資料集で調べよう。

　　——調査・相談⇒発表へ。

　　　　㋐世界保健機関（WHO）・㋑国連教育科学文化機関（UNESCO　ユネスコ）の他にも
　　　　難民救済・平和維持活動（PKO）等がある。2017年国連総会では核兵器禁止条約が
　　　　127か国の賛成ではじめて採択され、2021年から発効した。これは核兵器を全面的
　　　　に違法化とする世界最初の国際条約である。

先生：2012年から自衛隊は南スーダンで何の活動を行ったか。

児童：PKO

　　——英・中・韓・ケニア・ガーナ・ルワンダ等発
　　　　展途上国中心に13か国が参加。自衛隊から
　　　　韓国軍への銃弾提供もあったが、国内戦が激
　　　　化した17年に日本は引き上げた。続いて、
　　　　ⒸⒹを紹介して次のようにまとめたい。

国際児童年 1979年　　国際識字年 1990年

先生：これから国連はどんな活動に力を入れた方がよいか。

　　——ノートへ記入。自由に考えを発表させ、授業のまとめとしたい。

国際支援と私たち　よりよい井戸の掘り方は？

▶授業のねらい

①水不足に悩むアフガンで、日本のNGOが井戸掘り等の支援活動をすすめていることを知る。

②自立につながる支援とは何かについて考え、民間や日本政府の取り組みを調べる。

▶板書例

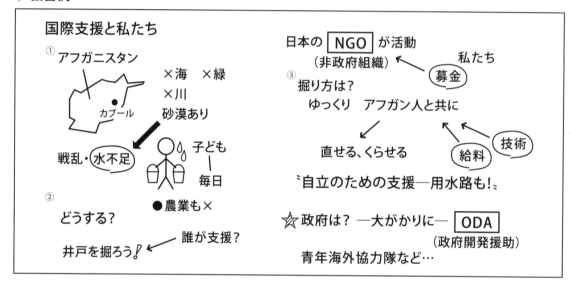

国際支援と私たち

① アフガニスタン
×海　×緑
×川
砂漠あり
カブール
戦乱・水不足
子ども
毎日
② どうする？
●農業も×
井戸を掘ろう！ ← 誰が支援？

日本の NGO が活動
（非政府組織）
私たち
募金
③ 掘り方は？
ゆっくり　アフガン人と共に
直せる、くらせる
給料　技術
〝自立のための支援―用水路も！〟
☆政府は？―大がかりに― ODA
（政府開発援助）
青年海外協力隊など…

▶授業の展開例：様々な子どもの姿に共感させ、井戸という「具体」から学習を広げる。

1　地図帳を導入にどう生かす？

先生：**地図帳でアフガニスタンを探し、国境を線でなぞろう。**

先生：**首都はカブール。気づくことは？**

児童：山だらけ。砂漠がある。海がない。川もない。緑もない。

――無いものへの着目も評価。

　　　面積は日本の約1.7倍だが、2013年の人口は日本の4分の1弱の約3100万人。2011年の平均寿命は48歳で世界では2番目に低い。

――Ⓐを提示。

Ⓐ

© Masashi Mitsui

先生：**アフガンの村だ。これなあに？**

児童：子どもが馬（ロバ）に乗る。空き缶がいっぱい。水くみだ。帰りが大変。

先生：子どもの表情は？　　児童：楽しそう。

――自分の仕事を毎日行うのは彼らの誇り。だが、通学は制約されるし、汚い水も多い。

2　こうすれば大丈夫！

先生：**どうすれば水不足をなくせるか？**

――相談⇒挙手発言。

児童：自動車で運ぶ。水道を引く。

――自動車やガソリン代を払うお金は貧しい
村にはない。水道も引けない。

先生：**他によい方法は？**

――行きづまったところでⒷを提示。

写真提供：ＪＥＮ

児童：ポンプの井戸だ。子どもが嬉しそうに水を汲む。

ポンプは誰でも動かせる。水で重いバケツを井戸の底から揚げなくて済むのである。

先生：**アフガンで井戸をつくったのは誰か？**

児童：国連の人。

――答えはアフガンの人々と、それを支援する日本人だ。「緑の大地計画」や医療から用水
路づくりまでを行う「ペシャワール会」等のメンバーが現地の人々とともに井戸を整
備する。彼らは２年間で800本以上を掘ったという。（『丸腰のボランティア』P 215 中村哲編 石
風社）募金等をもとに現地で国際支援を行うこうした民間団体を**ＮＧＯ**（非政府組織）
とよぶことを再確認する。**板書②**

3　未来を見通した支援とは？

先生：**井戸の掘り方は次の㋐㋑のどちらがよいか？**

> ㋐早く水が出るようにしたい。日本人と業者が大型機械を持ちこんですばやく掘る。
>
> ㋑アフガン人に掘り方を教えながらゆっくり掘る。使った道具は現地においていく。

――全員の考えを挙手で表明させた上で、意見を出させたい。

児童：すぐ水がほしいから㋐　自分たちでも掘れるようになるので㋑

――ペシャワール会・蓮岡修氏によれば答えは㋑である（前掲書）。それはなぜか。

①ＮＧＯはやがて現地を去るが、掘る技術をアフガン人が覚えれば井戸が涸れても自
力で直せる。井戸は、掘った後に使い続けることが大切だ。②現地の人を雇えば給料
を払うのでその家族の生活も向上。③共に働けば気持ちが通い合って国際交流になる。
日本のＮＧＯは、現地の人の願いに応えながら「自立の支援」をめざすきめ細かい活
動を、国連の事業を補って行っている。

先生：**日本政府はどんな国際支援を行っているか？**　　児童：？？？

先生：**教科書で調べよう。**

――相談・チェック作業に全員参加。どの教科書にも、青年海外協力隊のことが載っている。
分かることを発表させ、その活動が施設を作る等の世界各地に及んでいることに気づ
かせる。

先生：**こうした大掛かりな活動はＮＧＯだけでできるの？**

児童：できない。

――政府はそこで、ＯＤＡ（政府開発援助）を行っている（その問題点は中学で詳しく扱う）。
協力隊員であった人が身近にいれば話を聞かせたい。**板書③**

加藤 好一（かとう よしかず）

1949 年伊東生まれ。県立伊東高校を経て、中央大学法学部政治学科に進学。卒業後は私立明星学園高校に講師として 1 年間勤めた後、公立小中学校教諭となる。千葉県我孫子市で 4 年間小学校に勤務、その後は熱海に転じて第一小・多賀小・小嵐中・網代中・多賀中・泉中などで教鞭をとる。2006 年度より再び多賀中に勤務して、2008 年 3 月に定年退職。同年 4 月より琉球大学に勤務する。2014 年 3 月に同大教授を退官。

〒 414-0054　静岡県伊東市鎌田 643-1
TEL. 0557-37-3475

◎主な著作・論述は以下の通り。
〈教育関係〉
『中学歴史 5 分間ミニテスト』『中学地理 5 分間ミニテスト』『中学公民 5 分間ミニテスト』『中学歴史の授業』『中学公民の授業』『中学地理の授業』『学級経営攻略法』（共著）以上民衆社、『歴史授業プリント』上下 2 巻『新・公民授業プリント』『新・世界地理授業プリント』『新・日本地理授業プリント』『学びあう社会科授業』上中下 3 巻『やってみました地図活用授業』（編著）『学校史で学ぶ日本近現代史』（共著）―韓国においても翻訳出版、以上地歴社、『昔と今はこんなに違う　社会科の教科書 ―歴史・地理編―』（監修）水王舎、『トライアングル―教師 保護者 生徒をつなぐ指導と支援』『若い教師の実践ハンドブック』琉球大学
〈地域史関係〉
『再発見丹那トンネル』『再発見熱海市民の近代史』『謎解き発見熱海の歴史』（以上自費出版）『ほっと　ふるさと』（ＪＡあいら伊豆）『伊東市史 近現代史史料編 I』（共編 伊東市教委）

STAFF
ディレクション：CREARE 小堀眞由美
編集：前迫明子
図版制作：図案計画 坂東雄一、寺田雅史
イラスト：CREARE 五十川栄一、堀内裕矢、施翾宇
表紙：CREARE 山本信也
DTP 制作：清川直哉

社会科の授業　小学 6 年　改訂版

2021 年 3 月 20 日　初版第 1 刷発行

著　者　加藤　好一
発行人　沢田健太郎
発行所　株式会社民衆社　〒 113-0033　東京都文京区本郷 4-5-9 ダイアパレス真砂 901

電話 03（3815）8141　FAX03（3815）8144
ホームページアドレス　http://www.minshusha.jp

印　刷　新星社西川印刷株式会社
製　本　株式会社光陽メディア

ISBN 978-4-8383-1057-9